冶金工业出版社

普通高等教育“十四五”规划教材

风险管理理论与实务

吴忠群　编著

扫一扫查看全书
数字资源

北　京
冶　金　工　业　出　版　社
2023

内 容 提 要

本书共分为11章，内容包括导论、预备知识、通用理论与方法、市场风险管理、信用风险管理、操作风险管理、流动性风险管理、法律风险管理、工程风险管理、社会风险管理、自然风险管理。

本书可作为高等院校经济类、金融类及相关专业教材，也可供风险管理从业人员及对风险管理知识感兴趣的读者参考。

图书在版编目(CIP)数据

风险管理理论与实务／吴忠群编著．—北京：冶金工业出版社，2023.8
普通高等教育“十四五”规划教材
ISBN 978-7-5024-9593-0

Ⅰ.①风…　Ⅱ.①吴…　Ⅲ.①风险管理—高等学校—教材　Ⅳ.①F272.3

中国国家版本馆CIP数据核字(2023)第165182号

风险管理理论与实务

出版发行　冶金工业出版社　　**电　　话**　(010)64027926
地　　址　北京市东城区嵩祝院北巷39号　　**邮　　编**　100009
网　　址　www.mip1953.com　　**电子信箱**　service@mip1953.com

责任编辑　王　颖　美术编辑　吕欣童　版式设计　郑小利
责任校对　葛新霞　责任印制　禹　蕊
北京建宏印刷有限公司印刷
2023年8月第1版，2023年8月第1次印刷
787mm×1092mm　1/16；15.25印张；339千字；230页
定价 49.90 元

投稿电话　(010)64027932　投稿信箱　tougao@cnmip.com.cn
营销中心电话　(010)64044283
冶金工业出版社天猫旗舰店　yjgycbs.tmall.com
(本书如有印装质量问题，本社营销中心负责退换)

前　　言

本书系统总结了国内外风险管理及相关领域，特别是基础理论和量化建模方面的最新研究成果和实践经验，构建了理论深厚、体系完整、功能齐备、覆盖全面、切中实际、解析透彻精辟的风险管理知识与工具体系，无论对于正在学习相关专业知识的高校学生，还是从业人员，均具有一定的指导或参考价值。全书共分为11章，以风险的根本属性与重要实务为导向，剥茧抽丝，层层递进，紧扣风险的识别、计量、策略和措施等核心议题，对金融领域、经济领域、工程领域、社会领域乃至自然领域所面临的各种风险进行了全面梳理和深度分析。

本书以编者多年来形成的教学讲义为蓝本，并融合了众多参考文献的有益成分，力求使读者形成对风险管理理论与实务尽可能全面的认识。本书在体系构建及内容设计方面突出了以下特点。

(1) 覆盖全面。本书将风险分析扩展至工程、社会直至自然领域在内的广阔视域，使读者对风险有一个更全面的了解。

(2) 体系完整。本书对所有章节进行了统一设计，力求结构一致、内容规范，使读者更容易形成统一的认识。

(3) 功能齐备。本书始终贯彻风险管理的基本流程，每章都力求聚焦问题，重于方法和指引。

(4) 切中实际。本书对风险管理中的现实情况尤为关注，并有意将这些情况与理论相结合，使理论知识更加贴近实际，更具启发性。

(5) 解析透彻。本书尽可能使用最朴实的语言，采用常见的生活和工作素材作为讲解案例，力求鞭辟入里、深刻而易懂。

(6) 理论翔实。本书注重对重要知识点作出深入理论分析，易于读者对知识的消化吸收，不仅知其然，更知其所以然。

本书的完成得益于参考了大量文献资料，在此向有关文献资料作者表示感谢，还得益于有关企业、机构的合作与配合，以及很多人士的热情支持与鼓励。这里要特别感谢这些年来选过这门课的历届学生们，是他们朝气蓬勃的求知热情鼓舞了我不断探索和改进。我还要感谢我的学生们，是他们整理了我的讲课录音和相关的手稿，还对书稿进行了有益的补充，他们是博士生郑瑞锦、杨婵、何正豪，硕士生李璐、陈启洲、冯潇颍和车雨轩。华北电力大学经济与管理学院的有关领导和同事为本书的完成给予了有力支持，在此一并表示感谢。

希望本书能够增加读者对风险管理问题的理解，为读者提供有价值的参考。

由于作者学识所限，书中疏漏和不妥之处，欢迎广大读者批评指正。

吴忠群

2023年5月

目　　录

1 导　论

本章作为全书的起点，重点要解决的问题是如何理解这门课、怎么学习这门课、对于大家的职业发展有什么用，这是最重要的话题。具体来说，此处重点要解决五个方面的问题，分别是：为什么研究风险，如何研究风险，风险管理发展简史，专业前景与职业要求，最后部分作出本章的总结，并进行思考与练习，从而增进大家对这门课程的认识、激发学习热情、坚定学习信念。如果理解不了这门课的价值，也不会有太多的热情去把它学好，如果连热情都没有，那么这门课程的学习意义就不大了，所以看似简单，但实际上反倒比后续那些具体的公式推导以及习题演算更重要。

1.1　为什么研究风险

首先思考一下为什么要研究风险。主要有两大方面现实因素促使人们对风险的态度发生巨变，第一方面是过去没有能力对风险作出比较科学的研究，例如 50 年以前，较少有人关注风险问题，即使知道风险，也是老虎吃天无从下口，有什么意义？一个根本就解决不了的问题，就只能把它忽略掉，这是一大方面。当然为了增长能够对风险作出科学研究这样的能力，人类经过了漫长的探索，风险管理这门学问正是因其新、因其产生得晚，才更是建构于人类智慧结晶基础之上。第二方面就是随着经济、社会、文化等不断发展，人类所面临的风险越来越明显、越来越严重，以至于过去那种只需要一些基本的教条和定式就能作出非常准确的判断的日子一去不返了。

关于风险管理的问题，自从产生以来引起了越来越多的重视，人们也对其投入越来越多的精力。如果不能够对风险或者不确定性作出一定的处理，这个决策根本没有多少价值。现在摆在人们面前的最大问题是如何对风险作出适当的应对。

但是即使是到了更高的层次，对于风险性的问题、带有严重不确定性的问题，作出正确的、科学的决策依然非常困难。比如关于新冠疫情到底怎么防控，各国就明显给出了不同的答案和不同的选择，结果也大为不同。这就是对于不确定性事件作出不同决策所产生的影响，每个人都不能排除在外。如果最初发现新冠疫情，就采取非常果断、非常科学、非常精准的措施，效果会更好。

为什么研究风险？是因为现在考虑决策问题的时候，如果忽略了风险，就是一个产生很大偏误的决策，所以必须懂得风险，懂得如何控制风险，懂得如何在风险的情况下作出明智的决策。当然了，虽然很早以前，在没有现代的科学理论做指导的时候，也会碰到风险问题。那时候的人只能凭自己的直觉来冒险，古今中外莫不如此。所有这些都与风险决策有直接的、必然的联系，但是苦于那时候没有任何理论能够提供比较全面的、科学的解释。这正是为什么要研究风险的缘故。

1.1.1　风险概念辨析

要研究风险、认识风险，就要对风险有一个正确的判断和定位。首先需要大致对风险本身做一个界定，这个界定不难，尤其是现在看非常简单、非常容易，但是在 70 年前确实是一个比较难的事情。风险这个词是日常生活中常用的，所以大家对它一点都不陌生，而且都有一个基本的想法和认识。这里从两个角度给出风险的定义：一是从狭义角度讲，风险是遭受损失的可能性；二是从广义角度看，风险是事态的不确定性。虽然这两个定义与日常理解好像没什么明显的差别，但这是很规范的定义。这里明确指出风险是可能性，风险不是遭受的损失。图 1-1 更为直观地给出了风险的含义。

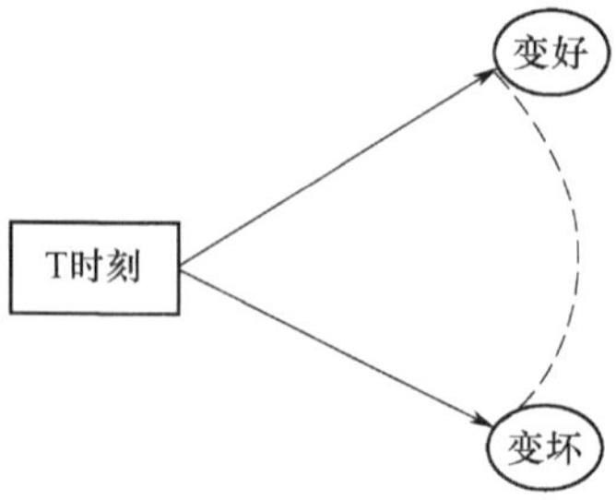

图 1-1　风险的定义

风险造成的损失包括经济损失、健康损失和精神损失三大类（见图 1-2），这些几乎都带有明显的主观色彩。

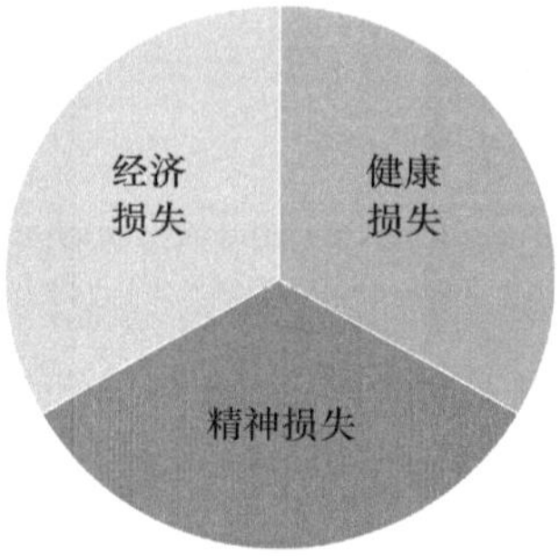

图 1-2　风险的损失

相对来说，经济损失是最客观的，但是实际上怎么来计算一个风险可能造成的经济损失一直以来就是一个研究话题，在不同的场景下都需要作出有针对性的处理。比如，这次新冠疫情中，各国采取了明显不同的应对策略，实际上是新冠疫情本身对经济的影响有不同的判断，不同的判断促使了不同的决策。

精神损失就更具有主观色彩了，如果没有借着某一个概念，可能不觉得有精神损失，但是一旦告知某些观念，人们就会觉得自己的精神损失极其严重。举一个最鲜明的例子，比如200年前，在封建社会时代，对于“三从四德、三纲五常”等观念，没有人觉得这是不好的，甚至觉得每个人都应该是这样。现在就不一样，如果人们被禁止本来有权利出入的一个地方，人们可能会抱怨、投诉，甚至提起司法诉讼，认为自己的自由遭到了侵害。但是如果不是借着那些观念，可能根本就想不到那是人的自由。

健康损失是介于精神损失和经济损失之间的一种情形，但是也带有很主观的色彩。有些时候人们认为自己的健康受到了明显的影响，但有时候可能不是借着某些观念或者推理，不觉得自己受了什么明显的健康损失。比如，噪声、还有晚上城市霓虹灯，无论导致人们多么难受，在很早之前也不会觉得自己健康受到损害。但后来大量的研究不断报道称噪声可能会造成一系列危害，灯光会造成一系列危害，所以渐渐地一些重要的官方文件，都明确规定了噪声的标准、光污染的禁止或者是限制等。

1.1.2　认识现实中的风险

现在进一步思考，在这门课里或者在日常的场景下都有哪些风险内容是比较重要的？无论是对于个人的决策，还是对于全球层面、国家层面的决策，比较看重的风险管理都有什么？这就是这门课程的主要内容。

这里列出八大风险（见图1-3），分别是信用风险、操作风险、市场风险、流动性风险、法律风险、工程风险、社会风险和自然风险。重点是信用风险、操作风险、市场风险、流动性风险这四大类风险。从经济管理专业角度看，这四类风险是日常管理中最普遍的，是管理专业学生应该掌握并努力去拓展的领域。一些教科书把利率风险、汇率风险、价格风险单独介绍，但实际上它们是市场风险的具体表现形式，故而在本书中没有把它们作为单独的一类列出。

图1-3　风险管理主要内容及其用途

此处简单补充说明一下，为什么前四种风险很重要。在所有的经济交往中，信用风险都是非常突出的一种风险，而且是国际社会非常关注的一个风险种类。在最初的《巴塞尔协议》里，就把信用风险作为重要风险。操作风险、市场风险也一样，都是国际社会予以高度关注而且作出明确要求的险种。流动性风险相对前三种风险其重要性略微弱一点，但是不管怎么样，流动性风险也是很重要的一个险种，尤其在金融领域，流动性风险很突出，在市场经济条件下，一般企业的流动性风险也比较严峻。通常，前三种风险被称为金融领域或者经济管理领域的三大风险，流动性风险属于第四大风险。

1.1.3 风险管理的意义

从现实的层面分析，风险管理实际有四个层次，分别是全球层次、国家层次、组织机构层次以及个人和家庭层次，如图 1-4 所示。

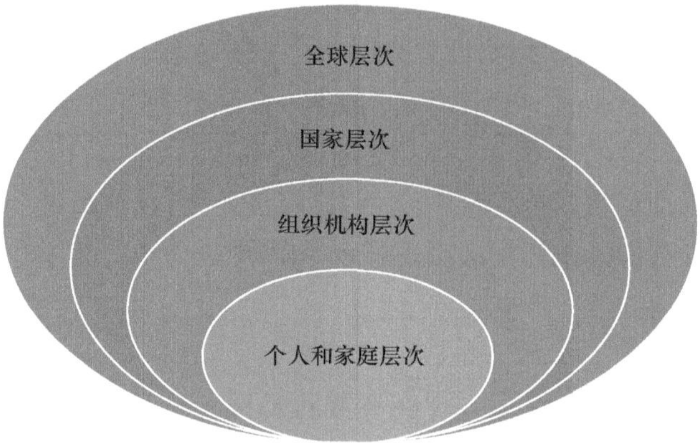

图 1-4 为什么要研究风险

从全球需求层次看，国际争端都具有巨大的风险。至于像核扩散的控制、生化武器的控制、气候问题、能源安全、能源危机等，一定程度上都是风险管理问题。

从国家层次看，经济、社会的方方面面都涉及风险管理问题，包括国家整体风险、安全风险、经济风险、财政风险、金融风险、通胀风险等，纷繁复杂，不胜枚举，都需要用科学的理论和工具加以分析和解决。又如新冠疫情时期，国家面临的一个重要问题是准确判断新冠疫情如何防控，必然要运用一些风险管理知识才能把新冠疫情风险控制在可接受的范围内。可以看出，风险管理的能力和水平对国家的发展具有重要影响。

从企业、组织机构层次看，各种风险决定企业和机构能否正常运转乃至生存与否，其中突出的是信用风险、市场风险和操作风险。各种风险因素小到影响企业的正常经营，例如各种意外冲击或损失，大到直接导致企业破产，这方面最典型的例子之一就是巴林银行的倒闭。

在个人和家庭层次，每个人几乎都能切实感受到风险的存在，无论是生活、求学、就业，还是收入、投资、消费，每一件事情、每一次决策都面临各种各样的风险，简言之，与风险同行共处，为了使人们不受风险的摆布，因而需要管理好风险。

1.2 如何研究风险

风险对人们的影响如此巨大，以至于人们无法忽视它的存在。那么应该如何研究风险呢？为此，本书提出了图 1-5 所示的研习方略，它由三个重要的环节环环相扣而成，把这三个环节结合好，就能站在风险管理的制高点上来鸟瞰风险管理这个事物，活学活用。

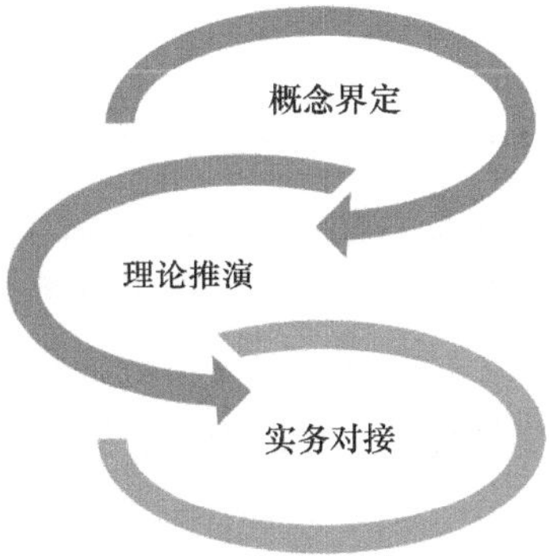

图 1-5 如何研究风险

1.2.1 概念分析与理论推演

不管研究什么风险，最先需要解决的问题都是概念界定。要把风险本身界定清楚。以刚刚发生的席卷全球的新冠疫情风险为例，要管控新冠疫情风险，首先就要界定新冠疫情的风险是什么。其实新冠疫情的风险引发了整个风险的潘多拉盒子，几乎事事都跟新冠疫情挂上了钩，无论是地缘政治还是能源供求都受其影响，至于医疗卫生、国际贸易等这些本来就受新冠疫情直接冲击的领域就更不用提。但是要真正地把一个风险问题解决得比较科学，需要对它作出一个明确的界定，否则可能陷入无所适从的境地，似乎很有道理，但实际上得不出切实可行的措施，甚至那些措施本身都是相互矛盾、彼此抵消的。因此概念的界定是研究风险首先需要解决的问题。那么像刚才举的例子，不能笼统地谈论新冠疫情的风险。还需要分析新冠疫情到底能产生哪些方面的风险。当然，可以最后得出一个总风险，但是实际上是由若干分项指标整合而成的，不是笼统地讲新冠疫情的风险是多大。例如，可以借助计算风险造成的分项损失，包括新冠疫情造成的经济损失，造成的人民的生命健康的损失，以及造成的整个社会的精神损失。有报道称，日本新冠疫情期间就启动了一个关于新冠疫情对心理健康和精神状态的影响的调查，据估计新冠疫情对心理健康是有很大影响的，尤其对于从事创造性劳动的那些人。精神的影响所产生的后果有时是很严重的。举个最简单的例子，在人们情绪稳定、精神饱满振作的时候，学一门课程或者是做一道习题，会感觉到效率出奇的高，但是当人们状态很糟的时候，可能好几天什么像样的想法都没有。概念界定在前面划分的三个维度的基础上，还可以进一步细化。比如经济损失，可以再把它细化为直接经济损失、间接经济损失等，总之不能笼统地去讲风险，如果笼统地讲风险，得不出真正有价值的政策性的指导，降低了其实用价值，所以看似好像是一个概念的问题，但实际上却关乎这门课程或者这样的一种理论、这样的一种科学，它的实用性的问题。

对于理论推演的问题。现在很多人在谈风险、控风险这样的事情上，经常是拍脑袋、主观臆断，基本上是处在头疼医头、脚疼医脚的状态，这不是一个好的做法。要发挥制度优势，最大限度降低防控成本，实际上就是针对这样的一种现象提出的。为什么强调理论推演？就是从理论上借助概念、归纳、演绎和各种科学的方法来整体论证，方案也好，提法也好，措施也好，到底行不行得通，成本有多高，是不是一个最佳的选择。要建立一个最优的选择，给出一个最优的答案，这才是风险管理的目的。风险管理不是仅仅让人们能够感知某种风险，进而不顾一切地去抗拒风险，这恰恰不是风险管理所主张的根本原则，原则实际上永远是在各种方案中选择和组合，以最优结果为目标来考虑成本、收益、风险等相关的事项。之所以要借助理论的推演，旨在提醒人们不是有了一个基本的轮廓就大开药方，这不是一个防范风险的科学做法。理论推演，看起来简单的4个字，但实际上是人们综合各种学问、知识和方法，对风险所涉及的种种因素进行归纳、演绎、运算，最后得出可行方案。

1.2.2 实务对接与校验

要把风险管理这门课学好，仅掌握了一些知识和理论还不够，还必须和实务对照，落实实践检验真理的原则。这就像人类研究细菌病毒已经时间不短了，但是谁也未预料到，到了21世纪，新冠病毒这个并不神秘的微生物给全球造成了如此大的影响，远超人们原有的认知。这说明人们必须把理论和实务去对照、分析，帮助人们作出非常有价值的补充和矫正。

1.3 风险管理发展简史

70年前，人们对风险几乎是束手无策的，为什么是这样？因为现在所熟知的“概率论”是在70年前才基本成型的。概率论是干什么的？就是用来分析不确定性的。注意不确定性和风险不是同一个概念，这里面讲遭受损失的可能性，可能性一定是要和损失相联系的可能性，而且严格来讲还需要一个条件或者约束。在风险管理这样一个定义下或者概念下讲风险的时候，潜在的一个假定是对于这种可能性有一个概率判断，概率判断是什么意思？现在把风险和一般意义上的不确定性又做了一个区分，当笼统地讲不确定性的时候，完全可以对它可能发生的概率一无所知，这是更严重的一种不确定性。很多不确定性是什么样？是人们能够借助概率论这样一个体系，对它的发生概率作出比较精确的甚至可以说是科学的估计。比如，一枚硬币投出去出现正面或者反面的概率各为1/2，这是科学的。虽然有可能连续抛多次，它都出现了同一面，但是否定不了它出现正面和反面可能性均等这样的一种事实，因为做无穷次的抛掷之后，最后的结果一定是出现正面和出现反面的机会完全相等，这就是古典概率的由来。到20世纪20年代的时候古典概率理论基本上就完成了。

到了20世纪40年代的时候，人们还在争论所谓的主观概率。什么是主观概率？风险管理主要和主观概率这样的概念有紧密的联系，也就是很多事情并不像投掷硬币那样很客观。在经济金融管理甚至一般的工程技术里边，大量存在的风险实际上是跟主观概率相联系的，而主观概率是直到50年代前后才基本上有了比较一致的意见。到了20世纪80年代以后，风险管理以及相关的研究才不断涌现，而且是日胜一日地飞速发展。现在，离开风险谈决策，就等同于外行。因为完全确定的那些决策、那些格局、那些步骤已经成为常识。

1.3.1 概念与理论发展简史

风险管理理论大致经历了传统风险管理理论阶段、整体化风险管理理论阶段和全面风险管理理论阶段三个发展阶段。风险管理的概念与理论最早是金融保险的主要研究对象，目前已经被拓展到社会经济生活的各个方面中，引起了越来越多的关注。[1]

传统风险管理理论阶段是20世纪30—70年代。20世纪30年代，美国US钢铁公司董事长B. H凯里提出了“安全第一”的思想，人们将这一事件定义为最早提出风险管理思想的标志性事件。20世纪50年代左右，风险管理作为一门管理科学形成了独立的理论体系。在这一阶段中，风险管理只运用于企业的管理领域，以保险管理为核心，达到对企业人员、财产等进行保护、规避风险的目的。[1]

整体化风险管理理论阶段是20世纪70—90年代。此阶段实现了传统风险管理和金融风险管理的融合，整体化风险管理理论成为现代风险管理理论的核心，风险管理呈现出系统化、专业化、全面化的趋势，且具有独立性、科学性的特征，突破了传统风险管理以防范损失为主要目的的狭隘理念，管理理念拓广到人力资源管理、财务管理、市场营销等企业运作的各个阶段和方面，力求最大限度地降低企业各个环节的风险，同时，企业也成立了独立的风险管理部门，设立了相应的风险管理岗位，其主要工作任务是识别和管理企业风险。[1]

全面风险管理理论阶段是21世纪至今。这一时期风险管理理论进一步发展和深化，强调风险管理的全局性，重视管理过程的各个环节和基本流程，注重培养企业的风险管理文化、建立全面的风险管理体系，包括但不限于风险的识别和计量、风险管理策略的构建、风险管理措施的选择、风险管理组织体系的建立、风险管理信息系统和内控系统的完善等，具有全局性、前瞻性、系统性。全面风险管理阶段改变了传统的“头痛医头、脚痛医脚”的事后分散风险管理模式，从事前、事中、事后进行全面重点管理，明确各类风险之间的关系和互相影响，形成了系统的风险管理模式。[1]

1.3.2 实践发展简史

1974年6月28日，拥有8亿美元资产的联邦德国赫斯塔特银行（Bank Haus Herstatt），在遭受4.5亿美元的外汇和其他损失之后，被联邦德国当局关闭。当时包括德意志银行和德累斯顿银行在内的几家联邦德国大银行联合采取了营救行动，但由于缺乏可靠的信息而使营救行动宣告失败。1974年6月，在美国排名处于前20位的富兰克林国民银行（Franklin National Bank）倒闭。赫斯塔特银行和富兰克林国民银行是两家著名的国际性银行，它们的倒闭使监管机构在惊愕之余开始全面审视拥有广泛国际业务的银行监管问题。

20 世纪 70 年代开始，经济学家将管制理论运用到银行领域，并逐步取得了共识。他们认为，在追逐论、社会利益论及管制新论三种最有影响的管制理论当中，“捕获论”（The Capture Theory）将管制者与被管制者视为博弈中的猫与鼠，最终是管制对被管制者有利，因而主张放弃管制。这种理论显然忽视了社会公众能从管制中受益的事实；“管制新论”（The New Economic Theory of Regulation）则将管制视为管制集团与被管制集团间锱铢必较的政治程序，是被管制集团提出要求、管制集团满足这种要求并从中获利的一种商品。由于管制这一商品供求双方的数量函数难以确定，因而降低了这一理论的实践价值；只有“社会利益论”（The Public Interest Theory）最具理论和实践意义。该理论将管制视为消除或减少市场破产成本进而保护公众利益的手段，市场破产成本根源于自然垄断、外部效应及信息的不对称。与前两种理论明显不同的是，这种理论既找到了管制的依据，也明确了管制的意义和努力方向。

正是在这样的背景下，发达国家以及由发达国家组成的巴塞尔委员会才逐步将银行的监管从外围修补转到内部调控，并对影响银行风险的主要因素进行详细的剖析。赫斯塔特银行和富兰克林银行倒闭的第二年，即 1975 年 9 月，第一版《巴塞尔协议》出台。这个协议极为简单，核心内容就是针对国际性银行监管主体缺位的现实，突出强调了两点：（1）任何银行的国外机构都不能逃避监管；（2）母国和东道国应共同承担的职责。1983 年 5 月，修改后的《巴塞尔协议》推出。

这个协议基本上是前一个协议的具体化和明细化。比如明确了母国和东道国的监管责任和监督权力，分行、子行和合资银行的清偿能力、流动性、外汇活动及其头寸各由哪方负责等，由此体现“监督必须充分”的监管原则。两个《巴塞尔协议》因此也就没有实质性差异：总体思路都是“股权原则为主，市场原则为辅；母国综合监督为主，东道国个别监督为辅”。但是两者对清偿能力等监管内容都只提出了抽象的监管原则和职责分配，未能提出具体可行的监管标准。各国对国际银行业的监管都是各自为政、自成体系，充分监管的原则也就无从体现。

1988 年 7 月通过的《关于统一国际银行的资本计算和资本标准的报告》，通常被称为 1988 年版《巴塞尔协议》，反映了风险管理的实质性进步。该报告主要有四部分内容：（1）资本的分类；（2）风险权重的计算标准；（3）1992 年资本与资产的标准比例和过渡期的实施安排；（4）各国监管当局自由决定的范围。

该协议主要目的是建立防止信用风险的最低资本要求。1996 年，《巴塞尔协议》作了修正，扩大了范围，包括了基于市场风险的以风险为基础的资本要求。1998 年，巴塞尔委员会讨论了操作风险作为潜在金融风险的重要性，并在 2001 年公布了许多准则和报告来解决操作风险。2004 年 6 月，颁布新的资本要求准则，称为《新巴塞尔协议》，目的是通过引入与银行所面临风险更加一致的以风险为基础的资本要求，对已有的《巴塞尔协议》进行改进。《新巴塞尔协议》鼓励银行不仅要识别当前的风险，而且要识别将来的风险，并且改进现有的风险管理体系来管理这些风险，即力求建立一个更为前瞻性的资本监管方法。《新巴塞尔协议》有最低风险资本要求、资本充足率监管和内部评估过程的市场监管三大支出。

2008 年金融危机后，巴塞尔委员会通过《更具稳健性的银行和银行体系的全球监管框架》和《流动性风险计量、标准与监测的国际框架》两个文件，俗称《巴塞尔协议Ⅲ》。该协议主要有以下几个方面的改革：（1）提高资本充足比率；（2）扩大资本框架的风险覆盖范围；（3）强化了金融风险的全球性理念；（4）补充了流动性风险的计量标准和监管框架。

目前《巴塞尔协议Ⅲ》尚未在全球范围内实施，但各国普遍报以积极态度。2019 年 4 月，中国银保监会启动了《巴塞尔协议Ⅲ》国内监管规制的修订工作。

1.4 专业前景与职业要求

学了“风险管理理论与实务”这门课之后，能做点什么呢？对于职业发展、专业发展，对个人诉求能够提供一些什么样的帮助，奠定一个什么样的基础？

从专业前景（见图 1-6）来看，这些知识能帮助人们成为一名真正合格的风险管理者，有机会从事高级的管理岗位，这跟开始所讲的刚好是首尾相应。因为现在的管理不是几十年前，不是百年以前的管理了，是越来越需要科学的决策，需要系统的理论和方法，而且是借助实实在在的真正被现代科学所认可的那些技术和方法来作出决定。

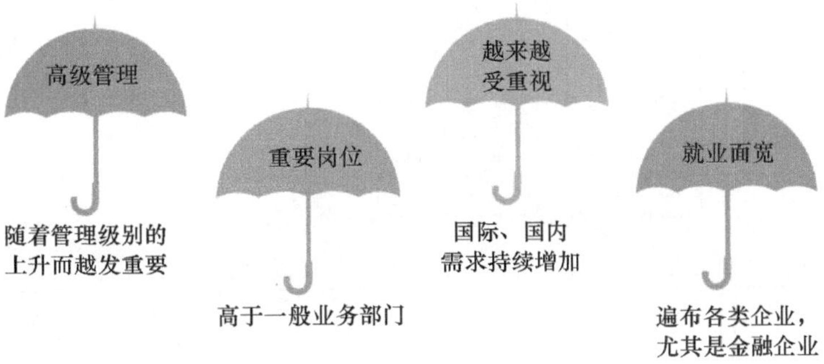

图 1-6 专业前景

首先，随着管理级别的上升，风险管理越发重要。由于现代经济环境下，无论是全球化也好，还是市场化也好，都使得风险这个因素越来越突出，越来越需要管控，越来越需要作出应对。所以从长期发展来看，风险在管理领域越来越受重视，该领域也朝着越来越高级化的方向发展。图 1-7～图 1-9 分别展示了在中国金融体系和大型银行中风险管理所处的地位。

其次，风险管理岗位是非常重要的岗位。在金融领域，风险管理岗位通常高于一般业务岗位。把一个银行分成两大部分，业务线或者是业务部门组成的级别不同的各个单元决策单元，那么他们之间是这样的一个关系，风险管理部门风险线、风险序列。那么，同级业务部门的方案、决策要首先得到同级的风险管理部门的认可或者批准，才能向上一级部

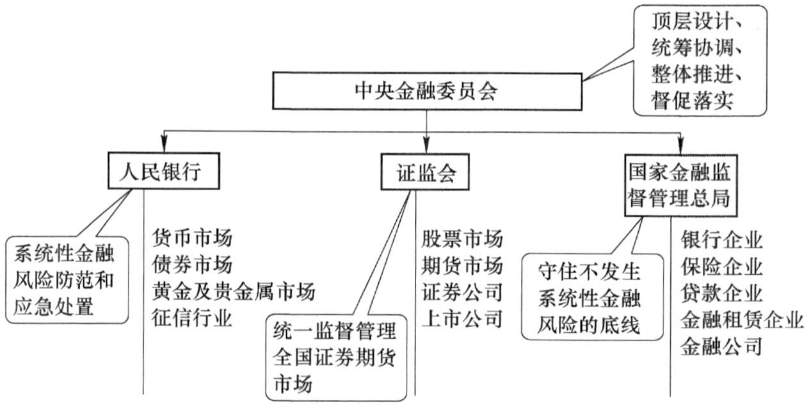

图 1-7 中国的金融体系

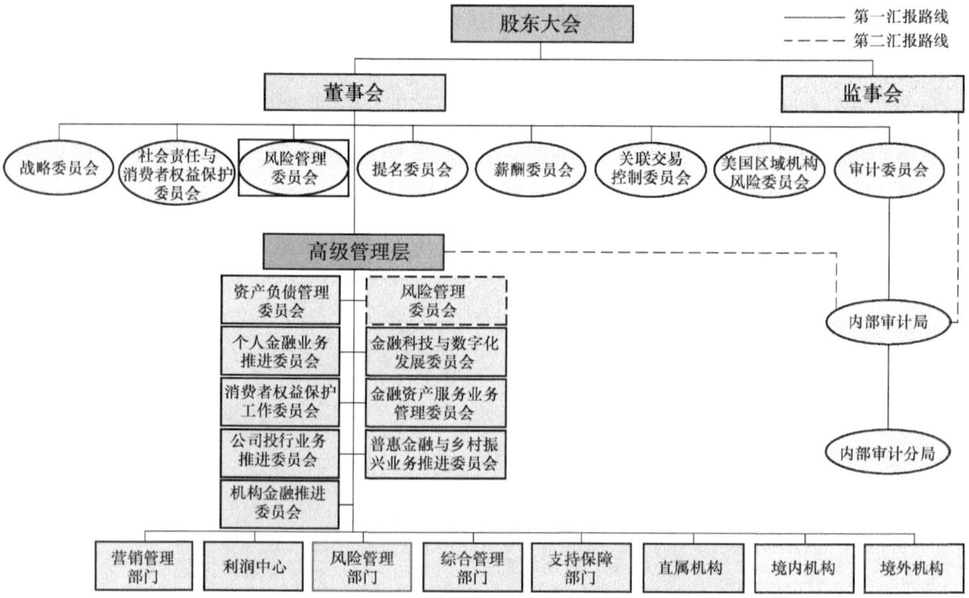

图 1-8 中国某大型银行甲风险管理部门设置

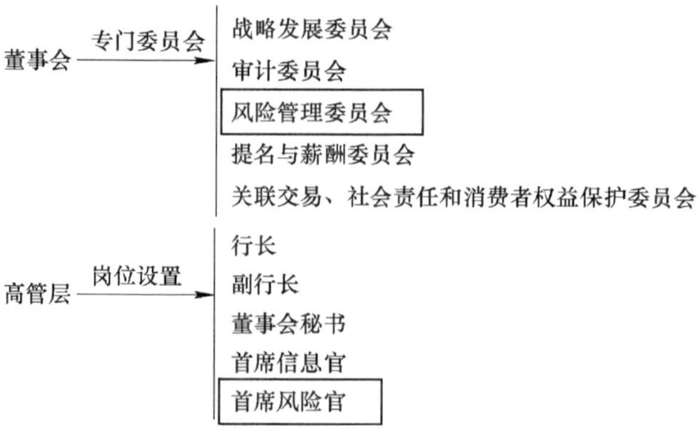

图 1-9 中国某大型银行乙风险管理部门与岗位设置

门汇报，所以风险管理岗位从它的地位上来看，要高于同级的业务部门。比如在商业银行，信贷部要给一个客户发放一笔贷款，要得到同级风险部门的认可和同意后，才能够向上级部门去申报这个计划。

再次，国际和国内对风险管理的人才需求持续增加，这是基本的现实状况。现在企业在招聘管理岗位的人员时，实际上关注的是管控风险的能力和素质，不是考察已成定式的一些管理常识，会在笔试和面试阶段考察很棘手的风险问题。

最后，现在风险管理岗位是不断地增加。多年前，很多企业设置了风险管理的部门、编制或者岗位，但实际上由于整个企业的最高决策层对风险管理都不甚了解，对于风险管理本身也认识不足，也就不能从根本上发挥风险管理岗位的应有作用。举一个最鲜明的例子，早在20世纪90年代初，国内比较大的企业就成立了安全环保机构负责所有的风险管控。大企业的相应部门称为安环处，中等企业的称为安环科，但是基本流于形式，没有实际权限。但是现在情况截然不同了，真正意识到风险之后才发现，离开了风险就称不上现代管理了。随着实践不断地发展，对于风险管理岗位的需求量会越来越大，要求也会越来越高、越来越精。

那么，如果读者想以风险管理这样的专业技能来发展自己的职业，应该具备哪些素质？把这些素质要求概括为6大方面，分别是：

（1）经验+学识+眼光+解决问题；

（2）掌握风险管理的基本知识与技能；

（3）了解风险管理实务；

（4）发现和解决问题的能力；

（5）定量分析的能力；

（6）精通相关软件的使用，如图1-10所示。

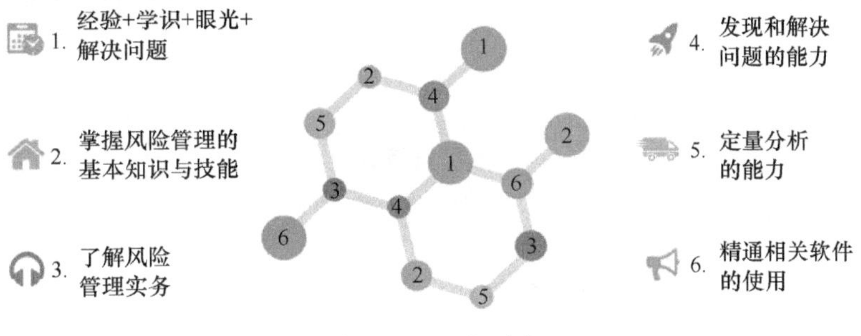

图1-10 职业要求

有些读者说：“我的课程学得也不错，应聘的时候好像他们不识货，把我这块金子埋没了。”注意，风险管理的经验很重要，这跟前面讲的内容也是首尾呼应的。第一个层次是概念要清楚，要把概念弄得很细，不是简单讲什么称为风险的问题，是到底在哪些方面会产生风险。第二个层次是通晓理论和方法。第三个层次是懂实务，会用实际的业务来验证。所以，要有一定的经验，不仅是书本上那些理论。本课程中，除非那些非常具体的技术性知识，其他的都是来自不断的思考，不断的感悟，不断的实践，要有经验才能说到点子上，才能打动人。在学习中，要以教材联系实际，对于老师所教授的知识点要做到融会贯通，提升解决问题的能力。这些不太能看得见、又不太好抓得住的东西，却是最重要的。例如在考题中，让大家简单设计一个计算机框图来实现风险管理的操作，或分析一下企业的废弃物风险问题，或咨询风电场的风险管理问题等，作为一个合格的风险管理人员必须能熟练应对。合格的风险管理人员，要了解风险管理实务，要有发现问题的能力、定量分析的能力，会以相关的软件进行科学的解答，这些都是基本的职业要求。

1.5 本章小结

本章围绕如何学好“风险管理理论与实务”这门课程，从对风险管理的整体认识入手，阐述了风险管理的意义，简要介绍了其发展历程和趋势，从根本上回答了同学们特别关心的相关问题，包括为什么要学习风险管理、如何学习风险管理、风险管理发展简史、专业前景与职业要求等，从而帮助学生对这门课程有一个整体认识，从根本上解除困惑，达到提升学生学习兴趣、激发学生学习热情、坚定学生学习信念的目的。

本章重要的知识点概括如下。

（1）风险的概念。本章给出了风险的定义，从而从一开始就对风险本身是什么有一个清晰的认识。

（2）风险管理的重要性。本章建立了一个风险管理的需求层次模型，对于全面理解风险管理的意义很有帮助。

（3）学习风险管理的基本路径。本章概括了一个学习风险管理的基本路径，遵循这一路径将大为提高学习效率。

（4）风险管理的八大类型。本章提出了风险管理的主要类型，为后续学习指明了方向。

思考与练习

（1）结合本章的内容，谈谈风险管理的必要性。

（2）试分析风险管理的基本功能。

（3）简要回答风险与收益及损失的关系。

（4）简述商业银行主要的四种风险。

（5）简述风险偏好对于商业银行风险管理的意义。

（6）简述商业银行风险管理信息系统的作用。

（7）简述风险管理委员会主要职能。

（8）简述商业银行的风险文化。

（9）现代商业银行如何进行风险规避？

(10) 一名合格的风险管理人员需要具备哪些素质?

(11) 什么是风险?

(12) 为什么要学习风险管理知识?

(13) 风险有哪些基本类型?

(14) 如何学好风险管理?

(15) 结合实际论述风险管理的重要性。

2 预备知识

2.1 管理体制

管理体制是指风险管理的组织体系、运行机制及其工作程序的整体架构，其核心功能是为风险管理提供组织上的保证，如图 2-1 所示。管理体制的主要内容包括：

（1）组织架构设计。主要是根据管理目标和任务的要求，设计合理的组织层级和构成单元。

（2）运行机制设计。以管理目标和任务为指针，设计组织内各层级、各单元之间的相互关系。

（3）确定工作程序。主要分为两类工作程序：一类是常规程序，指一般情况下的例行工作原则和流程；另一类是特别程序，指特殊情况下，尤其是紧急情况下的处置原则和流程。

图 2-1　风险管理架构

2.1.1 基本流程

提到风险管理，首先脑海里就应该浮现出其整体运行流程。风险管理的整体运行流程（见图 2-2）可以简要地概括为：风险识别→风险计量→策略和措施→管理制度→具体实施→检验与评价。这 6 大步骤，实际上是一个反馈与完善的过程。其中，风险识别部分，要清楚其内涵和界定；风险计量部分，要学习其计量、建模和求解；策略和实施部分，要学习其原则、技术、方案和手段；而在管理制度部分，主要学习其程序、机构、机制。最后是检验与评价，一套风险管理的框架、程序、方案、手段等需要不断反复地实践检验和评价，不断地修正和完善。比如中国银行经过原油宝事件之后，应该会长教训，也应该进行自我完善。

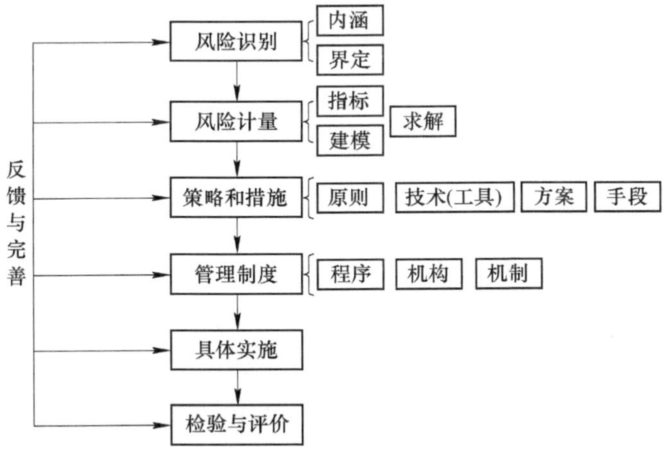

图 2-2　风险管理流程

2.1.2　架构概览

在风险管理的过程中，主要涉及决策部门、风险主管部门、风险防控部门、业务主管部门、业务运行部门等部门（见图 2-3）。其中决策部门在这一过程中是最终决策者，另外几个部门相互配合，为决策部门的工作提供协助。不同的部门对风险管理的不同部分负责。

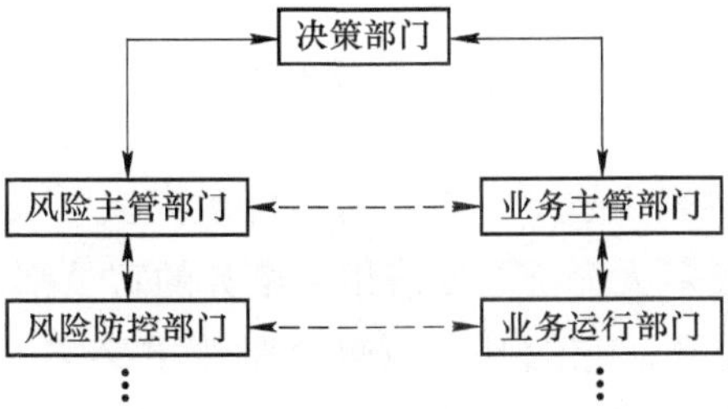

图 2-3　风险管理单元结构

2.2　风险的识别

2.2.1　风险识别的目的与意义

迄今，学术界对风险的理解才达成了一致的意见，即现代意义上的决策，其关键是对风险作出回应。风险与人们同在，风险无处不在。核心的任务是识别出比较重要的风险，并加以严密的监督和管控。风险识别是指把存在的风险揭示出来，其核心的功能是为风险评估提供指向和标靶，主要工作包括信息的收集、整理、提纯以及在此基础上进行风险分析、诊断、报告等基本内容，这些内容大体可以概括为两个中心目的：一是获取足够且可靠的信息；二是发现疑点、警示风险。一般来讲，在风险识别阶段不要求作出精确的量化结论，而是要求迅速而准确地提供相关风险的情报和初步结论，进一步的量化分析在接下来风险评估阶段中进行。

实践中，风险识别的一个重要功用是风险预测，准确、及时的风险预测对于规避风险具有重要价值。

为了使风险识别发挥应有的功能，一般需要注意以下事项：

（1）时效性，即所提供的情报和结论要及时；

（2）系统性，即所收集的信息要全面且主次分明；

（3）主次性，即所报告的内容要有重点、分主次；

（4）经济性，即要考虑投入产出关系，权衡成本与收益的关系，追求整体效益最大。

2.2.2 风险识别的基本做法与流程

风险识别方法可以主要概括为如下 8 种，如图 2-4 所示。

图 2-4 风险识别方法

（1）现场调查。现场调查很重要，否则有可能脱离实际。让人记忆犹新的就是这次新冠疫情刚刚发生的时候，很多负责新冠疫情相关事务的官员都没有现场调查，结果造成严重误判，所以现场调查很重要。它的基本逻辑就是尊重事实，任何所谓科学的理论也好，概念也好，方法也好，都必须以事实相符作为检验的依据，也就是实践是检验真理的标准。因为很多事情都是突发的，用原来的那些推定就不那么吻合，不做现场调查，好多风险识别的事情做不好。这个方法说起来容易，但是严密落实并不容易，因为现场调查到底应该调查什么，到底应该怎么调查，谁去调查，等等，这都是问题，所以这时候经验就显得很重要。当然了，一些普遍性的经验也可以看作是理论，但是即使有这些理论也还是需要必要的经验作为补充，因为毕竟每一个真实的风险问题都有其特殊性。但不管怎么样，现场调查这一步骤很重要。

（2）列表检查。就是把应该检查的事项，在尽量做到客观明确的情况下，然后进行排查。为什么要客观明确？为了防止随意性。现在用一个简单例子加以说明，大家都知道新冠疫情期间有些部位需要消毒，规定了消毒的时间和方式，比如“上午 9:00，酒精消毒”等，人们看了就比较放心。但是一般不对消毒状况好还是不好做评价，而只是标明是否采取了消毒措施和相应的时间，相对来说比较容易判断，因为是否采取了消毒措施和时间都是容易核实的，而消毒状况好还是不好就很不容易判断，可见所列事项是否客观明确，对列表检查的可执行度具有显著影响，所以列表检查要注意的就是要具体要客观，便于判断，不容易出现分歧。

（3）专家调查。很多风险需要有一定经验和理论水平的人才能识别出来，这些人就被称为专家。专家调查法的基本做法是，邀请多名专家参与，很少有只邀请一名专家的情况。调查形式有多种，最常见的是会议形式，就是把专家们聚在会议室里讨论，最后形成整体意见。随着通信技术的发展，会议既可以采取线下也可以采取线上；其次是现场调查形式，这里与“现场调查”不同之处是，参加调查的人以专家为主，其目的是请专家通过现场查看对风险作出判断；还有一种形式是通信形式，就是通过电子邮件或电话访谈等途径，分头请专家对风险作出独立分析判断，一般不包括线上会议形式。对于复杂的风险识别问题，可能需要把几种形式的专家调查结合起来使用。

（4）流程分析。流程分析是指对风险涉及的各个环节进行研究，从而识别出风险的一种方法。所谓流程，就是为完成某项工作而需要环节和步骤。流程分析的具体做法是，首先描绘出整个流程，然后从起点到终点对风险依次进行全面诊断，最后对整体风险作出分析和判断。流程分析法的关键有两点：一是对流程作出完整的描述，其细腻程度一般可以根据需要确定，但不管细腻程度如何，都必须确保结构的完整；二是对流程中可能的风险因素作出科学的研判，这通常需要较丰富的风险管理知识和经验。

（5）风险分解。所谓的风险分解就是把一个比较笼统的风险分解成非常具体的风险。以风险损失为例，当仅使用“风险损失”这一概念时，其实带有很大的模糊性，因为风险损失的类型很多，损失的成因则更多。为了能够对风险进行更为准确的识别，就需要对风险进行分解。比如风险损失可以分解为经济风险、健康风险和社会风险，健康风险可以再分为生理健康风险和心理健康风险，还可以再细分。当然分的级数越多，就越细致越具体，但并非级数越多越好，因为级数过多就会造成维度灾难，所谓维度灾难就是每增加一个维度或一个指标，那么就会增加 2 的 1 次方的这样的一个计算和分析的复杂性，如果细分为 n 个级别，计算量就是 2 的 n 次方，当 n 很大时，计算起来就极其困难了，就是用计算机计算耗时也是相当长的。所以比如像比特币这样的事情，区块链可以达到防止篡改的功能，那也只是相对而言，是相对于什么呢？相对于计算能力而言，一般来讲，如果经过不高于 2 的 70 次方的计算量，就可以破解的密码，这个密码就被认为是可破解的。如果超过 2 的 70 次方的计算量才能够破解，通常认为这个密码是比较安全的。什么意思呢？计算量达到一定程度的时候，就没有时间再去破解它。那么风险分解也是一样，分解得太多了，就会使计算量大到不可承受，所以要取一个平衡，既要能够计算得过来，又尽可能让它分解得比较具体。因为有矛盾才有最优的问题，如果没有矛盾，那就不存在最优了，而是多多益善，所以风险分解把笼统的风险分解成比较具体的风险，但是要适可而止。

（6）事故树分析。事故树分析是跟风险分解既有类似之处又有明确区别的一种分析方法，二者的相同之处是都采取拆分的思路，二者的区别是事故树是针对某一潜在事故探究其产生的原因，而风险分解是探究风险的组成成分。事故树是从现实出发，针对某一个事故可能引起事故的成因一层一层展开分析，形成一个树状结构，因此称为事故树分析。之所以可以用事故树方法进行风险识别，是因为可以把风险作为事故看待。需要注意的是，同风险分解法一样，事故树也不能做太多太复杂了，级别太多计算量会以几何级数增加，所以也是满足需要即可。

（7）情景分析。这是一种比较新颖且很重要的方法，是新千年以来在风险管理领域普遍使用的一种方法和技术。所谓情景分析就是根据现有的信息以及历史经验做一个合理的想象，通常要设想一个比较合乎情理的发展过程，然后分析在这样的情景下，所考察的事项或者风险会发生一个什么样的变化，这就是情景分析最基本的原理。根据可获得的信息作出一些合理的假设，形成一个整体的背景，在这个背景下来分析研究对象或者目标，这就称为情景分析。

（8）财务分析。一般人们所有的风险最后总要涉及财务的问题。经济损失是最常见的损失。无论是健康损失还是精神损失，最后总会引起经济损失。但是有些经济损失倒不见得会引起严重的健康或者精神损失，比如原油宝这件事情，经济损失是不小了，健康损失好像跟它没有多少直接关系，当然也有可能有个别交易者本来就心理脆弱，因为这次投资损失惨重，有可能造成严重的心理问题，但是总之不会像经济损失那样直接。但是任何健康和精神损失都会导致直接的经济损失，健康损失会直接引起工作效率下降甚至误工，例如精神损失通常会造成做事情没效率，这肯定就是一种经济损失了。因为经济损失的普遍性，而经济损失最直接的就体现在财务上，所以财务分析就很重要，对企业尤其如此。企业是法人组织，它不存在一般意义上所谓的健康精神。个人更突出地带有健康和精神的色彩。企业总体上来讲更重要的是经济层面，所以财务分析虽然是仅仅与经济有关，但是非常重要，故而单列出来。

最后指出一点，风险识别流程包含感知风险和分析风险两大方面。感知风险，即了解客观存在的各种风险，是风险识别的基础，只有通过感知风险，才能进一步在此基础上进行分析，寻找导致风险事故发生的条件因素，为拟定风险处理方案，进行风险管理决策服务。这就需要注意把风险的内涵描述清楚。因为只有把风险的内涵真正地、科学地描述出来，对于其他人来讲，对于未来将要进行的后续的步骤来讲，才达到了进行风险管理基本的要求。如果描述是模糊的，后续分析就会出现困难，所以内涵的准确概括和描述非常重要。分析风险，即分析引起风险事故的各种因素，它是风险识别的关键，要求对风险之间的关系作出明确的界定。风险不仅要按照第一条要求把它的内涵讲出来，而且要在风险之间作出区分和界定，即使是表面上内涵已经清楚，但是如果界限不清，两个概念有很大的交叉，这样的风险识别也会给后续的分析和处理造成困境。风险管理既有理论上的要求，还是一门实用科学，所以风险识别一定要为后续实实在在的分析和管理奠定好基础。界限要划清楚，尽可能避免出现你中有我、我中有你、界限模糊的情况。否则在后边进行分析时，尤其是进行计量的时候，可能造成重复计算。如果界定的范围过小，就有可能造成遗漏，这都不是好的情况，都应该尽可能避免。确定到底有哪些风险，有几种风险，这很重要，也就是解决了一个是什么的问题：到底要管理什么，到底要分析什么？

2.2.3 风险识别的发展历程

风险识别作为一个专业术语被提出最早出现在20世纪60年代，最初的风险识别主要借助于人的经验和知识，没有成型的方法，20世纪后期，随着风险管理理论与实践的发展，逐渐产生了风险识别的一些常用做法和观点，到20世纪末，前面所列举的各种识别方法基本成型，新千年以来，随着计算机技术和计算科学的发展，风险识别的能力和水平飞速提高，从主要依靠手工逐渐转向人工智能方向，目前通过建立各种模型对风险进行精细化识别是主要模式，尤其是随着探测技术的发展，无论是在城市街道和建筑物中，还是在各种机械、运行系统中，安装了大量的电子摄像头或类似探测设备，为风险识别提供了丰富的一手资料，使得远距离自动风险识别成为可能。具体来讲，风险识别主要经历了以下几个阶段。

（1）直觉和经验阶段。这是20世纪50年代以前普遍采用的一种风险识别模式。

（2）以概率统计为主导的阶段。这一阶段从20世纪50年代至20世纪末，主要依靠统计理论，结合具体问题，对风险作出识别。

（3）以模型仿真模拟为主导的阶段。该阶段始于新千年前后，直到目前仍处于发展期。与上一阶段不同，本阶段以计算机仿真模拟为核心支撑，对风险的识别更全面更准确。

2.3 风险的计量

2.3.1 风险计量的目的与意义

要对风险作出计量，衡量风险到底有多大，这是计量的核心。要解决风险管理问题，仅仅从概念上、从范围上把它搞清楚远远不够，要真正地落实到能够对其进行有效管控这个层面，必须对风险作出计量。风险计量的意义还在于为风险管控的手段、流程、成本分析提供依据。风险管控与任何其他管理问题一样，必须考虑成本和收益，这就要求对风险作出准确的计量。

2.3.2 风险计量的基本做法与流程

风险计量是指，对可能存在的风险（主要是由风险识别而得到）进行量化分析并作出最终结论（包括定性结论和定量评价），其核心目的是为风险管理提供指引和依据，主要工作包括对风险的存在性作出诊断、对风险的成因及其机理作出分析、对风险的程度作出计算、对风险的发展态势作出描述。风险计量的基本步骤如下。

（1）系统整理相关资料和信息。一般是在风险识别基础上补充更详尽的资料和信息。

（2）诊断风险的存在性。通常结合数据分析和经验判断对风险的存在性进行排查和筛查。

（3）分析风险源以及风险的成因和机理，往往需要结合风险理论和实际情况进行分析和判断。

（4）计算风险的程度。一般需要在已有理论和经验基础上选择或构建适用的指标和模型，而后进行计算。

（5）描述风险发展的状态和趋势，即通过对上述工作的综合分析和研究，得出关于风险的状态和趋势的总结论，为管理决策提供依据。风险计量重点应该关注以下几大方面。

首先，给出指标，也就是用哪些指标去描述风险。要给出指标，而且要论证这个指标能够比较圆满地覆盖所给出的风险。如何选取指标又是一门学问，对于不同的风险，选择什么样的指标来描述、计算，这非常重要。

很多事情，包括风险管理，因为指标选择的不同，会造成分析结果的巨大差异，所以在选择指标、建立指标体系的时候，其中涉及很多学问。比如咱们最习以为常的，像高考，这些年来指标也在变。一会儿数理化的权重上升了，一会儿数学、语文的权重上升了，总之要经过长期的探索和实践，才能真正拿出一套好的指标体系，能够科学评价每一个人的真才实学、真实能力等。再如，人们参加的各种证书考试（雅思、GRE、托福、CPA 等），如果各种指标设计合理，得出来的是有效的评价；如果设计不合理，就是对人的才能的一种错误评价。

这些例子说明指标的选择很重要，直接关乎计量是不是有效，不是计算过程中有没有算错的问题，而是指标如果错了，计算再精确也毫无意义。所以指标选择正确是基础性的问题，至于计算过程中那些算法是不是特别精确，则是次一级的问题。

其次，要建立一个好的模型，这对人的专业素养和学识要求会更高。有时候给了一系列的指标，在没有专业基础背景的情况下，这些指标如同天书，无法科学地把它们整合在一起，形成一个正确的模型。

新冠疫情期间某国做了大量的心理问卷调查，收集了几万份甚至更多的调查问卷，从中选择出若干重要的指标，然后建起一个有效的模型，依据这个模型判断新冠疫情到底给社会带来了多大的心理风险，以及它的动态过程是什么样，这涉及很多理论和实际问题。再举一个金融领域的例子，各国央行通常有一个利率决定模型，使得基准利率的确定能够有效管控风险，实现金融安全战略的目标。这是一个很现实的问题，但是要做起来就非常的困难。很多人研究了一辈子金融安全战略，但是实际上他概括不出一个像样的可量化的指标，但这也不能怪他，因为这个问题本来就极其复杂。对于利率，虽然泰勒曾经给出了一个公式，那个公式存在缺陷，如果真按照泰勒公式去操作，各国的利率全都跟它是不匹配的，也就是那个公式不可靠。所以看似相对比较简单的利率，到底应该怎样设计一个模型？事实上，现在没有现成的模型让美联储决定利率上调还是下调，这些都是美联储理事会成员举手表决，每个人主要依据各自的直觉判断，最终是少数服从多数，作出上调还是下调的决定。虽然他们知道大量的各种相关模型，但是没有一个人能够确定哪个模型完全可信，因此并不是只要输入计算机，机器就可以直接带人们进行决策，暂时没有到这一步。当然，将来会无限地朝这个方向趋近，也就是人工智能。人工智能不仅仅是计算机信息领域的事情，金融领域对人工智能的需求有时候显得更加迫切，因为任何一个人能够精确地而且无矛盾地去思考一个问题，都是对人性本身的一个挑战。所以人们希望研制出更多管用的模型来，毕竟建模是进行计量非常重要的一步，没有模型，即便是有指标，得出的也是非常分散的、局部的一些结果，有了模型才能给出反映了指标之间以及因素之间相互作用关系的基本结论。当然求解是建模之后必须做的事情，尽管有时候求解会比较困难，但是求解相对于前两项要求比较简单。只要有了模型，总能有一个大概可接受的求解的方法，没有精确解，求数值解，所以关键是指标和建模，这是风险计量。从风险识别到风险计量，就把风险管理这件事情向前推进了一步，甚至是一大步。

风险识别总体是一个定性的研究或者一个定性的分析，但风险计量就是一个量化的结论、量化的诊断，就如同去医院做了各种检查（抽血、CT、核磁等），道理是一样的。有了这些诊断，分析的精度和可靠性才大幅度提高，甚至是根本性的提高。

最后，风险的计量原理。主要有四大原理：第一，敏感性测度；第二，概率测度；第三，波动率测度；第四，损失测度。一般风险的计量主要从这四个方面加以实施，如图 2-5 所示。

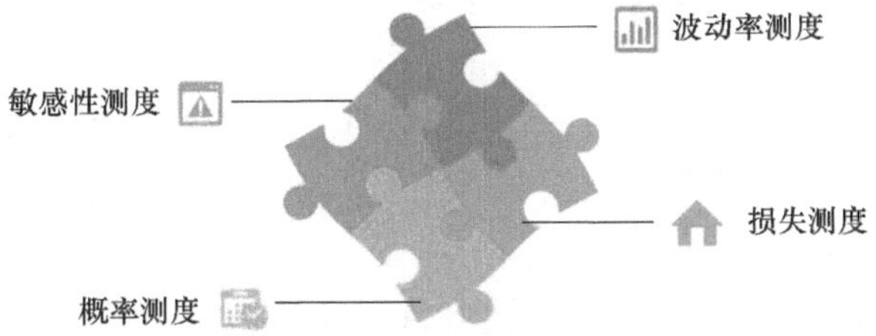

图 2-5　风险计量四大原理

1）敏感性测度。所谓的敏感性测度就是测量某一种风险和它的成因之间敏感性高与低的问题。比如每天都有可能刮风下雨，所谓的天有不测风云。但是刮风下雨这件事情对有些人影响大，对有些人影响就小，这就是敏感性大小不同。比如一个运动员要创造出好成绩，对刮风下雨，尤其是室外项目对刮风下雨这件事情就很敏感，但是对于坐在教室里上课的学生们来讲，刮点风下点雨好像没大影响，这就是敏感性不同。举这样一个非常容易理解的例子来说明这个道理，就可以以此类推，凡是风险和它的成因之间的依存关系，都可以借助敏感性测度来加以计量。

2）概率测度。很多时候需要做概率测度。比如天气预报，30 年前，天气预报的报告格式是“明天有雨或者明天有小雨有中雨”等，现在不是这种报法，通常是报降水概率百分之多少。看似含糊了，但是从计量角度来讲更精确了。因为预报有雨或没有雨，并不是真的有没有雨的问题，而仅仅是以一个单一的标准进行的判断，实际上它是把降水概率 50%设定为门槛值，当测算的降水概率低于 50%时就没有雨，结果凡是小于这个标准的就是一个结果，凡是大于这个标准的就是另一个结果，看似很肯定，反倒不精确，所以那时候匪夷所思的天气预报非常多，明明正下着雨，天气预报却报没有雨。总之，风险管理中进行概率测度可以帮助人们对风险作出更准确的计量。

3）波动率测度。波动率本身就是风险的一种，波动率越大，代表着风险越大，波动率越小，风险相对越小。所谓波动率，就是在一定时间内事物发生变化的幅度。比如股票的价格，今天的收盘价和昨天的收盘价相比变化了多少，这就是一个具体的波动率，同理，可以计算不同时间跨度的波动率，称为平均波动率。任何风险问题都可以从波动率的角度进行计量分析，包括长江的水位的风险、通货膨胀风险、能源安全风险等。

4）损失测度。损失测度是指测量损失的具体值。与前三项指标不同，损失测度得出的是确切的损失数量。预期的损失越大，代表风险越大，预期损失越小，代表风险也越小。大多数情况下，损失测度对于判断风险的实际影响更具有决定意义，因为它代表了风险的最终结果。由于这一缘故，前三种计量往往不能作为最终判据使用，而且很多时候需要综合来考虑以相互弥补不足和相互校准，这一点必须注意。这些风险计量方法在后续的课程中会有更详尽的讲解。

2.3.3 风险计量的发展历程

风险计量发端于敏感性分析方法的使用，后来随着相关学科的发展以及实践的探索，风险计量方法不断丰富，先后经历了单指标敏感性测度阶段，线性模型测度阶段，专业理论模型测度阶段。

（1）单指标敏感性测度阶段。直到 20 世纪 50 年代以前，风险管理普遍使用敏感性测度作为风险的度量指标，尤其在金融领域形成了以 5 个希腊字母代表的计量体系，这 5 个字母分别是 δ、γ、ρ、θ、Λ。

（2）线性模型测度阶段。这一时期始于 20 世纪 50 年代，持续到 20 世纪末。主要是利用线性方程理论计量风险发生的概率，包括线性概率模型、线性识别模型、Altman 判别模型等。

（3）专业理论模型测度阶段。20 世纪 70 年代，金融领域发生了两次重大创新，一次是资本资产定价模型（CAPM）的产生，另一次是期权定价模型（OPM）的产生，随着这两个模型的运用，人们发现二者提供了计量金融风险的指标和方法，即 CAPM 模型中的参数 β 和 OPM 中的参数 σ 可以用来计量风险，在这一发现的启发下各种依托专业理论的风险计量模型不断涌现，几乎扩散到所有的风险计量领域，包括工程领域、社会领域。

2.4 风险管理的策略

2.4.1 管理策略的目的与意义

管理策略是指根据理论和经验的依据确定风险管理的目标、路线、方法、队伍等事项，并形成实施方案的过程，其核心功能是为管理工作的落实制定行动目标和方案。正如去医院看病一样，技术手段的使用并不是最终的诉求，真正的目的是要把病治好。从风险管理的角度看，需要提出管理策略，就相当于给医生开的药方。有了这些科学的计量之后开药方才更准确。所以管理策略就是建立在前两步的基础之上，提出管理的具体的技术方案和手段，从而可以达到安全可靠、降低成本和损失、提高竞争力、保障可持续发展的目的。

2.4.2 管理策略的确定与实施

管理策略不是一个虚无的东西，而是实实在在有标准、有规范、有科学依据的。具体地，管理策略的制定包括以下环节：

（1）管理目标的设定，即决定风险管理的水平以及风险控制的程度；

（2）管理路线的选择，即确定采取什么样的行动路线来实现既定的目标；

（3）选择管理方法，即确定落实行动路线的技术、手段和措施；

（4）物色管理队伍，即初步形成管理团队的人选、结构、分工等的意见；

（5）形成综合方案，即确定管理工作的完整计划。

那么如何来确定和执行管理策略呢？管理制度里重要的是程序机构和机制，所谓的程序就是整个这一套管理的流程，实际上整个架构本身就是一个流程。要进行风险管理，显然就是要从识别开始一直到检验评价，形成反馈这样的一个往复循环的机制。风险管理的程序基本就应该遵循这些步骤。那么在管理制度上就应该确立下来，大型的企业、机构应该有专门的部门来负责风险管理。有人问这是不是有点夸张了，其实不然。设立这样一个专门机构，比如 2020 年中国银行在原油宝事件中的声誉损失，还给投资人造成直接损失，整个风险损失有多大？仅直接损失就有几十亿元，如果把方方面面的损失都考虑进来，还会更多，相比之下设立一个风险管理部门所花费的成本是微乎其微的。所以，在体制上需要有专门的机构来负责落实这些程序。所谓的机制就是风险管理部门和其他部门之间的隶属、协调关系问题，例如金融机构，如果是事业部体制，就涉及不同的事业部跟不同层级的管理层之间是如何制约配合的，这就是机制。

管理策略制定之后是如何具体实施，主要是包括在实施过程中怎么防控违规操作的、恶意操作等，包括像更早以前造成某知名银行倒闭的那个人，他就属于违规操作，私建了一个秘密账户，发生的损失不及时披露，而是转移到私建账户上去，最后损失越来越大，终于败露，公布的结果显示，造成该银行净损失达 50 亿美元。因为这个原因造成百年来都有非常良好的声誉的该银行彻底倒闭。

管理策略一般围绕风险回避、风险预防、风险留存、风险转移、风险分散、风险对冲这 6 个方面构建。通常在具体的管理策略构建中，会综合这些具体策略方针，构建一个整体性的、一致性的统筹的管理策略体系，如图 2-6 所示。

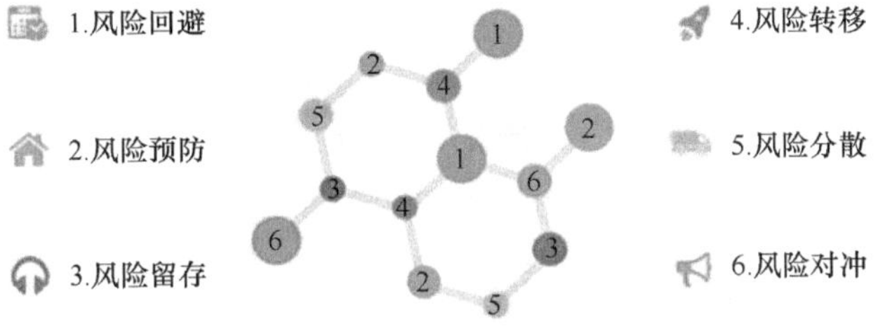

图 2-6　风险管理策略

2.4.3 管理策略的发展历程

风险管理策略至今大致经历了三个发展时期，以下按时间顺序做一个简要介绍。

（1）20 世纪 30—70 年代，这时是风险管理的理论探索与学科发展阶段。自 20 世纪 30 年代风险管理的思想理论开始萌芽后，风险管理逐渐以学科的形式发展起来，并形成了独立的理论体系。在此阶段，风险管理主要运用于企业管理领域，主要目的是对企业的人员、财产和进行适当保护。民间和企业是此阶段风险管理的主角，以风险转移为主要策略。

（2）20 世纪 70—90 年代，这一时期风险管理开始在政府层面得到广泛应用。20 世纪 90 年代后，风险管理在欧洲、亚洲、拉丁美洲等一些国家和地区获得了广泛传播，被公认为企业管理领域内的一项重要内容。控制企业环境中的风险和不确定性已成为企业管理的核心问题。同时，风险管理逐步规范化、标准化和程序化。管理方法不断丰富，管理领域不断扩大。在这一阶段，风险管理从企业管理领域逐渐扩大到社会管理领域，成为政府管理和制定政策的重要方面，专业人士成为风险管理的主角，管理策略以风险预防和回避为主要策略。

（3）21 世纪至今，风险管理策略更加丰富的阶段。21 世纪开始，风险管理进入了一个新的阶段，得到从政府到民间全方位的普遍重视。各国纷纷投入大量的人力、物力和财力，强调政、研、企多方合作，开展风险管理的理论研究和实际运作。在此过程中，政府、企业、社会等不同利益主体之间就风险管理理论研究和实践操作形成了新颖的合作关系——民间和企业是风险技术的使用者，科学家是风险科学的研究者，而政府则是风险事务的管理者。风险策略突出了综合性、针对性和最优性。

2.5 本章小结

本章以风险管理的整体架构为起点，重点讨论了风险管理体制、机制，风险管理流程，风险管理识别，风险管理计量和风险管理策略等重要议题，由此描绘出风险管理的完整轮廓和基本内容。对于从整体上理解风险管理这一事务具有重要指导意义。认真掌握这些内容不仅有助于形成对风险管理的深刻理解，而且为后续学习奠定必要的基础。

思考与练习

（1）试论述风险管理的整体架构。

（2）简述风险识别的基本方法。

（3）简述风险计量的基本原理。

(4) 简述管控风险的基本策略。

(5) 写出以下希腊字母所代表的敏感性的具体表达式：δ、γ、θ、Λ 、ρ。

(6) 简述健全的风险管理体系与商业银行价值创造之间的关系。

(7) 现代商业银行如何进行风险规避？

(8) 简述商业银行风险管理信息系统的作用。

(9) 简述风险管理的基本流程。

(10) 简述风险识别的目的与意义。

(11) 简述风险计量的目的与意义。

(12) 简述风险计量的基本做法与流程。

(13) 简述风险计量的发展历程。

(14) 简述管理策略的目的与意义。

(15) 简述制定管理策略的基本环节。

(16) 简述风险管理策略的发展历程。

3 通用理论与方法

所谓通用理论与方法，就是在各种类型风险管理中都会用到的理论和方法，也可以称为一般理论和方法。把这些方法集中到一章中加以介绍和讲解的目的是，使学生们能够在头脑中对风险管理建立起较为整体的印象和感受，减少知识碎片化情况的发生。

3.1 风险的规范描述

3.1.1 风险的形式化定义

第 1 章中已经对风险作出了简单的描述性定义，而且区分了广义和狭义两种内涵。广义的内涵把所有的不确定性都视为风险，不论这种不确定性是有利的还是不利的；而狭义的内涵只把变得更不利的这种可能性看作风险。图 3-1 更为直观地显示了这一区分。顺便指出一点，有的研究者把风险限制在可以精确计算概率值的不确定性范围内，而把无法（或难以）精确计算概率值的不确定性排除在风险之外。这对于某些特殊的分析或许有意义，但对于一般的风险管理则意义不大，因为对于一般的风险管理，只要能够对不确定性的程度做出一定的估计就够了，而且我们已经习惯于把并不知其发生概率是多少的事情看作风险了，比如我们并不关心每天出行可能会遇到刮风、下雨的概率是多少，但这些事件是我们早已认可的风险。尽管描述性的定义对理解风险很有用，但是还不够精确，为了对风险有一个更准确的把握，现在我们需要对风险这一概念做出更为严密的刻画，也就是给出形式化的定义。所谓形式化就是采用数学形式对概念加以刻画。就风险来说，我们之前的描述性定义是非形式化的，因为它没有给出具体的表达形式，如果能够用数学形式表示出来，就被称作形式化了。

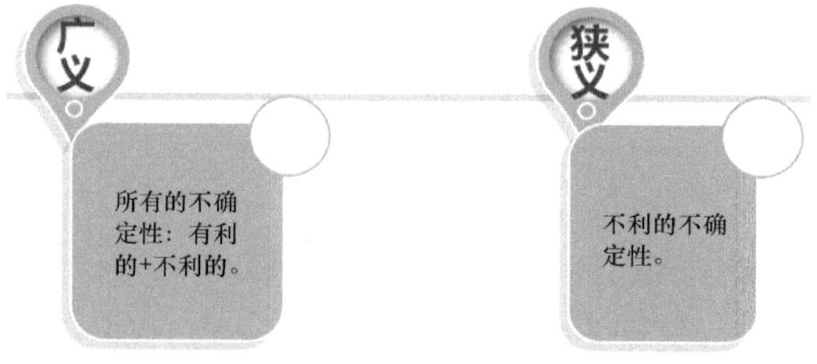

图 3-1　风险的定义

现在来考虑如何把风险的描述性定义转化为形式化定义。令 A 代表一个事件，当我们说它存在风险时，按照广义的内涵理解，实际是说它发生与否是不确定的，令 R 代表风险，U 代表不确定，则广义风险的形式化定义如下：

$$R \Leftrightarrow U(A) \tag{3-1}$$

式中，$\Leftrightarrow$ 是等价于的意思。

按照狭义的内涵，风险指的是发生损失的可能性，如果不发生损失，即使存在不确定性也不算风险，这时风险的形式化定义就是下面的形式：

$$R \Leftrightarrow U^{-}(A) \tag{3-2}$$

式中，U^{-} 代表事件 A 带来损失的可能性。

这样我们就分别从广义和狭义两个角度把风险的概念形式化了，其好处是精确而直观，不容易发生混淆。

上述形式化定义清晰地表明，广义的风险就是不确定性，狭义的风险则是带来损失的不确定性，因此度量不确定性的方法就可以用来度量风险，这为后面的量化分析提供了便利。

3.1.2　风险的量度

风险的量度是指用什么尺度对风险的大小做出衡量。既然前面我们把风险定义为不确定性，那么对风险的衡量就需要结合不确定性的考虑而做出。正如我们所知道的，衡量不确定性的基本尺度是概率，因此概率是度量风险大小的一个可行尺度，那么除了概率以外还有没有其他尺度用来度量风险的大小呢？答案是肯定的，实际上在概率理论正式形成之前，人们已经找到了一些尺度对风险做出有效的衡量，主要有敏感性和波动率，后来结合概率理论又引进了风险损失这一尺度。因此，概括起来说，现在我们衡量风险的大小主要有四个量度：敏感性、波动率、概率和损失（如图 3-2 所示）。下面对这些量度作出一个简要说明，具体的计算方法在 3.3 节中加以讲解。

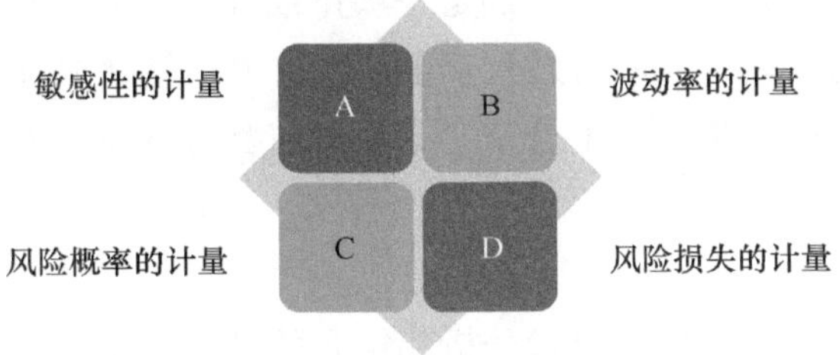

图 3-2　风险的四种量度

（1）敏感性。所谓敏感性，是指一事物对另一事物变化所产生的反应程度。反应越大，说明其敏感性越高，意味着风险越高。

（2）波动率。波动率是指事物自身随时间而变化的幅度。变化幅度越大，说明波动率越大，意味着风险越高。

（3）概率。概率是测量不确定性的最佳尺度。用于衡量风险时，我们取一个风险事件或状态发生的概率来判断风险的大小，一般来说，一个不好的事件或状态发生的概率越大，则风险越高。

（4）损失。这里损失不是真实或必然发生的损失，而是指风险可能造成的潜在损失大小。潜在损失越大则说明风险越大。

3.2 风险识别理论与方法

第2章中已经简要介绍了风险识别的概念。现在我们来探究风险识别的理论与方法。所谓风险识别理论，是指用于风险识别的基本学说和总体结论。风险识别方法则是指用于识别风险的具体手段和流程。现代风险管理理论认为，风险识别过程包含感知风险和分析风险两大方面。

感知风险是指了解客观存在的各种风险，是风险识别的基础。只有准确地感知风险，才能进一步在此基础上进行分析，寻找导致风险事故发生的条件因素，拟定风险处理方案，进行风险管理决策。分析风险是指分析引起风险事故的各种因素，是风险识别的关键。

概括起来说，风险识别主要包括以下工作和内容：

（1）用感知、判断或归类的方式对现实的和潜在的风险进行鉴别，从而区分出风险的来源和可能的表现及后果；

（2）从错综复杂的环境中找出经济主体所面临的主要风险，这是因为存在于人们周围的风险往往是多样的，既有当前的，也有潜在于未来的；既有内部的，也有外部的；既有静态的，也有动态的；等等，需要对它们的轻重缓急做出初步判断。

（3）找出各种明显的和潜在的风险及其损失规律，为达到这一目的，风险识别一方面可以通过感性认识和历史经验来判断，另一方面也可通过分析、归纳和整理各种客观资料和风险事故记录，或进行必要的专家咨询。

因为风险具有可变性，所以风险识别是一项持续性的、系统性的工作，要求风险管理者密切注意原有风险的变化，并随时发现新的风险。其方法大体上可归为经验判断法、逻辑推理法和数据分析法三大类。以下分三小节对这三类方法加以具体说明。

3.2.1 经验判断法

经验判断法是一种定性分析和定量分析相结合的预测方法，是根据企业各层次有关人员的经验来判断，从而确定预测数的一种方法，依靠有关人员的经验和对市场形势发展的直觉判断。这种方法既有其优越性，也存在一定的缺点。总体上来讲，经验判断法具有一定的科学性和便捷性，从原理、操作过程以及结果这三个角度观察，经验判断法有以下五方面的优点：

（1）对症下药，针对性强；

（2）能够在信息数据不充分和有些因素难以量化的情况下作出预测；

（3）简便易行，对客观条件要求低；

（4）预测快速敏捷，预测费用低；

（5）蕴含更多的价值判断和人性化成分。

前面已经列出了经验判断法的优点，然而由于经验判断法主要依靠人的判断，其难以避免地存在以下两方面的不足：

（1）对复杂的数量变动关系单凭人脑记忆和判断，容易出现疏漏和失误；

（2）定量分析不够精确，经验判断容易受心理、情绪、知识结构、个人素质等因素的影响产生主观片面性。

至此已经清楚了经验判断法的优点及其不足，实践证明，在运用经验判断预测法时，只有注重以下几方面才能克服其不足：

（1）加强市场调研，努力掌握影响市场的各种因素的变化，为经验判断预测提供更多的依据；

（2）尽量使定性分析数量化，在定性分析的基础上作出定量估计；

（3）要科学合理地组织和开展预测活动，努力发挥集体的智慧；

（4）采用多种判断方法相互校准，比较各种方法预测结果，从而得出合理的预测值。比如适当结合下面将要介绍的逻辑推理法和数据分析法就能够非常有效地克服经验判断法的不足，使识别精度大幅度提高。典型的经验判断法有现场调查法、列表检查法、专家调查法，这些方法的基本内容参照第 2 章中的介绍。

3.2.2 逻辑推理法

逻辑推理是一种用于分析和解决问题的思维方式，基于推理和证明的原则，通过对信息进行分析和分类，得出结论。逻辑推理的核心是使用证据来支持结论，同时避免因为主观情感或偏见而作出错误的决策，因此其可以帮助人们在决策过程中减少风险，避免错误。具体地，逻辑推理法的使用流程分为以下四点。

（1）明确决策目标和问题。需要明确决策的目标和方向。在这个过程中，需要使用逻辑思维中的归纳推理方法，将问题分解成更小的部分，并逐一分析这些部分，从而更好地理解问题，并找到更合适的解决方案。

（2）搜集和评估信息。需要搜集和评估相关信息。使用逻辑思维中的对比分析方法，将不同的信息进行比较和评估，找到最适合的解决方案。还可以使用逻辑思维中的归纳推理方法，将信息分类和总结，以更好地理解问题的本质和不同信息之间的联系。

（3）考虑可能的后果和风险。在作出决策之前，需要考虑可能的后果和风险。使用逻辑思维中的演绎推理方法，预测各种可能的后果和风险，并根据证据和事实来判断这些后果和风险的可能性。这样可以帮助人们作出更明智的决策，并降低决策的风险。

（4）避免情绪化和偏见。在决策时，需要避免情绪化和偏见。使用逻辑思维中的证明方法，人们可以根据证据和事实来判断问题，并避免因为情绪或偏见而作出错误的决策。这样可以帮助人们保持客观和理性的态度，作出更准确的决策。

典型的逻辑推理法有流程分析法、风险分解法、事故树分析法，这些方法的基本内容参照第 2 章中的介绍。

3.2.3 数据分析法

数据分析是指用适当的统计分析方法对收集来的数据进行分析，提取有用信息，将它们加以汇总、理解并消化，以求最大化地开发数据的功能，发挥数据的作用。现在，数据分析和计量备受重视，尤其是大数据时代，对于计量就更加地看重。大多数企业组织通过以前的经验和业务敏锐度来识别风险，但由于这类风险识别方法存在对数据的利用不够充分、主观成分过多等缺陷，造成其精度不高的问题，如果能辅以一定的数据分析法，则会使风险识别的精度大幅度提高。

数据分析的目的是把隐藏在一大批看来杂乱无章的数据中的信息集中和提炼出来，有组织有目的地收集数据、分析数据，使之成为信息，从而找出所研究对象的内在规律。在实际风险识别中，数据分析可帮助人们作出判断，以便采取适当行动。

典型的数据分析法有情景分析法、财务分析法，这些方法的基本内容参照第 2 章中的介绍。

3.3 风险计量理论与方法

量化分析风险是制定重要业务决策的重要组成部分。讲风险不会计量，实际上从现代风险管理的角度看，就是一个不合格的风险管理。如果风险管理仅仅是一些条条框框，古已有之、早已有之。面对风险这个事情，实际上绝不是到了人们能计量的时候，才意识到有风险这件事情。很早很早以前，在上古时期，就对风险有了基本的管理上的需求或者诉求。大体上可以用以下三个标题来对风险计量演进的千秋历史做一个概述。

（1）人类是唯一不活在当下的动物。想想看，其他任何一种动物都是在危险迫在眉睫的时候，他们才或许思考一点点危险的问题，只要过了那个情景，马上什么都不想，绝对不会再去预测或者是更长期一点的分析计算，哪怕是三天以后，甚至三个小时以后是什么样，都不会想。像动物世界里的水牛、羚羊、角马，在捕食者都已经很靠近的时候，他们才感觉到威胁，要么就是一逃了之，要么就是等着捕食者扑过来的时候才拼命地奔跑，没有风险管理的意识在里面。

（2）人类早期的风险管理：未雨绸缪。很早很早以前，人类就会对将要发生的危险进行估计。比如，天还没有下雨，但已经感觉到很可能会下雨，人们就会先把门窗绑牢，对将要发生的事件，做好应对的准备工作。未雨绸缪，这是一种早期的风险管理的体现。

（3）粗浅分析：事例援引、简单归纳、直觉推理。早期，人会对所处的状态进行简单的分析，比如借鉴已经发生过的事情，进行简单的归纳，或根据经验直觉对未来的事情进行推理，这种分析是一种粗浅的分析，还不能称之为计量，但总之，人会通过对数据的分析来对风险作出简单的量化和计算。

（4）现代风险计量理论与方法。20世纪50年代以来，随着数学、概率理论和金融理论的产生和发展，风险计量理论与方法随之发生了革命性的变化，风险计量理论和方法不断涌现，层出不穷，截至目前，形成了以概率测度、敏感性测度、波动测度和损失测度为核心的风险理论与方法体系，这些内容构成了现代风险管理理论与实务的基本形态。

3.3.1 基于数学和统计理论的方法

（1）概率测度。概率测度本身是用来计算人们所观测对象发生可能性的大小。那么概率的计量如何来进行？最简单的概率的一些公式或者方法都是可用的，在金融里边比较普遍使用的是贝叶斯公式，在风险管理里面怎么用它，这是很重要的事情。如果把一个变量用任意的 F 来表示，就可以用若干因素来解释这个变量。假设其形式如式（3-3）所示。

$$F = C + BX \tag{3-3}$$

这还只是一个线性系统，因为只有常数项和一阶项，所以是线性系统。尽管是线性系统，解释变量 x 也可以是无限多维度或无穷多取值。在这种情形下，怎么去实现概率估算？要设法把相关的这些变量或者解释因素转换成概率的基本原理，形成一个计量公式。通常在实际应用中是这样，对大量的样本，因为这就涉及大量的样本，进行计量会得出很多估计值。不妨用 F^* 来表示估计值，那么借助概率的一般原理，通过控制估计值与临界指标之间差值的大小，就可以得到相应的概率值，比如使这个差值处于某一个取值区间，那么由此来计算一个概率，这就实现了对于所关注的一个指标进行概率估算的任务。当然这里面，可不是随意的就有经济学价值的，如果取值不合理，计算的概率就没有意义。那么如何让取值合理呢？需要借助很多金融学或者相关的风险管理理论和经验。比如一个人体温超过37.3℃，患有或者感染上病毒的可能性就比较大了，所以这时候就需要对他进行排查。如果设计得不合理，37.1℃就认为有很大的可能性传染上病毒，成本就会升高很多。风险管理的目的是什么？目的之一是降低成本、减少损失。如果设计得不合理，就会成本太高。当然如果这个值设置到37.6℃，可能“漏网之鱼”就太多了。所以这就是在具体的学科中所需要掌握的知识了。为什么风险管理尤其是计量要借助很多数学的工具和方法，但是不是仅仅学了数学的工具和方法就真正能够成为一个合格的风险管理者。因为吸收了更多的有益的成分和工具方法，所以这门学科才更加成熟、实用，也更加完善。这是概率的计量，最基本的原理就是这样，当然根据实际的需要，还有可以进行各种的变形情况。比如取一个最大值或者一个最小值，然后让临界值有一个什么变化，等等。有这样的一个原理，概率的计算就非常可行了。

另外在概率和统计学中还有很多固定模式，很多定式，比如最常用的正态分布、指数分布，还有泊松分布，这是在风险管理里边最常用的三种分布，其他的后面会介绍，所以把这几种分布全都演练得比较熟练，对于实施概率计量将大有好处。所以第二个需要掌握的知识点就是典型分布。典型分布重点包括正态分布、指数分布、泊松分布，后边再加上logic分布和极值分布这五大分布。

（2）损失测度。损失测度在基础的计量方法里比较简单，通常没有预测的能力，但是适合一些概率知识、统计知识，就会具有一定的预见性，也就符合风险管理的需要了。这个概念就是预期损失。所谓预期损失就是预料到的可能会发生的损失，很显然预期损失越大则风险越大。根据基本的概率与统计知识，预期损失可以用下式计算：

$$L_e = \sum_{i=1}^{n} p_i \cdot l_i \tag{3-4}$$

式中，L_e 为预期损失；p_i 为第 i 个事项或因素发生的概率；l_i 代表第 i 个事项或因素可能会造成的损失。

有了预期损失的概念，很自然会联想到非预期损失。那么有没有非预期损失呢？确实有，而且是风险管理的一个重要指标。那么什么是非预期损失呢？就是损失的不确定性。可以用损失的标准差表示，因此根据概率与统计学知识，非预期损失可以用下式计算：

$$L_u = \sqrt{\sum_{i=1}^{n} p_i \cdot (l_i - l_e)^2} \tag{3-5}$$

式中，L_u 为非预期损失，其他符号意义同前。

（3）敏感性测度。这里敏感性是指一个事物的状态受其他事物变化影响的程度。在风险管理中，通过敏感性分析可以判断潜在的风险。令 y 和 x 代表任意两个事物，则敏感性测度的数学原理如下：

$$\frac{\mathrm{d}y/y}{\mathrm{d}x/x} \tag{3-6}$$

具体的敏感性测度方法可以根据这一原理自行设计，在后面的章节中将结合具体风险类型讲授风险管理中主要的敏感性分析方法，如缺口分析、凸度分析等。

凸度分析或者称为凸度，源于人们发现资产或者某一种变量、某一种事物、目标对象对于影响因素的敏感性不仅仅存在于线性这个层面，几乎所有的敏感性都表现出一定的非线性，所以借助一些数学工具展开了所谓的凸度分析。这个凸度其实是借用数学本身的概念。在风险管理里面，反倒是由于用了凸度这个概念之后，容易产生误解和混淆。凸度跟凸与不凸没什么太大关系，是基准变量或者目标变量，对于依赖变量或者解释变量的非线性的、依赖性的程度大小。由于数学里边先有了这样的概念存在，当时定义的名字是凸性，那么到风险管理里边，就直接沿用称为凸度分析或者凸度。实际上测量的是一种资产相对于某一个影响因素变化的二阶敏感性。那么凸度是从哪里来的呢？它的原初定义就来自泰勒展开，是二阶展开。大家知道任何一个函数都可以用泰勒展开这种办法，进行无限的逼近。泰勒展开也是数值计算的一个基础。实际上没有必要要求无限级的接近，凸度只做到二阶近似。它的实际意义是什么？是如果可以用原始资产、时间、波动性，还有利率这 4 个变量作为解释金融衍生品或者某种资产的价格，那么直接运用泰勒公式就可以得出这一系列的敏感性指标、分析指标，只对原始资产做到二阶导数，其他的都保留一阶导数就够了。因为，从一般的经验上来看，衍生资产价格对基础资产价格的依赖性是最强的，所以基础资产对二阶导数有比较大的影响，至于时间、波动率和利率，它们的二阶导数对于衍生资产的价格的影响就极其有限了，所以当作高阶无穷小省略了。刚好得出 5 个指标，即用5个希腊字母表示的敏感性。同理也是通过泰勒展开，很容易地就得出凸度的概念。

所谓凸度的定义又是什么？用 G 来表示凸度，那么它本身就是一个二阶导数。用字母 p 来表示目标资产的价格，可以任意定义它，只要定义是一致的，定义为价格、利润、规模都可以。这里设利润 p 的影响变量是利率 r，当然通常在金融领域用利率作为代理变量，但是绝不仅仅限于利率，任何合理的一个解释变量都可以看作 r。目标变量 p 对影响变量的二阶导数再除以一个系数 p，就得出了我们所说的凸度，为什么要除以这个系数？因为要与泰勒级数、泰勒公式、泰勒展开式相一致，因为刚好用这个记号的时候，可以把一个资产本身的价格变化过程解释为一个敏感性，其数学原理如下：

$$G = \frac{1}{p}\frac{\mathrm{d}^2 p}{\mathrm{d}r^2} \tag{3-7}$$

久期也可以称为持续期，是对资产在时间上的一个累加。大家试想一个金融机构，它有大量的资产，也有众多的负债，每一笔负债和资产都可能有不同的期限。那么要对整个的这些资产和负债作出一个分析，就需要计算一下所有这些资产放在一起，它的时间尺度是什么？所有的这些负债放在一起，它的时间尺度是什么？或者所有不同时间段的现金流放在一起，它又是一个什么样的时间尺度？假设有明天就发生的，有一个月以后发生的，还有很晚，比如三五年以后才发生的，怎么能用一个一致性的指标，把所有这些规模不同，期限不同的资产或者负债或者现金流等作出一个统一的累加，从而给出一个确定的值来表示这一部分资产、负债或者现金流的整体的时间属性？这就是久期，也称为持续期。大家都知道最有名的就是麦考利久期。实际上久期这个概念被麦考利久期的公式给冲击了，因为看了麦考利的久期公式，人们通常不会联想到它是一个敏感性的指标。但实际上久期这个概念它是来自数学里边一个简单的导数关系，如公式（3-8）所示，它表现的是一个敏感性的关系，这明显的是一个弹性的概念。

$$D = -\frac{\Delta p/p}{\Delta(1+r)/(1+r)} \tag{3-8}$$

所有弹性都可以写成类似的形式。一个变量相对于它自身的变化率除以另一个变量相对于自身的变化率，这就是一个弹性的概念。记住这个公式要比仅仅记住麦考利久期的公式重要得多，好多书中提到久期这一概念，但是没有像这样变形。写成这样特别容易理解，跟微观经济学上弹性的概念是完全吻合的。根据这个公式，很容易就可以推导各种情形下的久期的计算式，麦考利久期只是其中的特例。

那么现在久期也有了，前面讲了凸度。实际上应该后讲凸度，那么接下来会更清楚地看到这两个指标都无疑是敏感性指标。如式（3-7）所示，凸度也是一个敏感性的指标，是这样的一个变化率对另一个变化的敏感性，所以它也是一个敏感性指标，刻画了这个基础变量或称目标变量的变化率对解释变量的二阶变化的敏感性。

（4）波动测度。波动是指一个事物随时间而发生的状态改变。测算波动的主要指标是波动率，包括平均波动率、瞬时波动率、最大波动率、隐含波动率。波动率越大，则风险越大。令 x_t 和 x_{t+i} 分别代表变量 x 在两个不同时刻的状态，则波动率的基本原理如下：

$$\frac{x_{t+i}-x_t}{x_t} \tag{3-9}$$

3.3.2 基于金融理论的方法

（1）基于资本资产定价模型的方法。实务中经常会用到贝塔值（β）这一指标，那么什么是 β 值？通常在金融实务部门，一般人不会问 β 值来源是什么，但是老员工或者他的上级会告诉他 β 值的计算公式，实际上 β 值是资本资产定价模型中的一个参量，从资本资产定价模型那里可以知道，β 值度量了单一资产对市场整体的依赖性或者敏感度，所以 β 值在那之后就渐渐地成为金融部门常用的计量敏感性的一个指标。β 值具体是什么？是斜方差与方差的比值，如式（3-10）所示。

$$\beta = \mathrm{Cov}(R_i, R_m)/Var(R_m) \tag{3-10}$$

式中 β——单项资产的贝塔系数；

R_i——单项资产收益率；

R_m——市场收益率；

$\mathrm{Cov}(R_i, R_m)$——单项资产收益率与市场收益率的协方差；

$Var(R_m)$——市场收益率的方差。

过去很多新手进入金融部门之后，他的部门主管会指示他去测量或者计算这样的一个值，他不知道其来源也可以去做。但是学习了本书，读者会知道 β 值来自资本资产定价模型，因为在那里，β 值清楚地告诉人们，单一资产的收益率对市场总体的收益率的敏感程度，这是缺口分析之后，随着资本资产定价模型产生所使用的一种计量方法，这种计量方法到现在，包括前面讲过的那些指标，在金融部门也都依然广泛地使用，也都各有其价值所在。所以不是早期一点的就过时了，他们综合在一起能够对风险作出更科学更可靠的评估。

（2）基于套利模型的方法。套利理论很明显的就是把所有的影响因素放在一起表示为一个函数关系，比如 F 是目标，那么它总可以解释成套利模型，即选择若干个因素，这些因素都是敏感因素，用它们来解释目标 F，如式（3-11）所示。所关注的目标一般指的是资产的价格或者收益率，那么基于套利理论就可以做一个适当的模型，跟前面的四大基础指标相结合，就可以用来计算相关的风险。套利理论不是一个纯粹的均衡模型，也不是一般的经济学理论模型，它是一个纯粹的计量模型，所以关键在于计量准确，它是用大量的样本来计算估算敏感系数，这些风险因子的选取本身对经济学的素养要求很高，要求这些风险因子之间要尽可能地独立，否则会测量不准。

$$F = A + BX \tag{3-11}$$

式中 F——目标向量；

A——非因素向量，即常数向量；

B——敏感性向量，即目标向量对因素向量的敏感性；

X ——因素向量。

(3) 基于期权定价模型的方法。期权定价理论大家都不陌生，但是它如何用于计量风险呢？普通的期权定价理论就可以用来计量风险，根本原因在于期权定价公式里边的参量 σ ，如果把其他的那些变量全都落实，计算出的 σ 就是对于投资人心理风险状况的准确评估，这个可以利用期权数据直接进行计算，期权定价模型通常包含 5 个变量，即期权的当前价格、标的资产的当前价格、标的资产的到期执行价格、无风险利率和标的资产价格的波动率，只要知道其中任意 4 个变量就可以计算出第 5 个变量，期权的价格、标的资产的当前价格、标的资产的到期执行价格和无风险利率的数据通常可以较为方便地从市场上获得，这样就可以很容易地计算出资产价格的波动率，这个波动率实际上是人们对该资产的内心评价，也被称作隐含波动率。为方便理解，我们把 Black-Scholes 的欧式买入期权定价公式列出如下：

$$v_c = S\phi(d_1) - Xe^{-r(T-t)}\phi(d_2) \tag{3-12}$$

$$d_1 = \frac{\ln\left(\frac{S}{X}\right) + \left(r + \frac{1}{2}\sigma^2\right)(T-t)}{\sigma\sqrt{T-t}}$$

$$d_2 = \frac{\ln\left(\frac{S}{X}\right) + \left(r - \frac{1}{2}\sigma^2\right)(T-t)}{\sigma\sqrt{T-t}}$$

式中，v_c 为期权的当前价格；S 为标的资产的当前价格；X 为标的资产的到期执行价格；r 为贴现率；$\phi(\cdot)$ 为正态分布函数记号；d_1 和 d_2 均为正态分布的待估参数；σ 为标的资产价格的波动率；T 为期权到期时间；t 为当前时间。在使用该方法时需要注意以下几点：

1) 买入-卖出期权平价关系；
2) 美式买入、卖出期权的最优执行方案；
3) 布莱克-肖尔斯期权定价模型；
4) 布莱克-肖尔斯分析；
5) 布莱克-肖尔斯期权定价偏微分方程等。

3.3.3 在险值理论与方法

3.3.3.1 在险值分析的产生与发展

在险值（Value at Risk，VaR）方法是图 3-3 所示的风险管理的高级计量方法之一。[2] VaR 可以实现对包括信用风险、市场风险、操作风险以及流动性风险在内的几乎所有风险进行计量和分析。从 20 世纪 90 年代到现在，VaR 方法已经发展成为风险计量的整套理论体系，而且仍在继续丰富和发展。很多教材上把 Value at Risk 翻译成“风险价值”，也有的教材翻译成“在险价值”，其实“价”字可以去掉，因为按中文来讲，“价值”往往指的是正面的、有好处的，在英文里，Value 既有一般意义上的数值意思，也有价值含义。

在险值中的“值”是中性的，将 Value at Risk 翻译成“在险值”简单明了，符合中文的习惯。在风险管理计量领域，用“在险值”最好不过，但是有些教材没有选择这个概念，这是本书的额外说明。

关于使用 VaR 作为在险值的英文缩写时，注意，VaR 中间的 a 是小写的，前后两个字母是大写的，这是标准的写法。如果把 a 和 r 全变成小写，就容易和方差的记号相混淆，如果全都大写，就和经济计量学的向量自回归（VAR）相混淆。

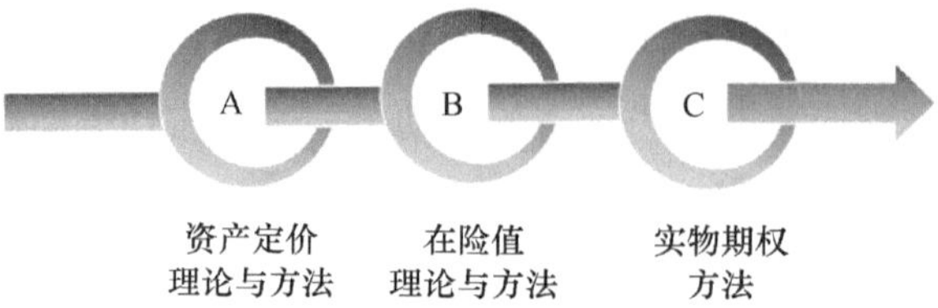

图 3-3 风险管理的高级计量方法

VaR 方法产生的背景是什么？在 20 世纪 90 年代之前，为什么没有产生这样的分析方法，是什么背景促使 VaR 方法产生的？下面简要回顾几个大背景。

A 石油危机

20 世纪 70 年代发生了两次石油危机，大家现在对石油的概念已经变得相对平淡，仅仅在 20 年之前，大家对于石油危机的恐慌还是非常剧烈的。从 20 世纪开始，石油的重要性被一再加强，成为整个经济的有形的血液。如果泛泛地讲货币是经济的血液，但是作为一种有形的资产和物质，无疑石油是经济的血液，无论是工业还是民生都离不开石油。那么在石油危机之前，一桶石油才只有几美元，便宜的时候应该在三美元左右一桶。20 世纪 60 年代时，中东成立了欧佩克。[3] 欧佩克是石油输出国组织，简称 OPEC，是伊朗、伊拉克还有委内瑞拉等石油输出国聚集在一起，形成的集政治与经济于一体的利益集团。20 世纪 70 年代的时候，由于中东战争爆发，他们不满美国以及以色列的行动和主张，开启了第一次石油禁运的阀门，石油从 3 美元左右一桶飙升到 13 美元左右一桶，剧烈的供给冲击，造成全世界经济收缩。此处用一个简单的总供求分析图 3-4 来加以说明。S_1 是总供给，D 是总需求。石油价格的一路飙升，相当于上涨了 4 倍。那么，总供给 S_1 曲线一下子就被推到 S_2 了。整个的总产出从原来的均衡总产出 E_0，现在到 E_1 的位置上了。

这造成当时整个资本主义世界 GDP 骤然下降 10%左右，也就是负增长 10%左右，可见其危机之深刻、打击之沉重，几乎到了不可承受的地步。这次石油危机也给所有人打了一针清醒剂，原来以为理所当然的、源源不断的、廉价的石油以及其他能源产品，现在变得也没有那么确定。石油的价格在不断地攀升中，又出现过至少两次危机，第二次危机就发生在 1979 年左右，第三次石油危机发生在 1991 年前后。第三次石油危机主要是因为伊拉克入侵科威特，美国对伊拉克进行打击，造成伊拉克的石油几乎绝产，导致石油产量骤

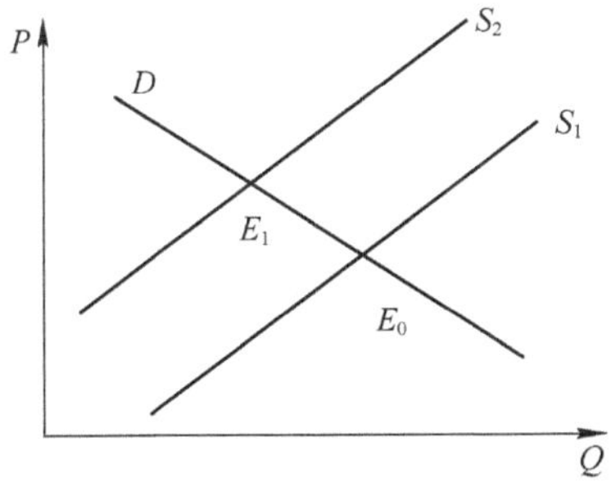

图 3-4 供需曲线

S—总供给；*D*—总需求；*P*—价格；*Q*—供给或需求的数量；*E*—均衡总产出

然下降，价格再次飙升，已经达到一桶石油 30 美元以上。到了 20 世纪 90 年代，一桶石油 30 美元或 40 美元已经成为正常市场价格。如今也是一样，基本上石油价格在 35 美元左右，就算是比较低的，所以这说明什么？能源作为经济命脉的有形资产，它的价格波动是非常厉害的，不加强风险管理怎么行？2014 年前后，曾经石油价格飙升到一桶 160 多美元，石油危机一而再再而三地发生，而且价格基本上带有棘轮效应，上去了就很难再回来。以目前的情况来讲，要不是美国发生了能源革命，石油价格可能长期维持在一桶 100 美元以上，甚至更高。美国从 20 世纪 70 年代石油危机第一次爆发开始，就开始不断思考能源革命，终于通过页岩油气的开发，使美国不仅可以摆脱对海外石油的依赖，而且还能够向世界出口石油和页岩气，直到 2014 年，美国都是世界上石油消费最大的国家，但 2014 年以后，中国对石油和其他能源的消费超过了美国，能源消费总量、石油消费总量和进口总量攀升，但我国自给自足的能力不够，也没有真正发生根本性的能源革命，页岩油气的技术在我国利用和开发得远远不够，所以我国对国际能源市场，尤其是石油的依赖性还比较大，至少短期看，离开石油谈经济是不现实的，未来更多可能要依靠新能源。由于石油危机，需要提醒所有从事国际贸易和国际政治的人，必须加强对市场波动的管控和应对，所以迫切地需要工具对能源市场的风险和波动作出非常客观科学的评价。

B 布雷顿森林体系瓦解

1944 年 7 月，来自 44 个国家的代表聚集在美国布雷顿森林的华盛顿山饭店，参加国际货币基金会议。此次会议形成了二战之后国际金融里最重要的一个框架，被命名为布雷顿森林体系。[4] 布雷顿森林体系是战后整个世界，对金融和国际贸易经济体系的全面治理机制，其中涉及的金融核心内容，就是跟美元挂钩的汇率体系，即一盎司的黄金和 35 美元的美国货币固定，其他国家所有的货币又和美元挂钩，以此形成了以黄金为定价基准的固定汇率的国际金融和支付体系。按照会议安排，应该有 44 个国家代表参加该会议，但实际上只有 38 个人参加，一些代表没有去，比如和怀特意见相左的凯恩斯。当时美国是携“二战”之余威加上国力之强大，压迫其他所有国家接受怀特提出的方案，怀特的方案就是布雷顿森林体系的雏形，该方案实际上存在“特里芬难题”，如果要固定美元、黄金以及其他国家的汇率，必然会出问题。要么是美元不堪重负，要么就是黄金被挤兑一空。总之，短期内怀特的方案好像是一个挺精美的设想，时间一长必然倾覆。但因为该体系内在的制度性存在缺陷，或者内在必然导致失败的机制存在，20 世纪 70 年代初，布雷顿森林体系解体了。从那时开始，国际上的固定汇率就没有了，作为超级货币的美元都担负不起固定汇率的重压，浮动汇率成为整个国际金融体系的一个根本特征，一个浮动就带来一个风险。由于过去大家认为黄金的价值是恒定的，相对来讲，国际贸易风险就小得多。由于国际金融体系的崩溃，风险骤然之间加到全世界所有人身上，大家对市场、对风险就有了格外的关注和急于避险的迫切需求。有意思的是，美国宣布布雷顿森林体系结束，因为美元根本就承担不起各国要求兑换等值黄金的诉求，因此美元的信誉也一落千丈，但是美元仍然处于世界货币的地位。布雷顿森林体系解体造成国际经济领域的汇兑风险突然暴露于所有的人面前。因此，如何对抗这样的一种市场风险，就成为国际上重大而迫切的需求。

C 利率市场化

20 世纪 60 年代末至 70 年代初，理论的利率市场化开始发展，一些美国的经济学家认为发展中国家发展滞缓的原因是金融压抑，所以他们提出的政策主张是利率市场化，通过市场化的利率让市场决定谁能够获得资金、谁不能够获得资金，而不是由政府决定。[5] 直到 20 世纪 80 年代，中国都是一个非利率市场化的国家，这意味着任何一个企业，拿着政府的批件直接到银行，银行就无条件地按照规定利率进行拨款。甚至在 20 世纪 80 年代中后期之前都是政府无偿拨款，20 世纪 80 年代中后期才开始实行了“拨改贷”，由原来政府直接拨款变成了向银行贷款，但也不是市场化的利率，而是政府规定好的利率水平，一直到 20 世纪 90 年代都是这样的情况。后来很多国家都开始试验利率市场化理论，发现还是有比较明显效果的，当然也出了不少问题。很多国家没有关注到利率市场化带来的需要监管和控制的风险因素，最突出的事件就是在 20 世纪 80 年代末至 90 年代初，拉美普遍发生的债务危机，很多拉美国家贷了很多款，但后期根本还不上，他们没有获得应有的投资回报，造成多达 40 多个国家欠了全世界巨额的债务。在 20 世纪 90 年代中后期，利率市场化就成为必然的科目，这是客观上的燃眉之急。另一方面，固定利率这种政府拨款、政府安排贷款的方式，对于经济的伤损实在太大，已经成为不能承载之重，中国利率市场化破土而出。概括来讲，全球从 20 世纪 70 年代开始一直到现在，沿着主要的一个进路就是利率市场化。现在全球主要的经济体都在实行利率市场化，由于利率波动会带来风险，管理风险就变得非常迫切，需要一种工具能够对这种市场风险随时作出有效、科学的精确评估，这就是产生 VaR 技术的重要国际背景。既然有这样深刻的历史和国际背景，产生 VaR 就是必然的事情。

3.3.3.2 什么是 VaR

VaR 技术是当下首屈一指的避险工具。一方面，该技术具有坚实的理论基础，另一方面该技术简洁而便于使用，因此得到了学术界和国际领域相关权威机构的认可。其中，作为金融领域最典型的《巴塞尔协议》，[6]他们在很早就推荐通过使用 VaR 技术，对金融机构的风险进行监控和评估。

什么是 VaR？本书的定义是给定条件和置信水平，一定时间内，预期的最大损失。这是最终压缩的最简洁的 VaR 定义，20 多个字，内涵是很丰富的。其他书中的定义没有一模一样，大概意思是一致的。“给定条件”就是在进行对比时，尤其是横向对比的时候，一定要是相同的条件；其次，“置信水平”是统计学上非常标准的概念，在险值是和置信水平相联系、相依存的，在险值有多大，要看置信水平有多高，一般来讲，置信水平越高，在险值越大；再者，“一定时间内”是在险值的测量跟时间的长短有关系，时间越长，在险值越高；最后，它是“预期的最大损失”，注意“最大损失”前面有一个“预期的”，“预期的”前面还有三个概念作为限定。“给定条件”“置信水平”“一定时间”下预期的最大损失，这就精确地定义了测度风险的口径。

VaR 越大代表什么？如果前面所有提及的约束条件都一样，VaR 的值越大，代表风险越高。VaR 的本质是什么？本质是预期的最大损失。对于风险的计量主要有四大维度，损失是第四个维度。虽然一个事情本来应该获得的收益，结果因为某种原因没有获得预期收益，缺少的收益就可以算作损失，但是没有任何工具能够对未来一段时间出现的损失进行计量，并作出事前预防性处理。VaR 技术提供了事前预测最大损失的方法。预期的最大损失是什么概念，就是未来有种种的情况，在上述条件下，能够发生的最大损失的具体数量，作为决策者能不能承担？如果发生这样的损失，应该作出什么样的事先的防备和预案，这是它的政策含义。一定要把定义中所涉及的每一个元素作出充分的理解并有机地整合在一起，这是 VaR 的概念。

3.3.3.3 VaR 的数学原理

关于它的数学原理方面，当人们能对 VaR 技术的定义作出一个精密的数学刻画时，说明它具有坚实的理论基础。这是关键，如果提出一个概念，却不能够给出精密的数学刻画，这个概念就很难获得应用，VaR 恰恰能做到。VaR 的数学原理见式（3-13）。[7]

$$\alpha = \int_{-\infty}^{V} f(x)\,\mathrm{d}x = p(x \leqslant V) \tag{3-13}$$

式中 α ——显著水平；

$f(x)$ ——概率分布密度函数；

p ——资产价值损失小于可能损失上限的概率。

α 是什么概念？这个积分是从左向右积分，是从负无穷积分到某一个变量 v，那么画出的图 3-5 实际上就是一个概率函数的体现，正规的是概率密度曲线。

假设有一点把它设为 R^*，那么就意味着从负无穷一直往给定的临界点方向做积分，这个积分的结果是概率。如果从负无穷一直积到正无穷，概率一定是 1 了，这个概率意味着显著性水平，它是置信水平的相对概念。1 减去 α 等于 c，通常用 c 来表示置信水平，α

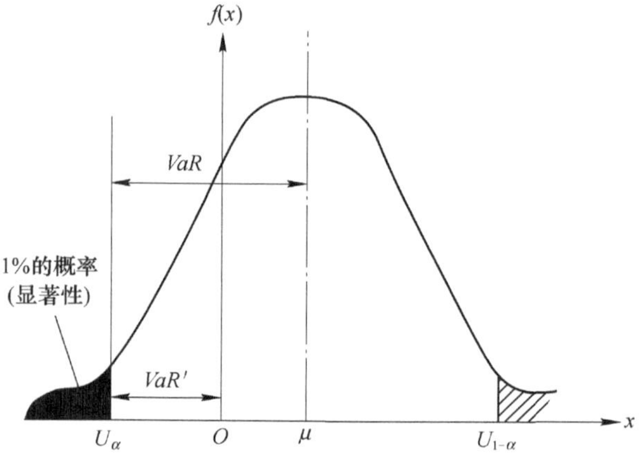

图 3-5 VaR 原理

就是显著性。$p(x \leqslant V)$ 清楚地说明变量 x 小于某一个给定的临界值 V 的概率。真正潜心钻研的人发明了这套技术，现在当把人家已经建立起来的精密思想体系来解构的时候，发现没那么难，但是当初能够从里边筛出这样的有用的一个成分是很不容易的。这个公式说明，人们可以基于原理构筑在险值的分析框架，当小于某一个临界值发生的概率能算出来时，那就意味着如果能够确定某一个最坏的临界点或者最坏的情形，那么能算出比最坏的情形还要坏，整个所占的概率有多大，这也就是从负无穷往人们给定的这一点积分所得到的概率。

那么应用到前面的概念里面去，临界点找到了，已经测算出了比临界点还坏的概率，意味着比这个临界点还好的概率已经有了，1 减去 α 就是 c，也就是可以测算出预期的最大损失。置信水平不是无条件的最大损失，通常 α 取值多少？一般 1%是可靠度比较高的。1%是什么概念？举现实中的例子，如果建了一个水坝，比如修葛洲坝、三峡大坝来抗击洪水，从一年的尺度来看，百年一遇的洪水就可以想象成是 1%的显著性水平要求下的在险值所对应的大坝的强度和高度。大坝每高一尺、每增强一个强度和厚度，成本也会大幅度增加，甚至是成倍增加了，所以不是大坝修得越高越好，如果千年一遇的洪水才只有一点点高，修那么高的大坝不是浪费了吗？但如果大坝高度很高，但是连十年一遇的洪水都挡不住，大坝修的是没用而且浪费。所以置信水平 α 取百分之几，通常就可以对应想一想对抗洪水，修一个水坝应该对抗多少年一遇的洪水才是合理的。当然最终论定还要涉及其他很多复杂的因素，比如像战争的风险也要考虑进去。一枚强力的导弹打过来，大坝轰然解体，这个数以几十亿立方米甚至几百亿、上千亿立方米的洪水突然之间就如同脱缰的野马向四外溢散，那是极其危险的，所以都要纳入风险分析的过程里去。但无论如何，VaR 技术为精确地、科学地以及可靠地测量风险提供了非常强有力的工具。

3.3.3.4 *VaR* 的求解思路

现在来简单地试一下怎么做 *VaR* 的计算。设 V_0 代表资产敞口当前的市价，R 为收益率变量，其间 H 内预期收益率为 μ ，R^* 代表与既定置信水平 $c=1-\alpha$ 下最大可能损失相对应的收益率。那么该资产的 VaR 如何求解？临界点选定之后，由于有统计学作为坚实的理论基础，可以很自信地、非常精确地来计算一些量值。假设给出均值为 μ 的分布，对于一个样本，平均来讲，它应该是在 μ 这个位置，正常情况下最终的结果应该是 μ ，即均值，但是在给定的置信水平或者显著性水平下，最坏的可能性是在 R^* 这个位置，从经济角度来讲，这两个位置就决定了整个样本的收益率的高低，二者之间的差就是风险值，正好存在风险的值。如果这个不好的事件发生，最多可能损失 $\mu-R^*$， 也就是最大损失。

除了与均值作对比，与零值作对比也是常用的口径。通常记为 VaR'，相当于是新型的在险值，也可以称为绝对 VaR。为了不混淆自己的思路，本书称为零值 VaR。与均值作对比的在险值称为相对 VaR，“相对” 不是相比的关系、相除的关系，而是相对于正常情况来讲。显然，零值 VaR 是如果发生了一个最坏的情况，实际上造成的真实损失是多少，那就意味着实际的损失。相当于如果修的是一个水坝，而且是预计要防止百年一遇的洪峰，如果不做这样的安排，可能出现的损失就是这么多，因为它和 0 值直接相减，这就是它的基本求解思路。

具体写出来，对于给定的记号，均值 VaR 在刚才题中给的条件下，它的表达式就是：

$$均值\ VaR=V_0(\mu-R^*) \tag{3-14}$$

式中 V_0——资产敞口当前的市价；

μ——期间 H 内预期收益率；

R^*——与既定置信水平 $c=1-\alpha$ 下最大可能损失相对应的收益率。

很简单，V_0 是它的原始价值、期初的价值。当风险事件发生之后，或者预期未来要面对风险事件，可能遭受的损失（收益率下降）是多少？是 $\mu-R^*$，μ 是一个均值收益率，R^* 是最糟糕的情况下可能发生的收益率，这个收益率有可能是正的也有可能是负的。$\mu-R^*$ 乘以它初始的头寸，也就是初始价值 V_0，就是这个风险事件可能造成的最大损失，这就是均值 VaR。

那么零值 VaR 是什么？因为是要与 0 那一项相减，所以直接是 $0-R^*$ ，原来是 μ ，现在变成 $0-R^*$， 当然 VaR 变成了 $-V_0R^*$， 具体公式如下：

$$零值\ VaR=-V_0R^* \tag{3-15}$$

式中 V_0——资产敞口当前的市价；

R^*——与既定置信水平 $c=1-\alpha$ 下最大可能损失相对应的收益率。

所以，从它原理的严密性上来看，有非常坚实的数学基础。从它计算的思路上来看，是非常简洁的计算思路，所以这是为什么 VaR 能够胜出的原因。

3.3.3.5 算例分析

接下来做一个算例分析。假设 $V=100$，$\mu=5\%$， $R^*=-20\%$，那么 VaR 和 VaR' 分别为多少？

注意：由于 R^* 是负值，VaR 实际上等于预期收益与最大可能损失的绝对值之和，这与数学算式和图示所表达的意思是一致的。如果预期收益碰巧也是负值，则 *VaR* 实际上相当于最大可能损失的绝对值与预期收益之差。在后面的内容里会在更为具体的场景下进行计算，在考虑场景以及风险管理要求的时候，对于 *VaR* 的使用就施加了更多的限制，就变得更加复杂，里边的每一个细节和环节都需要讨论再展开。比如，需要确定分布本身是什么，到底是正态分布还是 t 分布，是泊松分布还是指数分布，等等。在使用的过程中，因为场景的不同，分析对象的不同，限制因素的不同，会有大量的细致工作需要做，但是不管怎么样，就从概念、从思路、从解法上来讲，它是众多对于风险损失进行计量的方法中最优越的，也是最普遍应用的。

现在来看一下这个题，假设 $V=100$，实际上相当于 V_0 就是初始的价值是 100，当然这个 100 没有单位，可以想得很大，也可以想得很小，比如投资股票市场，投资 100 万元，后边的单位是万元，如果是投资一个风电厂，风电开发项目得需要 100 亿元，所以后面的单位是亿元。可以尽情地放开思路去想象初始的头寸或者初始的价值是多少。$\mu=5\%$的意思是如果投资这个项目，那么正常情况下平均应该有 5%的收益率，但是如果做赔了，当然是给定的置信水平的一个意外，那么都有可能出现负 20%的收益率，也就赔 20%。这里边最初给的条件实际上非常简单但都不是随意的，现实中这些数据都是要靠自己去测量，包括对应的置信水平和显著性水平，注意到这一点就可以了。那么现在试着算一算 *VaR* 和 *VaR′*，即 $25\%\times100=25$。假设这里置信水平给的是 99%，也就是 99%的可能性出现的最大的预期损失就是 25。如果投资风电场，那就有可能出现 25 亿元的损失，最大不会超过 99%的概率。那么作为风电的开发商，在进行融资、投资等一系列安排的时候，就可以此为依据，平衡开发的方案和进度，如果万一出现了这 1%的可能性该怎么办，事前应该做一个什么样的防备和规划，这都要作出安排，这才是一个真正懂得企业管理的决策者，仅凭着一股冲劲去开发项目的思路早都过时了。这个算例结果出来后，应该就像摸到了实际的物体一样。现实中要根据自己实际面对的问题，自己来计算一系列的 *VaR* 值，因为每一个环节都可能要单独计算，尤其是一些重要部位必须计算。

3.3.3.6 *VaR* 概念辨析

如果对算例以及前面原理的思路都没什么问题，下面再做一点点的辨析，就是对这个概念有一个更整体性的、与时俱进的一个认识。*VaR* 是什么如图 3-6 所示。

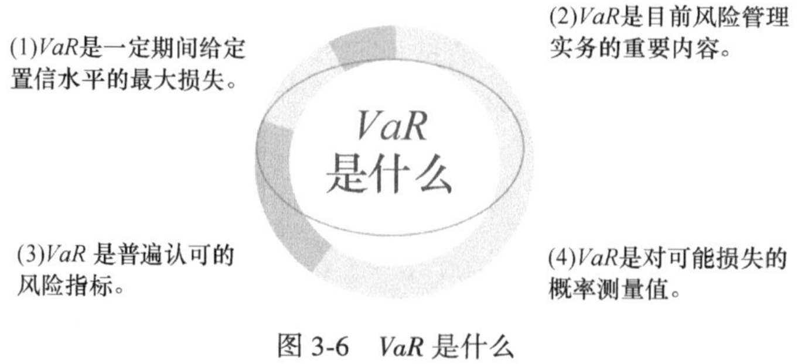

图 3-6 *VaR* 是什么

上面几点是想让大家对 *VaR* 概念有更深刻的体悟和把握。

第一，是定义本身，实际上是对最大损失的定义，但是有条件限制的最大损失，是一定时间内的给定置信水平的最大损失，不是漫无条件的最大损失，算出的结果 25 不是在任何条件都是 25，置信水平如果降低，它就小于 25 了，置信水平要提高，它就大于 25 了。

第二，*VaR* 是目前风险管理实务的重要内容，也就是现在真正做风险管理的人一定要懂得 *VaR*。

第三，*VaR* 是普遍认可的风险指标。从最初的《巴塞尔协议》到现在的协议，都一直推荐的是 *VaR* 计量分析。

第四，*VaR* 是对可能损失的概率测量值，这句话进一步表明，它是一个概率测量值，只是概率性的，有可能是这样，而不绝对是这样。

所以要把握这四个方面，把 *VaR* 放在一个合适的位置上，全面地去看待它，这是概念辨析的意义所在。*VaR* 不是什么如图 3-7 所示。

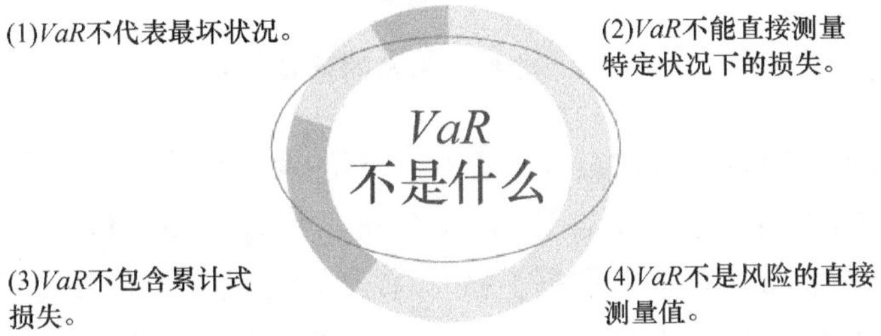

图 3-7　*VaR* 不是什么

第五，*VaR* 不代表最坏状况，这一定要清楚，它只是在给定置信水平下可能发生的最糟糕状况，这个不是毫无约束的、不加任何限制的最坏状况。

第六，*VaR* 不能直接测量特定状况下的损失。

第七，*VaR* 不包含累计式损失，普通的 *VaR* 不包含累计式损失，这是 *VaR* 的缺陷和局限性。

第八，*VaR* 不是风险的直接测量值。它是借助概率和置信水平给出的一个相对测量。

以上就是概念辨析的部分。

3.3.3.7　*VaR* 的算法与应用

A　非参数方法

a　非参数方法的定义

非参数方法是以历史数据的实际分布为基础，不涉及对样本分布特征及其参数的估计。注意，非参数方法不用估计数据分布的参数，也就是不用去估计样本的参数，直接就样本的本身进行 *VaR* 计算。这个方法从道理上讲，似乎不是那么精确，但是它很实用、很简单，而且如果有足够长的时间序列，精度可以达到要求。所以这种方法直到现在，尤其在大型的金融机构，包括银行、证券以及各种基金公司，时时刻刻都在被广泛地使用。

b 非参数方法的计算

以上内容只是对高度浓缩的定义进行描述，还不是具体的计算，下面根据给出的定义，画出非参数 *VaR* 的计算方法，如图 3-8 所示。

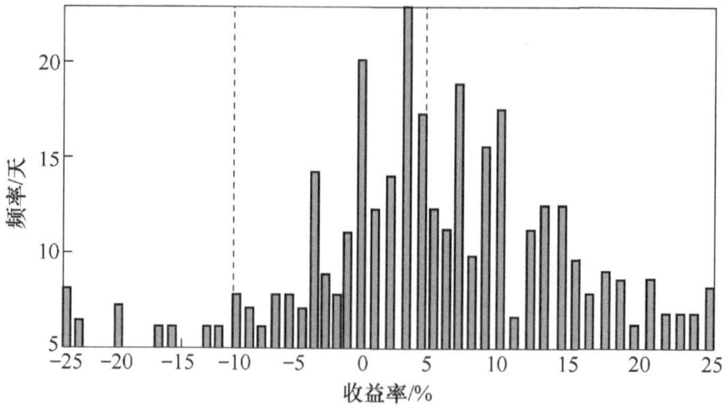

图 3-8 非参数 *VaR* 的计算方法

根据定义，以历史数据构造的分布为基础，不涉及对样本分布的估计。有了数据和样本后，不用管分布的类型，包括正态分布、*t* 分布、莱维分布、伽马分布、指数分布、拉普拉斯分布以及泊松分布。只要有数据，按照 *VaR* 计算的基本原则，就可以算出结果来。只需要把数据用某种形式描述出来，一般来讲，如果数据是离散的，就是分布列，通常所得到的数据都是离散的，有时候当能够设定数据符合某种概率密度的时候，为了数学计算的方便，它是连续的，但事实上都可以用离散分布表示。尤其现在有了计算机的有力支持，做海量的离散数据的分布也不是难事。真实数据（某银行的净日交易收益）如图 3-9 所示。非参数 *VaR* 方法应用实例（99%置信水平的日 *VaR*）如图 3-10 所示。

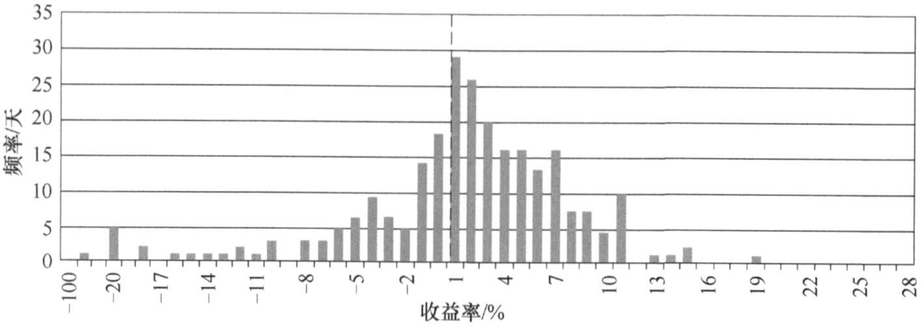

图 3-9 真实数据（某银行的净日交易收益）

资料来源：科罗赫，等. 风险管理［M］. 北京：中国财政经济出版社，2005.

非参数方法是以历史数据的实际分布为基础，不涉及对样本分布特征及其参数的估计。基本的步骤是画出数据的分布列，纵坐标是频数。概率和频数不一样，纵坐标用发生的次数是最简单而且最精确的。横坐标是收益率。如图 3-9 所示，比如买一只股票，按日

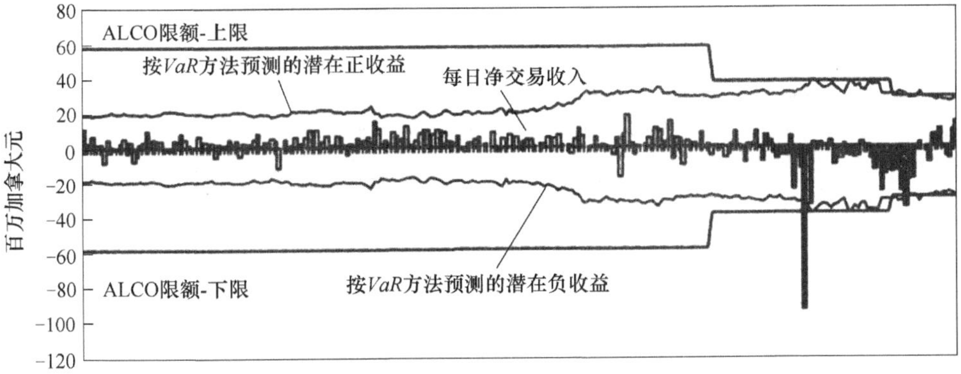

图 3-10 非参数 *VaR* 方法应用实例（99%置信水平的日 *VaR*）

资料来源：科罗赫，等．风险管理［M］．北京：中国财政经济出版社，2005.

来计算它的收益率。画出一共有多少次出现这个收益率，这称为分布列画法，就得到了一个它的分布列。

第二步要根据主观的风险容忍度选择置信水平。这与风险容忍程度有关系，如果风险容忍程度很高，那么置信水平就不用那么高。虽然风险容忍度是主观的，但依然是有效科学的，因为并非所有的事情都绝对是客观的，有些人可能比较在乎荣誉，有些人对荣誉几乎没什么感觉。所以，风险的置信水平是带有一定的主观性的，如果追究更准确的置信水平，还可以去用一些其他的方法，这就超出 *VaR* 本身了。

选择了置信水平之后怎么办呢？如图 3-10 所示，第三步是从左边来看它的显著性水平，但是通常较少有人会要求很低的置信水平，90%的置信水平都已经算是下限了。如果从数据处理的角度考虑，显然反过来用 1 减去置信水平也就是显著性水平来表示就更便捷一些，只涉及很少几个数就可以找到相应的点，实际上是要找给定置信水平下那个最糟糕的状况，在这里横坐标可以当作收益率来看待，什么称为最糟糕的状态？以收益来讲，那就是最差的收益率，但是这个不是随便想象的最差的收益率，是给定置信水平下最差的收益。

下一步，找到了最糟糕的状况后，用整体的规模，在资产或者在金融里边称为头寸或风险敞口，来乘这个糟糕的收益率。然后再跟平均值作对比。其实就是 *VaR* 原理的直接应用。

介绍完非参数方法的步骤，大家可能会想，非参数方法要是手算，查来查去，一天弄准一个 *VaR* 都很困难吧？思考一下，在当下计算机高度发达的时代，这个问题有想象的那么可怕吗。

B 参数方法

正态分布下参数 *VaR* 方法。

参数方法需要估计样本分布及其参数。不仅只有正态分布这样一种情形。事实上，大量的机构在尝试用各种分布尽可能地拟合出实际的过程以及风险的测度。最早，大家普遍认为有正态分布就差不多了，但事实上，对于高频的、海量的数据来讲，尤其是对交易数据、金融数据来讲，普通正态分布的误差是很大的，在理解本书阶段，能够把正态分布下参数 *VaR* 的计算方法比较熟练地运用起来就非常不错了。

如果 R 服从均值为 μ ，标准差为 σ 的正态分布，则：

$$f(R)=\frac{1}{\sqrt{2\pi}\sigma}e^{-\frac{1}{2}\times\frac{(R-\mu)^2}{\sigma^2}} \tag{3-16}$$

令 α 代表显著性水平，R^* 为给定置信水平的最差状态，则有：

$$P_r(R\leqslant R^*)=\int_{-\infty}^{R^*}f(R)\mathrm{d}R=P_r\left(Z\leqslant\frac{R^*-\mu}{\sigma}\right)=\alpha \tag{3-17}$$

于是可以得到各参数的关系如下：

$$R^*=\mu+u_\alpha\sigma \tag{3-18}$$

根据 *VaR* 的定义，可以得到下列算式：

$$VaR(H;\ \alpha)=-u_\alpha\sigma V \tag{3-19}$$

式中 H——期限；

α——显著水平；

u_α——下百分位数；

σ——波动率；

V——风险敞口。

这里有两个变量，一个是 u_α ，一个是 σ 。实际上，如果给定了一个分布，就涉及这两个参数，但现实中需要确认样本符合什么分布类型，但不属于 *VaR* 的范畴了，是一般的统计处理的基本要求。在高级金融计量里边会专门就这一件事做研究。整个高级金融计量学实际上一直就在探究不同的金融数据到底符合什么样的分布，怎么样去计算各个参数以及对它实施风险分析、风险计量和风险管控。但是，金融交易数据严格来讲不符合正态分布。用正态分布仅是说明用参数方法计算 *VaR* 的基本步骤。所以，如果能够认定一个分布是正态分布，那么它的 *VaR* 就服从这样的一个公式。

均值 *VaR* 公式中的 u_α 就是下百分位数。下百分位数就是显著性水平，上百分位数就是置信水平。乘以波动率 σ ，实际上就是标准差。再乘以 V ，也就是风险敞口。可见，如果已经确定这个样本符合正态分布，那就涉及估计这两个参数，所以这个公式本身是很简洁的。它花费功夫的地方在于事前，也就是，怎么来确认它到底是符合什么分布。

同理，零值 *VaR* 公式如下：

$$VaR'(H;\ \alpha)=-(\mu+u_\alpha\sigma)V \tag{3-20}$$

式中 H——期限；

α——显著水平；

μ——均值收益率；

u_α——下百分位数；

σ——波动率；

V——风险敞口。

在计算在险值的时候，实际上是给定置信水平的风险值，零值 VaR 是和零值去作对比，那么零减去这些，前面就剩个负号。这个负号是由于使用了下百分位数 u_{α}，下百分位数可以通过查数学用表或者使用 Excel 获取。下百分位数本身就是个负值，但 VaR 最后的计算结果实际上是个正值。

因为 μ 是均值，要测量的就是均值和给定置信水平下糟糕状况那个点之间的距离，所以 μ 要减去它，而它本身就等于 R^*，实际上又回到最初的原理。参数有时候好像挺神秘，但实际上参数计算原理和非参数的计算原理没太大差别。非参数只是不管是什么分布。就好像批发市场上做服装的，不管什么人都是个均码。但如果是私人定制的衣服，就得完全量身定做，肩膀是消瘦些还是宽些等涉及的参数很多。R^* 按照正态分布的算法，在给定的置信水平下，最糟糕的收益率或者最糟糕的状况就是 $\mu + u_{\alpha}\sigma$。所以 μ 要减去 $(\mu + u_{\alpha}\sigma)$，μ 减掉了，前面有个负号。但这只是正态分布，如果测算后发现符合帕累托分布而不是一般的正态分布，那就需要重新算，因为全部的参数和被积函数都变了，虽然只是变了一个分布，形状可能很像，但是整个计算方程全都变了。比较复杂，可能积分不出来，就需要想办法用数值迭代。不是所有的数都能算出来的，不然就不会有数值解法。

C　时频问题

接下来，要进一步解决一些现实的问题。公式里一直都标有一个 H，就是英文的 Horizon，代表期限或者是跨度、样本的长度、考虑的时间的范围等。在现实中，如果得到的数据是每一天的股票市场的数据，当想算一个更长时间跨度的风险有多大时，例如以一个月为时间单位，这就涉及怎么处理期限的问题。

作者曾试图找五年及以上整个市场大盘的基本数据，想印证一下股票市场到底受增发货币影响的状况，可惜网上没有公开的数据，最多只有一年，一年看不出什么。因为作者一直观察后，发现的股票市场一直以来和我国的货币的增发量高度相关，甚至直接相关。实际上在新冠疫情之前，股票市场大概就在 3000 点左右，有时还更低一点，再往前平均值大概就在 2500 左右，目前整一年，也就是去年 10 月到今年 10 月这一年的周期里，平均值大概在 3500 的样子，比新冠疫情之前涨了 500 点了。那么，再算出货币增发的百分比、股票指数上涨的百分比后发现二者几乎同步。所以，关于期限问题，只有在比较长的观察时期中才能真正地把握大势。

不同时间频率 VaR 之间的换算关系：令 $VaR(T;\ \alpha)$ 代表时频为 T（$T \geqslant 1$）的 VaR，$VaR(1;\ \alpha)$ 代表单位时频的 VaR，则有：

$$aR(T;\ \alpha) = \sqrt{T}\,VaR(1;\ \alpha) \tag{3-21}$$

式中　T——时频；

　　α——显著水平。

如果最初的数据是 1 单位时间，而要把它延长为 T（$T \geqslant 1$）单位时间，记住这个 T 一定是大于 1 的，因为如果用一年的数据反推一天的数据，虽然从数学角度来讲未尝不可，但是在现实中，用一年出现的情况反推一天会出现什么情况，它不符合逻辑。就如同用宏观来解释微观，逻辑就颠倒了，一般用微观来解释宏观。因此，所谓的期限问题，就乘一个 $\sqrt{T}$ 。比如原来得到的原始数据是每一天的数据，现在要把它变成一个月的，那就乘 $\sqrt{30}$ 。同时，还要考虑数据的有效性，如果数据很有限，比如一共才只有三个月的数据，那要以每月作为一个跨度是无效的，因为任何的计量分析，尤其是统计计量分析，它对于样本的长度都有要求，太少的数据就不具有统计意义了。就像要做一个调查，一共就调查了十几个人，然后得出结论是某市的人都是这么想的，这是没有说服力的。

D 组合问题

对于个人和企业，尤其是企业，在整体考虑自身所处的风险的时候，它的资产可能远不止一种。比如炒股的人，一般至少买几只股票，甚至多的买几十只股票；再比如基金，都是用不同种类的资产，有股票、债券，甚至贵金属等组合在一起来运作，这时候，就需要对整体的资产组合做一个风险分析。那么，在计算 *VaR* 的时候，考虑两种或两种以上风险因素的共同作用，就涉及组合问题怎么来进行计算，以下公式给出了组合的计算方法：

$$\mu_v = \sum_{i=1}^{n} \boldsymbol{\omega}_i \mu_i \tag{3-22}$$

式中 μ_v ——资产组合均值；

$\boldsymbol{\omega}$ ——权重；

i ——某项资产；

μ ——均值。

$$\sigma_v^2 = \boldsymbol{\omega}\boldsymbol{\Omega}\boldsymbol{\omega}^{\mathrm{T}} \tag{3-23}$$

式中 σ_v^2 ——资产组合方差；

$\boldsymbol{\omega}$ ——一个行向量；

$\boldsymbol{\Omega}$ ——协方差矩阵。

式（3-22）很好理解。任意一个资产 i 的权重，也就是这种资产在整个资产组合中所占的比例乘以该资产本身的均值，最后做一个求和就得到整体的资产组合的均值了。

资产组合公式中 $\boldsymbol{\omega}$ 是权重矩阵、权重向量或者称为比例向量、百分比向量，$\boldsymbol{\omega}$ 是一个行向量。$\boldsymbol{\omega}^{\mathrm{T}}$ 是 $\boldsymbol{\omega}$ 的转置矩阵，也就是把行向量转成了列向量。$\boldsymbol{\Omega}$ 是协方差矩阵。实际上只需要记住这个形状：左边一个 $\boldsymbol{\omega}$ ，右边一个 $\boldsymbol{\omega}$ 上有个转置标记，中间记住是协方差矩阵，三个方阵相乘，中间的方阵是相关系数，两边是一样的，只有主对角线上有标准差，其他全是零。按照这个矩阵运算法则，就能算出来。实际上，在现成的软件里，只要给对了相应的指令和命令，计算机会自动执行用户的要求，而且只要掌握了矩阵运算的原理，在Excel 上直接实现也很容易，电脑就会按照矩阵法则自动运算。

所以，有了上述公式，对于任何时间长度、对于任意的资产组合，都可以算它的

VaR，这很重要，也很有用。实际上，组合问题的 VaR 就变成了以下公式：

$$VaR_v(H;\ \alpha) = -U_\alpha \sigma_v V_v \tag{3-24}$$

式中 U_α ——组合的百分位数；

σ_v ——组合的标准差。

下标 v 就是资产组合的意思。实际上应该在 U_α 的地方也加上，因为 U_α 是整个组合的百分位数，但是考虑到再加有点乱，但是要记住 U_α 是对应整个组合的下百分位点的百分位数。这是组合中最重要的一个公式了。

那么如果是零值 VaR，就是下面的公式：

$$VaR'(H;\ \alpha) = -(\mu_v + U_\alpha \sigma_v) V_v \tag{3-25}$$

式中 μ_v ——组合的均值期望；

U_α ——组合的百分位数；

σ_v ——组合的标准差。

公式的核心问题是怎么算组合的方差。有了这些公式，一个基金经理是不是应该好好算一算？尤其那些作出亏损投资的基金经理。有时候，技术的问题相对容易处理，而观念的问题往往带来更大的麻烦。这些方法对于现实是非常有用的，如果日后大家做了基金经理，能够真正地去好好利用它，发掘它有用的成分，不仅仅是表面上的理解，还有很多的细节甚至深奥的东西要掌握。

3.3.4 压力测试与情景分析

压力测试和情景分析是两个非常重要的风险管理工具。压力测试强调回报分布左尾的非频繁的大额损失。VaR 基于正常市场状况，不能适用于左尾事件。因此压力测试是对 VaR 度量的补充，而非替代。压力测试的优点在于，其对于风险管理者而言有直观的吸引力。理论上，应用压力测试是直接的，可以识别冲击变量，假定冲击变量的极端运动，接着计算投资组合的新价值。

压力测试的缺点在于，虽然识别关键变量是合理的，设法预测制度转换或结构变化却更加困难。此外这些大规模事件很少局限于它们自身，他们会冲击其他变量从而使投资组合的新估值变得复杂。

情景分析可以从不同的角度进行分类。

（1）一维和多维场景分析。

1）一维场景分析识别关键风险因子，给因子施加大的冲击，度量因子冲击对目标的冲击，一维场景分析不考虑多重风险因子间的相关。

2）多维场景分析包含了因子间的相关关系，但提高了分析的复杂性。多维场景分析可以是历史的也可以是潜在的。

（2）潜在场景（prospective scenarios）和历史场景（historical scenarios）。

情景可采用历史场景和潜在场景两种方式。历史情景是回顾性的，而潜在情景是前瞻性的。历史情景考察历史市场数据来推断危机期间关键变量的联合运动。其明显的局限性是每个事件的有限数量和独一无二性。潜在情景基于可产生严重损失的合理相关情景的假定，潜在情景是因子推动的结果，是条件性的。

应用条件场景作为产生潜在场景方法的优点在于，包含了不同风险因子的作用。其缺点在于，相关的计算遍及正常时期和压力时期，因此估计值在交叉的时期可能不成立。

当情景分析发现不能接受的大的压力损失时，管理者可以采用五大工具来缓解出现大的压力损失情形。

第一，购买保险合约、信用违约互换以及其他衍生品来提供保护；

第二，修正投资组合以减少风险敞口或分散化；

第三，改变商业策略，比如重组企业的产品和商业线；

第四，制订触发事件出现时的计划；

第五，保证流动性压力出现时的融资能力。

3.4 风险管理方法

3.4.1 事前风险管理方法

事前风险管理是一种有效的风险管理方法，主要包括如下基本步骤。

（1）风险识别。通过对组织内部及外部环境进行分析，以及认识组织所面临的风险，通过对风险内涵进行界定，从而识别可能发生的风险。

（2）风险计量。通过识别出的风险，建立指标体系，通过模型进行风险评估计量，以评估风险的可能性和影响，从而制定预防风险的措施。

（3）风险策略和措施。根据风险评估原则，制定有效的预防措施，可以采取风险承担、风险回避、风险预防、风险转移、风险转换以及风险对冲等措施，加强对组织内部环境的控制。

（4）风险管理制度。定期监控系统的风险，以及实施的防控措施的有效性，及时发现风险，实施应急预案，从而有效地管理风险。

在风险策略与措施中，风险承担是指企业对面临风险采取接受的态度，从而承担风险带来的后果，一般是对待未能识别风险，企业会采取该种策略；风险回避是指企业回避或退出蕴含风险的商业活动和环境；风险预防是指企业对风险有清晰认知后，采取有效的事前措施将风险消除在“萌芽”状态；风险转移是指企业通过合同将风险转移到第三方，转移风险不会降低风险的严重性，只是从一方移除转移到另一方；风险转换是指企业通过战略调整等手段将企业面临的风险转换成另一种风险；风险对冲是指采取各种措施，引入多个风险因素，使风险间能够实现互相对冲，互相抵消。

3.4.2 过程风险管理方法

过程风险管理方法是指按照事情发展的流程进行自始至终的风险管理，主要包括评估、监测、检测、调查、处置等具体措施。

3.4.2.1 评估

评估是实行过程风险管理的第一步。内容包括对风险进行甄别、分析、区分优先次序。尽管评估是过程风险管理的第一步，但绝不是一次评估之后就停止了，相反，评估贯穿过程风险管理的始终，条件允许的情况下，在整个风险管理过程中除了周期性评估外，还可以根据需要随时进行评估。

3.4.2.2 监测

监测是指不间断地对风险进行监视和测算的活动，主要是对风险的变化和发展态势做出及时的判断。

3.4.2.3 检测

检测是指对风险进行定期或不定期的检查和测评，主要是通过仪器设备对重点因素或关键指标的检测判断风险的状况作出快速诊断。

3.4.2.4 调查

调查是指针对某一特定的目标对风险状况进行专门访谈和视察的活动，包括现场调查和会议调查等多种形式。

3.4.2.5 处置

处置是指对发现的任何风险事件或苗头进行处理和解决的活动，主要是采取纠正错误、查缺补漏、处分过失人员等措施。

3.4.3 应急风险管理方法

首先，深入企业进行一线调研，与项目相关负责人沟通，利用上述各种辨识方法进行系统全面的风险源辨识，将风险源辨识结果整理成不同的表格，形成风险源辨识结果清单；

然后，从辨识结果的风险中提取出紧急情况的相关信息，其中包括紧急情况的内容、可能发生的活动、过程、地点以及紧急情况发生的原因。

针对不同的时间、地点、活动下的紧急情况制定针对性的预警信息和预警行动，以及相应的现场处置措施，形成应急知识库，帮助完善企业的各类专项应急预案和现场处置方案。

3.5 本章小结

本章围绕风险管理的通用理论与方法，从对风险的规范描述入手，系统阐述了风险识别的理论与方法、风险计量的理论与方法，为引出风险管理概念与策略作出理论和方法的支持。从而帮助学生建立了风险识别、计量与管理的系统全面的理论框架，达到夯实读者理论分析基本功的目的。

本章的重要的知识点概括如下。

（1）风险的规范性描述。本章给出了风险的形式化表述和四大风险的量度，从而对风险一开始就有了清晰的量化分析概念。

（2）风险识别的理论与方法。本章介绍了经验判断法、逻辑推理法和数据分析法，对于了解风险识别很有帮助。

（3）风险计量的理论框架。本章从基于统计理论的方法，基于金融理论的方法，在险值理论与方法以及压力测试与情景分析介绍的基础上，重点展开对在险值理论与方法的介绍。有助于读者明确理解，并规范运用在险值理论的数理模型。

（4）风险管理对应的办法。通过分析事前风险、过程风险以及应急风险的管理策略，详细阐述了风险管理的必要性和有效性。

思考与练习

（1）简述风险计量的基本维度及其相应的指标。

（2）为什么凸度计量的是风险的非线性敏感性？

（3）风险计量的波动性基本维度有哪些。

（4）为什么资产定价理论可以用于计量风险？

（5）如何用期权定价理论测算一个项目的风险？

（6）简述 *VaR* 产生的历史背景。

（7）简述 *VaR* 计量风险的原理。

（8）为什么 *VaR* 不代表最坏状况？

（9）为什么 *VaR* 不能直接测量特定状况下的损失？

（10）为什么 *VaR* 不包含累计式损失？

（11）为什么 *VaR* 不是风险的直接测量值？

（12）某经理每天都想知道公司面临多大的风险，能给她/他提供一个简单的 *VaR* 计算方法吗？

（13）举例说明历史模拟法计算 *VaR* 的基本原理和步骤。

（14）简述历史模拟法计算 *VaR* 的优缺点。

（15）举例说明蒙特卡洛模拟法计算 *VaR* 的基本原理和步骤。

（16）简述蒙特卡洛模拟法计算 *VaR* 的优缺点。

（17）举例说明参数法计算 *VaR* 的基本原理和步骤。

（18）写出含有期限变量的正态分布参数法 *VaR* 计算公式。

（19）写出组合方差的矩阵表达式。

（20）假定某资产组合包括 260 股 A 股票和 350 股 B 股票，每股价格分别为 88.5 元和 66.5 元。股票 A 和 B 的相关数据如下（分别用下标 A 和 B 表示）：$\mu_A=0.1\%$；$\mu_B=0.03\%$；$\sigma_A=1.86\%$；$\sigma_B=2.01\%$；$\rho_{AB}=0.09$。试求出 99%的置信水平下这一资产组合的 *VaR*。

（21）新冠疫情长期化的经济增长风险 *VaR* 分析。

（22）一个由 A、B、C 三种风险资产构成的资产组合，一只投资组合的投资额为 1000 万元，三种资产的预期收益率、标准差、投资比例以及相关系数等参数见表 3-1，试计算 95%置信水平下，该组合的在险值。

表 3-1　资产组合数据

资产	预期收益率/%	标准差/%	投资比例/%
A	10	2	25
B	15	5	40
C	12	8	35
相关系数			
资产	A	B	C
A	1	0.33	−0.44
B	0.33	1	0.55
C	−0.44	0.55	1

4 市场风险管理

4.1 市场风险的概念

4.1.1 市场风险的定义与规范描述

简单说市场风险就是市场本身面临的不确定性。但是要对其做一个准确的定义和规范的描述则并非易事。最新的巴塞尔协议（2023 年 1 月 1 日生效）对市场风险的定义是，“由市场价格变动引起的表内和表外风险头寸损失的风险。”显然这一定义仅局限于财务报表的层面，是针对金融机构而言的，不能涵盖更普遍的市场风险现象，也不能作为市场风险的一般定义，否则对市场风险的理解是不完整、不全面的。比如对于众多的并不存在财务报表的情况，是不是就不存在市场风险了呢？显然不是。那么应该如何来看待市场风险呢？

市场风险的内涵分为广义和狭义两种。广义上来讲，市场风险是指市场上某一或某些指标的不确定性，从微观角度来看，也就是任何一个微小的因素引起的市场波动，都可以看作市场风险。但是如果要落实到市场上，它必须是市场的一个元素。虽然某个起因最终可能引起市场风险，但是如果其联系不到市场因素，不是市场构成部分，就不称其为市场风险。从宏观角度来看，物价水平往往会因利率或者国际上的汇率变动而发生明显的变化。由此以物价水平这个因素为基准来判断的风险，才能称之为是市场风险。

狭义上来讲，市场风险是指市场的整体不确定性引致的风险，也就是市场整体发生了明显的波动。比如当前，国际经济形势面临着很大的不确定性，无论是中国还是全体人类都面临百年未遇之大变局。当然，百年未遇之大变局不仅仅包括市场风险，市场风险只是从属于百年未遇之大变局中的一种。经济的、政治的、文化的等风险叠加在一起，才构成了百年未遇之大变局。市场风险是经济类风险中的一种。要追究当前整个国际市场都面临的高度不确定性的成因，可以联想到有新冠疫情的原因，也有地缘政治的原因，大国竞争的原因等。但是最终落实到市场风险这一概念上，其根本含义就是市场整体上存在不确定性。

综上所述，市场风险可以定义如下。

定义 4-1：市场风险是指整体市场状态的不确定性或市场某一方面状态的不确定性。

这一定义包含了广义和狭义两种情况，具有很强的包容性，而且内涵和外延非常清晰，可以作为市场风险的标准定义。图 4-1 对广义和狭义两种情况进行了对比。

但是这个定义仍然比较抽象，对于初学风险管理的学生来说，仍然会感觉难以把握，

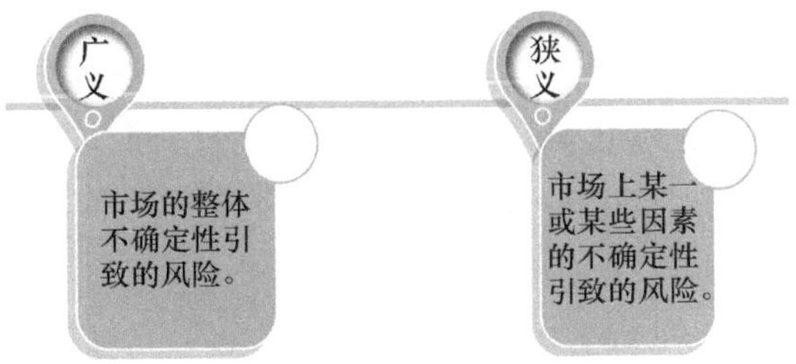

图 4-1　市场风险的定义

甚至可能感到茫然。现实中的市场风险到底是什么样的呢？这就涉及如何对市场风险进行进一步规范描述的问题。下面对这一问题做一个解答。

通常从利率、汇率或价格的波动三个角度对市场风险加以规范描述，因此市场风险包含利率风险、汇率风险和价格风险三种具体情况，也就是说市场风险是由利率风险、汇率风险和价格风险构成的，尽管有很多其他因素与市场息息相关，但一般不作为市场风险，比如你的资产难以在市场上以合理的价格成交，这显然与市场有关，但我们不把它看作市场风险，而是把它当作流动性风险（这一概念将在第 7 章中讲授）。总之，当我们说发生了市场风险时，就指的是利率风险、汇率风险和价格风险这三种情况之一或三者同时存在。切记不要把市场风险与其中任一种风险并列使用，否则说明你混淆了这些概念之间的关系。

那么除了利率、汇率和价格三种风险外，还有没有其他不应忽略的市场风险而被遗漏了呢？确实如此，直到目前有一种情况，而且时有发生，但却被人们遗漏了，这就是“市场崩溃”风险。所谓市场崩溃，是指在一定时间内市场交易停止的情形。实际上这种情况在金融市场上并不少见，包括由于各种原因引起的中断，最常见的如美国等发达国家股票市场设置的熔断机制，以及中国的涨跌停板，而在另一些市场上，比如电力市场，预料外的“市场崩溃”也时有发生，例如 2008 年、2020 年美国加利福尼亚州和得克萨斯州都发生过电力市场崩溃的事故，类似的情况在很多地方都发生过，而且还会不断发生。

到此为止，我们可以对市场风险做出比较明确的界定了，即市场风险通常包含且只包含以下四种情况：

（1）利率风险；

（2）汇率风险；

（3）价格风险；

（4）市场崩溃风险。

4.1.2　市场风险的类型及成因

从金融经济的角度出发，对市场风险的类型进行划分，主要可以划分为利率风险、汇率风险、价格风险和市场崩溃风险四种具象化的类型。对于金融机构来讲，最突出的是利率风险和汇率风险。而对于一般企业来讲，价格风险是非常严峻的一种风险。即使是对于金融机构来讲，有时候价格风险也是不得不考虑的一种风险因素，否则也可能出现严重的损失。比如前面提到的中国银行的原油宝，实际上是对商品价格风险的忽视导致的一款金融产品出现了严重的损失。站在更高层面看，比如监管层面，国家乃至国际层面，市场崩溃风险就更不容忽视。下面对这几种风险类型加以介绍。

4.1.2.1 利率风险

利率风险是指由于利率变动而产生的市场不确定性。利率是市场上资金借贷的价格，对经济和金融市场有着广泛影响。利率的上升或下降都可能对个人、企业以及金融机构带来不同程度的风险。

利率风险具体来讲有如下几种表现形式。

（1）重新定价风险。比如有一款固定利率的产品，在其到期之后就要开始新的期限，同时也要有一个新的定价。一般来讲，新的定价有可能不是原来的价格，而这本身就是一种不确定性，是一种风险。至于浮动利率的产品就更是如此，其随时都有可能发生利率波动，产生对这款产品的重新定价。当然以上内容是按照连续利率这一概念来理解的，如果按照间隔性的利率变动，比如三个月一变动或者是半年一变动这种情形，那么每半年或者每三个月，就会出现一次利率重新定价的风险。通常在国际贸易中都是采用浮动利率制度，一般是盯准 LIBOR 也就是伦敦银行间拆借利率。这种情况下利率是时刻在变化的，通常商家是三个月内重新定价一次，并以当时的 LIBOR 加 200 个基点的水平作为国际贸易通行的利率标准。无论是到期也好，或者是在约定的时间点也好，利率会因当时的情况而发生变动，这就是重新定价风险。

（2）收益率曲线风险。这一风险是指收益率的曲线本身可能会发生变化。所谓的收益率曲线就是在给定的时点上，把不同期限的利率水平连接成一条线，通常这条线的形状总是向上倾斜。也就是收益率曲线有可能变得更高（当利率水平上升时），这就是收益曲线的风险。除了曲线本身有这种上下移动的可能，还有当预期随着期限的变动而变动时，预期的收益率也会发生波动，所以收益曲线会影响人们的预期，对于企业当下决策就会产生影响。因此，收益率曲线风险也是一种主要的利率风险之一。

（3）基准风险。什么是基准风险？就是基准利率发生变化的风险，这是在金融领域很突出的一种市场风险。比如美联储一会儿要加息，一会儿要降息，这就是基准利率的风险。国内也一样，一年期存贷款利率总在变化，这些年变得尤其频繁，这也属于基准风险。

（4）期权性风险。什么是期权性风险？在利率产品中，有时候会嵌入一些约束性条款。如果不具备约束性条款规定的条件，不发生触及的问题，这些条款就没有任何价值，但是一旦条款规定的条件具备了，就触发了期权的问题。比如世界银行给国内一个电力企业一笔长期贷款，并且在这笔贷款的合同中加入以下约束条款：如果发生了类似于新冠疫情这种情况，那么世界银行要加征一定的利率，或者提前收回贷款等。那么一旦出现约束性条款中规定的情况，拥有这种期权性的一方就有更大的主动性，相对而言另一方的主动性就变弱了，这就是期权性风险。在现实生活中，企业之间、金融机构和企业之间、金融机构和金融机构之间都存在大量这样的约束性条款、附加条款。一旦触发了这些条款，期权性的风险就发生了。而在没有触发之前它是潜在的风险。潜在的风险一旦触发就成为真实的风险，这就是期权性风险。

以上是造成利率风险的主要原因。如果仔细分析还能找到其他很多原因，当然其他的原因相对而言可能更间接一些。比如，2020—2022 年，由于新冠疫情也产生了利率风险。利率风险一般来讲都会对金融机构产生不利，新冠疫情期间国家为了刺激经济，加大货币的供应量，货币供应相对过于宽松，使得实际贷款的利率水平不断下调。这时如果金融机构不积极利用宽松的时间把用不完的这些信贷的额度推销出去，那也是一种潜在的损失。

4.1.2.2 外汇风险

第二个主要的市场风险是外汇风险。外汇风险是指由于汇率波动或其使用受到限制引起的不确定性。对金融机构而言，汇率风险尤其紧要，因为每天金融机构都要面临大量的外汇交易，所以外汇风险对于金融机构而言极其突出和重要。具体来讲，外汇风险有以下类型。

（1）交易风险。交易风险这个词从不同的角度出发可能有完全不同的解读，实际上每一个文字的概念如果不界定，都可能会发生歧义。那么在这里对交易风险进行概念上的界定：由于汇率本身的波动，而造成所进行的外汇交易面临损失或者不确定性，称之为交易风险。

（2）折算风险。折算风险跟汇率波动有直接关系，但是它不是在交易的过程中发生的。折算风险的发生，可以通过以下例子加以理解：假设国内有一个工厂，这个工厂卖给外国厂家一套设备，收了一大笔的外汇，结果按照汇率一折算，因为汇率本身波动，收回来外汇折算有可能折算得多一些，也有可能折算得少一些，这就是折算风险。这跟是否交易，是不是在外汇市场上买卖、投机外汇没有关系。前面叙述的实际上是买卖外汇、投机外汇面临的风险，后边这种情况实际上是一种记账单位本身由于汇率的波动而发生了变化，从而导致了折算风险，这也是汇率风险的一个重要来源之一。

另外，即使不涉及收汇，也会面临折算风险。本币结算也会有汇率风险和折算风险。为什么？假设，存在银行账户上的钱如果用美元这种会计单位来衡量，由于美元兑人民币的汇率波动，会发现它是在变化的。比如，人民币对美元汇率近些年来最低的时候，6 元多人民币就可以购买一美元，而现在就要比那个时候高多了，这就是一种风险。同样的道理，早在十几年前港币比人民币值钱，但现在一港元只能购买 0.86 元左右的人民币。

（3）经济风险。经济风险是指汇率波动对经济活动造成影响的可能性。这里，经济活动主要指为生产经营而发生的各种活动。例如，一个企业想购买外国设备，而这套设备需要用美元支付，这个企业需要把手头的本币兑换美元后支付，但是由于汇率波动，本币贬值，本来足够购买设备的本币资金不够支付该笔货款了，致使购买设备计划被迫停止，进而影响了正常的生产经营活动，这就是典型的由汇率带来的经济风险。

（4）执行风险。执行风险是指外汇的使用受到限制的风险，这种风险对于有外汇管制的经济体比较明显。每个人，包括企业都有外汇额度限制。如果想到海外买一套房子，那么从合法的角度来说，一年之内能使用的或者能投放到境外的外汇额度都是很少的。通常一个人一年额度不允许超过5万美元，比如个人账户上存着1000万元，可以把它换成美元，但是不能一年之内把这些全都兑换成美元，没有那么大的用汇额度，这就是执行风险。这是有管制的汇率体系下普遍存在的一种外汇风险。一个企业也一样，如果想购买一个外国的设备，设备超过了用汇额度，这本身就是一种风险了。

4.1.2.3 价格风险

价格风险是指商品或资产价格的波动引发的市场不确定性。价格波动可能导致成本增加、收入减少或资产价值下降。

对于一般企业或个人而言，价格风险主要分为以下几种情况：首先涉及财务性的风险，也就是价格发生波动后，企业本身想卖的商品不值钱了。比如原来生产了一款微波炉，由于市场竞争比较激烈，微波炉的价格不断下跌，最后连保本都困难，这就是价格风险。手机也一样，国内手机都面临严重的、残酷的市场价格竞争，这都属于财务性风险。无论是要卖的商品价格的波动，还是要买进来的商品价格的波动，都是财务性的，会直接引起财务负担的改变，这是价格风险的一种情况。

价格风险的第二种情况是执行风险，也即商品在给定的价格上无法执行。如果用通俗的语言表达，可以把这种情况描述为有价无市。比如，有一些老人以房养老，先买房子，到用钱的时候把房子一卖，将所得资金用于养老。但是房子这个东西属于大宗商品，如果按照市场价格水平售卖，短期内往往是卖不掉的。有一个案例就是，一个老人得了重病，他的房子在顶层，没有电梯，爬楼比较困难，因此想换到一楼去，最开始老人觉得自己的房子挺值钱的，甚至还有继续上涨的空间，因此老人就选择了一般的交易策略。老人寻找到了一个持有一楼房产的人进行了换房交易，并且跟中介和卖家签订了一个合同。但是中介主要起负责中间联络的作用，本身不负担任何价格方面的责任，只是提供一些签合同的必要文本，帮双方办一些手续。合同规定三个月内要支付首付款，否则属于违约。如果发生违约，需要交很高的罚金。老人一开始很乐观，他买的那套在一楼的房屋价格是500万元左右，而他自己的房子最初的报价是680万元。结果老人的房子在房产市场中挂了一个月，有一些人点了关注，还有个别的去看了房，但没有一个人跟他谈成交的事。一段时间后中介员就跟他商量办法，中介员告诉老人不往下调房价，房子就卖不出去。而三个月后就得付款，卖不出去，就无法支付约定的款项。无奈之下，老人将价格调到了650万元，但即便是降价了，还是顶多有看的，没有人跟他谈成交。到了最后，老人只能以580万元的价格将房子售出。可以看到，他一开始挂出的价格和他实际成交的时候的价格差了100万元。这就是价格风险的一种情况，也就是执行风险。

第三种情况是经济风险。经济风险的表现形式是由于价格的波动，直接造成生产经营活动本身受影响。比如，本来能拿这笔钱买来的设备，现在因为价格上升，买不来了。再如，在某地的一个小区，有部分房主出售自己所持有的房产。一开始房主的要价都很高，报价基本都不低于620万元。每平米均价都在11万元以上，接近12万元，而到最后其中有两套都是以525万元售出，也就是都降低了100万元。总之，如果因为这个事情引起了经营本身的麻烦就是经济风险。如果仅仅是停留在一个损失层面上，相当于是执行风险。也有个别的最后发现卖不掉，索性停售不卖了，那就是纯粹的执行风险。

4.1.3 市场风险的性质

市场风险的性质分为经验特征和统计特征两类，其中经验特征主要有以下四点。

（1）系统性：更多地受系统性因素支配，个体的影响处于次要地位；市场风险的系统性是指风险在整个市场范围内普遍存在，影响所有投资者和资产类别。这种风险与特定公司、行业或地区的因素无关，而是源于整个市场的系统性因素。系统性因素主要包括经济因素、政治因素、社会因素、自然因素和市场结构因素等。市场风险的系统性具体表现如下。

1）市场相关性：表现为各种资产之间高度相关的特点，几乎所有商品和资产的价格都会受到影响。

2）对冲收益降低：传统上可以用于对冲风险的策略可能失效或功效减弱。

3）长期持续：系统性风险通常会在一段时间内不断释放，并最终爆发，往往持续较长时间才能消退。

4）难以分散：由于系统性是市场整体的状况，因此难以通过资产组合策略加以分散。

5）对政策和经济决策敏感：系统性风险往往与宏观经济和政策环境密切相关。

（2）可预见性：发生之前有很多先兆，加以观测分析能有效预测。这是因为市场风险的成因主要由可观测的因素引发，所以通常人们利用一些先行指标对市场风险做出预测，因此说市场风险具有一定的可预见性。

（3）相关性：风险之间具有显著的关联性。这种相关性可以从两个方面来理解：一是市场风险内部各种类型风险以及各种因素之间存在广泛的关联性，这是因为各种市场风险之间和风险因素之间存在内在的传导和相互作用机制，例如利率风险会引发汇率风险和价格风险，反之亦然；二是市场风险与其他风险类型之间也具有相关性，比如信用风险，其本身不属于市场风险，但是一个严重的信用风险会引发市场风险，2008年爆发的国际金融危机就属于这种情况，实际上各种其他风险类型都有可能引发市场风险，反过来市场风险也完全有可能引发信用风险、流动性风险和社会风险。由于这一缘故，当我们感知到任何一种风险因素时，就可以沿着该因素的发生发展过程和趋势，推演出其可能引发的风险，这对于提高风险的识别和预测精度是非常有价值的。

(4) 可分散性：通过合理组合能够有效降低市场风险。市场风险的可分散性是指通过合理的多样化投资，可以降低整体投资组合所面临的特定市场风险。当投资者将资金分散投资于不同的市场、行业和资产类别时，可以减少特定市场所带来的波动对整体投资组合的影响。这是因为不同市场和资产类别的价格和波动趋势往往由不同的经济和市场因素所引起，因此，各市场和各产品之间存在一定的独立性甚至反向变化的关系，当一个市场或资产表现较差时，其他市场或资产可能表现良好，这样充分利用它们之间这种相对独立或相互抵消的关系，构建合理的资产组合，就会很大程度上分散市场风险，从而在整体上使投资组合的回报和风险匹配更为合理。

需要注意的是，市场风险的可分散性并不能完全消除投资风险，即使进行了有效的分散投资，整体投资组合仍然会受到系统性风险（即市场整体风险）的影响。例如，宏观经济变化、政策调整、全球金融危机等事件对全部市场和资产类别产生共同的冲击，这类系统性风险是不能通过分散化规避的。

因此，分散投资并不是完全消除风险，而是通过在不同的市场和资产类别中进行组合来减少特定市场风险的影响。投资者应该根据自身的风险承受能力和投资目标，制定适合自己的分散投资策略，并密切关注市场动态和相关性的变化，及时调整投资组合以实现更好的风险和收益匹配。

市场风险的统计特征主要是指其在数量上的以及分布上的相关特征，具体地可以概括为以下两点。

1）分布对称性：是指市场变量的取值关于其均值对称，如果用图形画出来，你将看到市场变量的概率密度曲线接近于正态分布，这就是所说的分布对称性。为什么会呈现这样的状态呢？这是因为市场是由众多参与者和纷繁市场活动构成的系统，市场的表现是由全部参与者的行动共同决定的，而每个参与者的行动对于整个市场来说又是微不足道的，这意味着市场的表现是由大量而微小的随机因素促成的，根据数学和统计学知识，这样的市场必然呈现出对称性特征。比如在金融学里，通常假设股票的市场价格服从几何布朗运动就是这个道理。

2）信息对称性：是指交易双方拥有基本对等的信息。这是由市场参与者之间在获取市场信息方面居于大体对等的地位所决定的。那些大企业或大客户不是比小企业和小客户具有信息优势吗？何来的地位对等？诚然，就其本身而言，大客户比小客户会具有一定优势，但不要忘记，信息与一般的物品或资产存在的根本不同之一是，信息的传播具有超乎想象的广泛性，另外信息的使用不具有排他性，由于这两个特征，即使很小的企业或客户也足以通过各种渠道获得比较充分的市场信息，如此一来大小客户之间在市场信息方面的地位就被拉平了。尤其是现代社会，既有众多专门的信息服务机构，又有高速便捷的各种网络平台，收集信息是很容易的事情。另外，金融学中著名的有效市场假说则为我们的论断提供了直接而有力的理论支持。

4.2　市场风险的识别

在了解了市场风险的概念、分类、性质等知识点后，我们来看一看如何识别市场风险。学习具体的市场风险识别方法之前，我们还是首先需要了解其识别原理。在了解了识别市场风险的原理、原则后，我们将进一步了解市场风险的几种识别方法，并通过具体市场风险识别案例，加深对市场风险识别的理解。

4.2.1　识别原理

现在来看一看怎么识别市场风险。首先介绍识别的内涵。通俗地说，识别实际上就是判断一下、评价一下有没有这种风险存在。无论是所研究的对象、样本、事件、企业乃至国家，都可以去评价一下、估计一下、诊断一下有没有市场风险，这就称为识别。

了解了什么是识别，那么现在来看一下市场风险的识别原理是什么。市场风险的识别原理其实就是通过对市场中各种因素和变量的分析和评估，确定其对投资组合或特定投资产品的影响程度和可能带来的风险。

在第 3 章中已经提到风险识别的一般理论与方法，这里具体到市场风险识别，来看一看有哪些原则。

（1）综合性原则：综合考虑所有可能的风险因素，并尽可能将所有潜在风险识别出来。尤其要注意，不仅要考虑每一风险因素的单独作用，而且要考虑因素之间的相互作用，防止片面化。

（2）预防性原则：是指站在防患未然的立场上对各种潜在的风险做出识别，不仅要关注那些发生可能性较大的风险，也要重视那些看似不大可能发生的风险，这样才能最大限度地识别出所面临的风险，防止遗漏。

（3）主动性原则：是指以早发现、早预防为出发点，把风险识别工作做在前面，防止被动，为风险防范提供及时的依据。

（4）持续性原则：风险识别是一个持续的过程，需要定期评估和更新风险评估结果。

4.2.2　识别方法

识别的方法大体来讲主要就是从前面介绍的利率风险、汇率风险和价格风险这三种具体风险入手，这是进行识别的出发点。在进行识别时，要重点考察有没有利率风险、汇率风险、价格风险。利率、汇率、价格都是风险识别的重点指标。对于金融机构来讲，通常需要重点关注利率和汇率的问题。那么在具体地识别的时候，有三个重要的思路或者线索，应该予以关注和遵循，如图 4-2 所示。

4.2.2.1　市场的范围

首先要明确市场的范围。一件事情、一个项目、一个工程，当考察的范围不同的时

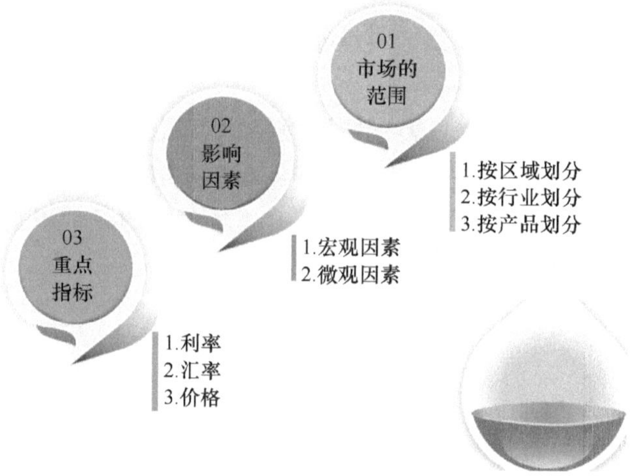

图 4-2 风险识别思路与线索

候，对于是否存在市场风险的判断就会发生明显的变化。比如，一个商品或者是一笔交易，如果仅仅考虑一个小村子或者一个小镇子这样小的范围，那么它可能存在的风险就不是那么大，甚至短期内就不存在什么市场风险。但是当扩展到全球的范围来考虑这件事情的时候，风险的存在几乎是必然的。所以市场范围的划定，对于市场风险的判断是有一定影响的，必须特别的注意。那么具体来讲，市场的范围划分有三种情况：第一种是按政区来划分；第二种是按行业来划分；第三种是按产品划分。

（1）按区域划分。比如前文提到的汇率风险，在中国市场上因为有管制的汇率体系，所以执行风险比较突出。而香港作为中国的特别行政区，那里有很多的公司既不是以港币，也不是以人民币来结算，而是用英镑等其他货币。显然，如果香港没有更便捷、更自由的用汇制度，是不会出现这种情况的。不同国家之间差异就更大了，比如瑞士是全世界公认的金融流动最自由的地方。所以全世界有很多人，把自己的钱款存在瑞士的银行里。瑞士银行对外宣称绝对保护客户的隐私，塑造了自己顶级的金融自由化角色，吸引了大量的外国资本到了瑞士的银行。在瑞士之后崛起的一些地区，例如迪拜，在短短的 20 多年时间里成为标准的世界一线城市。究其原因，实际上就是因为迪拜实行了高度的金融自由化，所以大量的资本，无论是出于避险还是洗钱等其他目的，源源不断地涌入了迪拜，因此这就给迪拜带来了这样的发展奇迹：20 多年前还是穷困潦倒、一片荒芜的地方，只用了 20 多年的时间就赫然变成了世界顶级的城市。所以地域的范围，尤其是行政管辖的范围对于分析市场风险很重要。

（2）按行业划分。行业不同，市场风险也大为不同，有些行业市场的价格受某些因素的影响就非常之大。比如受新冠疫情的影响，农产品的价格波动得很厉害，跟旅游相关的一些服务业的价格波动也比较厉害，等等。

（3）按产品划分。产品不同，市场风险也大为不同。比如生活必需品和奢侈品，二者的价格受某些因素的影响不同。

所以在识别风险的时候，都要把这些因素考虑进去，不是简单地按部就班或照本宣科，就能成为一个真正的优秀的风险管理者。这是关于市场的范围对于人们识别市场风险的重要意义之所在。

4.2.2.2 影响因素

在考虑影响因素时，我们需要从一个大的视角出发，以使得我们考虑得更全面、系统、完整。在识别部分重点介绍宏观和微观两种因素。

（1）宏观因素。宏观因素包括哪些因素呢?

首先是经济因素，经济因素对市场风险而言是非常重要的。具体而言，首先，经济因素关乎经济的整体的稳定性。比如，虽然新冠疫情期间，我国的经济受到影响，有些商品的价格上涨得比较厉害，但是经济从整体上来讲还是比较平稳的，这是一个了不起的成就。我国经济的整体稳定性主要表现在物价水平总体上能为大家所接受，并且，虽然有新冠疫情，但无论是网上订货还是去超市买东西，基本上要的东西还都能买到。因此，我国在那一时期的市场风险也保持在较低的水平。所以经济的整体稳定很重要。其次就是金融的稳定性。在金融稳定性中，汇率的稳定极其重要，如果汇率贬值得很厉害，对国家来讲是非常危险的。苏联在解体之前，由原来的一卢布大概可以换两美元的汇率，在很短时间内崩溃到30卢布左右才能换一美元，如此雪崩式的汇率瓦解给苏联造成了不可承受的打击，进一步促进了苏联的解体。最后是国际贸易状况，如果国际贸易状况发生剧烈的波动或者恶化，这也非常危险。这是宏观里的经济因素所涉及的三个具体方面。

其次是政治因素，政治因素涉及以下几个具体方面：第一就是政治的整体稳定。政局对一个国家乃至全世界的市场都很重要，政局如果混乱，市场很难有好的状况。第二就是政治周期。什么是政治周期？比如某个国家总统大选，导致整个金价、石油价格都因此波动，都受其影响，这就是典型的政治周期。第三就是法治。法治里边第一个重要因素是法制的完善度。有些国家的法律非常不完善，投资或者做生意面临相当大的风险，而且不是一般意义上的法律风险，而是法治本身不完善造成市场存在问题。法治，首先要关注法律本身是否完善，其次才是去关注具体的条规。在国际贸易中有很多非常严密的条款，尤其是在涉及大宗国际贸易时。但是有时会有参与者不遵循这些条款。有一个典型的案例：一家中国企业要和外国的企业进行一笔大宗国际交易，然而在出口的过程中遇到了一些问题，导致交易无法顺利完成。而按照国际法，我国的这家企业应该收到一定的退款。但外方的托管银行找了一大堆理由不愿意退款。国际贸易业务中虽然有国际法，但是如果碰见了不法厂商，有时候也很难办，因为国际贸易商往往属于不同的国家，而现在国际上没有凌驾于国家之上的主权单位，这些就是法制方面的因素。

自然因素对市场风险也会产生作用。比如一次震级不太高的地震，造成海底电缆受损，就会冲击正常的国际联络和交往而对市场运行产生影响。所以自然因素会对市场风险产生作用。自然因素如果要细分，可以被划分为三个方面：第一是天文方面的灾害；第二是地质方面的；第三是生物方面的，例如疫情、蝗灾。

（2）微观因素。微观因素同样可以概括成经济、政治、法律和自然因素，与宏观因素不同点在于其从微观的层面产生作用。表现为微观主体或者微观的事件市场风险产生影响。先说微观层面的经济因素，所谓微观经济因素是指这个因素来自于微观的企业或个人的经济活动，例如，一个企业这样的微观主体，如果其从银行那里借来了浮动利率贷款，而在利率发生变动时，它就面临利率风险，这就是微观主体面临的一种市场风险情形。反过来，从银行的角度出发，很多银行新冠疫情之前制订的一些计划是按照平均利率水平达到5%做出的，而在新冠疫情发生后，这些计划基本上都难以实现了，因为在新冠疫情影响下其资产平均的回报率可能达不到4.5%，这就是典型的微观层面经济因素引起的市场风险。那么再说政治层面上，比如美国前总统特朗普是一个微观个体，无论他本人的言论，还是他本人的健康状况，以及他本人所处的位置，都对市场或者某些企业层面所面临的市场状况产生影响。所以微观层面也有会涉及政治的问题，主要是涉及政治人物本身。第三，法律层面的微观因素是指具体的法律条款或法律事件。另外，法律条款或法律事件的原因造成的市场风险也是普遍存在。比如因为一项法律的缘故，造成某公司的某一款的产品遭受了禁止，进而产生了市场问题，这显然就是一个微观的法律因素引起的市场风险。最后说明一下如何理解微观层面的自然因素。我们把小到局部地区及以下范围内发生的自然事件称为微观自然因素，包括小范围的天气事件、地质事件和生物事件。

4.2.3 识别实例分析

学习完市场风险识别原理和识别方法后，我们结合实例来看一看市场风险识别的意义。

（1）贷款的利率风险。比如你的一笔贷款到期了，应该偿还，本来你是有偿还能力的，结果利率上浮了，导致你失去了偿还能力。所以在你决定贷款之前，要充分估计利率浮动给你带来的风险。

（2）购买大宗商品的价格风险。近年来房和车被司法拍卖的事件明显增加，究其原因好多都是因为炒房欠了款。2017年、2018年的时候，炒房还十分流行，许多人都以为政府只是在一段时间内限制炒房，一段时间之后还会放开，这就导致一些人预期房价可能会大涨，所以还有人高位接盘。然而，许多人在接盘之后观望了一年，发现房价没有涨，要卖掉房子也无法以不亏本的价格卖掉，最后就拖延到期了，被迫要司法拍卖。他们一开始只预备了一年之后就要出手的，所以只要自己能够满足这一年月供的需要就可以了，但实际上第一年月供完事了，已经没有进一步提供月供的能力了，但是房子还没有如期卖掉。这种情况，就属于微观的经济层面的市场风险识别的一个反面案例。

（3）政治事件引起的市场风险。2017年英国公投决定脱离欧洲联盟，这引发了各种市场风险，包括汇率风险（英镑短期内贬值）和股市风险（股市剧烈震荡）。在这次事件中，风险识别的关键在于充分估计政治事件对经济和市场的可能影响。

（4）股市波动风险。2015年初，中国的许多投资者参与了股市投资热潮，新股发行的热度也达到了前所未有的程度。然而，股市在2015年6月12日后开始急剧下跌，导致许多投资者蒙受了巨大损失。这一事件中，风险识别的关键是对价格风险有正确的认识。

（5）利用市场风险。2020 年新冠疫情在全球迅速蔓延，引发了广泛的市场风险，最突出的现象之一是，为了减少病毒的传播和感染，很多企业和机构都实行了居家办公的措施，因此对网络的需求骤然增加。Zoom 公司意识到其之前开发的视频会议和远程工作平台将大受欢迎，于是迅速组织力量加大研发力度，结果当年其市值上涨了 5 倍。这一事件说明，正确识别出市场风险，不仅有利于防控风险，还可以对风险加以利用。

4.3 市场风险的计量

常见的市场风险计量方法有很多种。在此，将其分为初级计量方法和中高级计量方法两大类分别加以介绍。

4.3.1 初级计量方法

市场风险的初级计量方法主要包括名义值计量和基本点计量。

4.3.2 中高级计量方法

市场风险的中高级计量方法包括敏感性计量方法、波动性计量方法、概率计量方法、损失计量方法、压力测试和情景分析以及蒙特卡洛模拟[9]。

4.3.2.1 敏感性的计量

敏感性计量方法主要包括缺口分析、持续期分析和凸度分析。

（1）缺口分析。所谓缺口通常是指某个指标（如经费、物资等）短缺的部分。具体到市场风险，缺口指一个变量与另一个变量之间的差距，例如资产与负债的差距等。缺口分析的第一步是计算缺口，按照我们对缺口的定义，可以直接得出缺口的计算式如下：

$$GAP = x - y \tag{4-1}$$

式中，GAP 是缺口的意思；x 和 y 代表两个变量，这两个变量可以是不同的，也可以是相同的，可以根据实际需要设定。

在市场风险管理实务中，最常用的缺口分析是计算利润对利率变化的敏感性，具体公式如下：

$$\Delta R = \Delta i \cdot GAP \tag{4-2}$$

式中 ΔR——利润的变化；

Δi——利率变动；

GAP——资产负债缺口。

对于企业，对于管理者而言风险管理需要落实到它的价格或者利润上去。由于市场某种因素可以具体为利率或者汇率或者某一种目标商品的价格。当然也可以是总的物价水平，比如预期的通货膨胀等，这些都很重要，这些因素要活学活用。那么，这些解释变量如果能够有所预感，假如根据某种信息判断物价总水平，也就是通胀率，预期的通货膨胀有可能上涨比如5%。这是经常会出现的情况，就比如新冠疫情以来，物价水平全球都存在明显的上涨，有些国家涨得非常厉害。某些产品受新冠疫情影响比较大，一些产品价格上涨百分之几十都不止。如果某种信息被捕捉到了，至少有一种预感，虽然不是一定要发生，但是害怕这件事情发生，就有了一个计算的依据。如果这个物价水平真的上涨5%，大家的利润会发生多大幅度的变化，应该采取什么样的管控措施等一系列的操作方案就都出来了。这是关于在市场风险里边，具体使用敏感性分析应该会做的一些处理以及所涉及的主要方法。

下面我们用一道例题来展开说明。

[**例4-1**] 假设有一个商业银行A，其资产负债情况如下所示，如果市场利率上升了3%，试分析该银行的利润受到什么影响。

银行A资产负债情况

资产（10亿元）	负债（10亿元）
利率敏感性资产　　20	**利率敏感性负债　　50**
其中：	其中：
浮动利率贷款	浮动利率CDs
短期证券	货币市场存款账户
固定利率资产　　80	**固定利率负债　　50**
其中：	其中：
准备金	支票存款
长期贷款	储蓄存款
长期证券	银行资本

解：由于固定利率资产和负债不受利率波动影响，因此只需考虑利率敏感性资产和负债即可，首先根据式（4-1）计算缺口：

$$GAP = 利率敏感性资产 - 利率敏感性负债 = 20 - 50 =- 300(亿元)$$

再根据式（4-2）计算利润的变化：

$$\Delta R = \Delta i \cdot GAP = 3\% \times (-300) =- 9(亿元)$$

该计算结果表明，由于利率上升，该银行面临利润减少9亿元的风险。

（2）持续期分析。持续期也叫久期，是敏感性分析的重要方法之一。持续期的基本原理和内涵已经在第3章中介绍过，以下着重阐述市场风险敏感性分析中持续期的具体用法。

市场风险分析中最常用的持续期公式是麦考持续期，其表达式如下：

$$D = \frac{\sum_{t=1}^{N} t\left[\frac{cp_t}{(1+r)^t}\right]}{\sum_{t=1}^{N} \frac{cp_t}{(1+r)^t}} \tag{4-3}$$

式中，D代表持续期；t代表现金支付之前的累计时间；cp_t为时刻t时的现金支付（利息+本金）；r为利率；N为证券到期清偿的时刻。

通过持续期可以计算市场价格对利率变化的敏感性，具体公式如下：

$$\frac{\mathrm{d}p}{p_0}=-\frac{\Delta r}{1+r_0}\cdot D \tag{4-4}$$

式中，p为市场价格；下标0代表基期；其他符号意义同前。

下面用一个例题来展示存续期分析的基本步骤。

[例4-2] 一笔10000美元5年期固定利率的息票债券，按年计付利息，票面利率为年利9%。根据预测，市场利率有10%的可能由原来的10%降为9%。（1）计算该笔债券的久期及市场价格对利率变化的敏感程度。（2）试计算该笔债券的在险值。

解：首先计算预期利率：

预期利率=10% × 9% + 90% × 10%=9.9%

以预期利率为折现因子对各年现金流进行折现，步骤和结果列于下表。

年份（t） （1）	现金流量 （2）	贴现因子 （3）	贴现值 （4）=（2）×（3）	时间加权贴现值 （5）=（1）×（4）
1	900.00	0.91	818.93	818.93
2	900.00	0.83	745.16	1490.31
3	900.00	0.75	678.03	2034.09
4	900.00	0.69	616.95	2467.81
5	10900.00	0.62	6798.89	33994.45
合计	—	—	9657.96	40805.59

根据久期的定义得出久期值：

久期=40805.59 ÷ 9657.96=4.23

$$市场价格对利率变化的敏感度=\frac{预期利率-当期利率}{1+当期利率}\times 久期=0.38\%$$

计算结果表明该债券市场价格对利率变化的敏感度为0.38%，即利率1个百分点的变化会引起该债券市场价格变动0.38%。

另外，持续期分析和缺口分析可以结合起来使用，就叫作持续期缺口分析或久期缺口分析，其做法比较简单，这里不再赘述。

（3）凸度分析。从计算的角度看，凸度分析是市场风险敏感性分析中最复杂的一种工具。第3章中我们介绍了凸度分析的数学原理，这里集中阐述其市场风险分析中的使用方法。

下面以利率风险为例，说明凸度分析的用法。思考这样一个问题：当利率r发生较为微小的变化时，资产的市场价格对利率变化的二阶敏感性如何？要回答这一问题就涉及凸度的使用问题。根据第3章的介绍的凸度计算原理，可以写出下面的关系式：

$$\frac{\mathrm{d}p}{p}=-\frac{D}{1+r}\cdot \mathrm{d}r+\frac{1}{2}\cdot G\cdot(\mathrm{d}r)^2 \tag{4-5}$$

式中，$\frac{1}{2}\cdot G$ 就是市场价格对利率变化的二阶敏感度，其中 G 就是凸度。根据第 3 章中凸度的定义，可以进一步写出凸度的具体计算公式如下：

$$G=\frac{1}{p}\cdot\frac{\mathrm{d}^2p}{\mathrm{d}r^2}=\frac{1}{p}\cdot\frac{1}{(1+r)^2}\sum_{t=1}^{N}\left[\frac{c_t}{(1+r)^t}\cdot t(t+1)\right] \tag{4-6}$$

式中，c_t 代表现金流，其他符号意义同前。

为了易于理解，下面用一个例题进一步加以说明。

［**例 4-3**］为了增强对比性，仍以例 4-2 的情景为对象，现在的问题是，求市场价格对利率变动的二阶敏感性。

解：首先在例 4-2 的基础上计算 $\sum_{t=1}^{N}\left[\frac{c_t}{(1+r)^t}\cdot t(t+1)\right]$，得 230550.88。

再计算凸度：$G=19.09$。

最终得到市场价格对利率变动的二阶敏感度为 9.5，即利率二阶变动一个基点（万分之一），则资产市场价格变动 9.5 个基点。

（4）希腊字母体系。第 3 章中已经提及希腊字母体系的基本原理，此处我们给出希腊字母的体系的具体含义和计算式。

Delta(δ) ——金融衍生品价格关于其基础资产价格的一阶导数。表示衍生品价格对其基础资产价格的一阶（线性）敏感性。

$$\delta=\frac{\partial F}{\partial S} \tag{4-7}$$

Gama(γ) ——金融衍生品价格关于其基础资产价格的二阶导数。反映衍生品价格对其基础资产价格的二阶（非线性）敏感性。

$$\gamma=\frac{\partial^2 F}{\partial S^2} \tag{4-8}$$

Theta(θ) ——金融衍生品价格关于时间的一阶导数。反映衍生品价格对时间变化的敏感性。

$$\theta=\frac{\partial F}{\partial t} \tag{4-9}$$

Vega(Λ) ——金融衍生品价格关于其基础资产价格波动率的一阶导数。反映衍生品价格对其基础资产价格波动率的一阶（线性）敏感性。

$$\Lambda=\frac{\partial F}{\partial \sigma} \tag{4-10}$$

Rho(ρ) ——金融衍生品价格关于利率的一阶导数。反映衍生品价格对利率的敏感性。

$$\rho = \frac{\partial F}{\partial i} \tag{4-11}$$

下面用一个例子说明希腊字母体系的用法。

[**例 4-4**] 某一资产 y 的价值可写成 $y = c + BX$ 这一形式，其中任意系数 $b_i \in B$ 代表变量 y 对于因素 $x \in X$ 的敏感性。为了更为直观，设该模型的具体形式为：$y = 30000 + 0.3x_1 + 0.01x_2 - 0.05x_3 + \varepsilon$，那么请问 $\frac{\partial y}{\partial x_i}$ 为多少？其含义为何？

解：

$\frac{\partial y}{\partial x_1} = 0.3$，其含义为资产价格对因素 x_1 的一阶敏感性为 0.3。

$\frac{\partial y}{\partial x_2} = 0.01$，其含义为资产价格对因素 x_2 的一阶敏感性为 0.01。

$\frac{\partial y}{\partial x_3} = 0.05$，其含义为资产价格对因素 x_3 的一阶敏感性为 0.05。

（5）基于资产定价理论的敏感性计量。包括基于资本资产定价模型和套利定价模型的敏感性计算方法，在第 3 章中已经较详细讲述，此处不再重述，但务必注意，这是市场风险敏感性分析的重要组成部分，不可遗漏。

4.3.2.2 波动率的计量

现在继续看第二大方面波动率。波动率计量分析中主要需要考虑：（1）平均波动率；（2）瞬时波动率；（3）最大波动率；（4）隐含波动率。这个波动率其实很有用，在敏感性分析介绍里边已涉及，比如利率波动、汇率波动等，那么实际上是把利率波动或者汇率波动或者价格波动看作给定的一个解释变量，然后来算价格，商品的价格，或者利润计算。因此而发生多大的变化然后来寻找解决的方案，制定相应的措施。现在如果能够对波动率进行计算，就等于能够对解释变量可能的变化作出一个提前的预判。比如用利率的历史数据，用价格的历史数据，用汇率的历史数据就能够算出波动率，当然，如果要做非常精致的预测，还要结合很多的经验。简单的历史数据还不够，在什么时候、在一些什么场景、情景下利率可能会上调？什么场景下利率会下调？整个的市场利率是由哪些主要因素决定的？

（1）平均波动率。

先来看一组数据，表 4-1 列举了三种资产的历史价格，你能根据这些数据计算出资产组合价格的日均波动率和简单加权移动平均波动率吗？

表 4-1 资产组合数据

资产	A	B	C
比例/%	10	50	40

续表 4-1

资产	A	B	C
投资额/元	100000		
日期	资产历史价格/元		
1	28.8	5.06	6
2	26.66	4.88	4.99
3	26.96	5.01	4.73
4	28.35	5.75	4.96
5	27.69	5.68	4.08
6	28.30	5.30	5.10
7	29.03	5.82	5.26
8	29.57	5.69	5.37
9	28.98	5.70	5.50
10	30.10	5.87	5.67

再来思考一下利率的波动问题。像美联储的基准利率就是整个市场利率调节的指挥棒和风向标。美联储利率如果上调，整个市场利率肯定都要上调。所以波动率的计算实际上使风险管理者能够对基础变量或者解释变量，作出某种预测很有用。现在说平均波动率怎么算。通常平均波动率用标准差来表示。给定一组样本也就是历史数据，计算出它的标准差。所谓标准差就是先对每一个样本值和样本总体均值之差求平方，再用概率加权求和开根号。如果是普通样本，就算作等概率事件了。这就是标准差。因此，平均波动率可用下式计算：

$$\sigma = \sqrt{\sum_{t=1}^{n} p_t \cdot \left(s_t - p_t \sum_{t=1}^{n} s_t\right)^2} \tag{4-12}$$

式中，p_t 代表第 t 个取值的概率；s_t 代表第 t 个取值。

这就是最普通的标准差的计算式，适用于单项资产。这是平均波动率。在平均波动里边还涉及静态估值和动态估值的问题。像这种普通的计算相当于是静态的，因为历史数据的取值范围是固定的，还有一个动态估计的问题。这就涉及要不断把旧的数据剔除掉，用新的数据代替，就是所谓的移动平均（Move Average），有时候也翻译成滑动平均。这时候要对过早的历史数据进行剔除。所谓剔除就是选择某一个定长时间段，始终只保留最新数据，包括咱们这个股票市场，它的市盈率就有两种，一种是滚动的市盈率，另一种是定期的市盈率。滚动的市盈率就是不断更新，但是保持时间跨度是一年，是按天累计的，比如有了今天数据之后就把最早的那一天的数据剔除，整个数据的时间段还是一年这称为移动平均。对于简单的移动平均波动率。以 m 个样本或者 m 个数据时间序列作为一个固定长度，那么它的公式就可以写成式（4-13）或式（4-14）。

$$\sigma_t = \sqrt{\frac{1}{m}\sum_{i=1}^{m}\left(r_{t-i} - \frac{1}{m}\sum_{j=1}^{m} r_{T-j}\right)^2} \tag{4-13}$$

$$\sigma_t = \sqrt{\frac{1}{m-1}\sum_{i=1}^{m}\left(r_{t-i} - \frac{1}{m}\sum_{j=1}^{m} r_{T-j}\right)^2} \tag{4-14}$$

σ_t 代表移动平均波动率，那么它等于什么呢？只保留离现在最近的 m 个数据进行计算，变量 r 可以代表任何市场指标。r 不见得一定就是利率，其实也可以用其他的符号。这就是当下最新的时点就是今天、此刻，从此刻向前，一共有 m 个数据点来进行计算，那么怎么移动平均？就是把前边的这些数据做一个求和，然后求差值平方再做平均，实际上是比照着方差的那个原理但并非完全意义上的方差。有人习惯用 $m-1$ 做除数（见式（4-14）），有人习惯用 m 做除数，见公式（4-13），都有一定道理。因为这个本来影响极小，编者习惯而且认为应该是式（4-13），不是式（4-14），因为是 m 个数据点。当然了，如果一定要用式（4-14），就要理解，计算的不是这 m 个数据点本身，而是 m 个数据点之间所形成的空隙，就像五个手指头伸出来的时候是四个空隙。纯粹的概率统计里边有些公式，有时候也是有的人喜欢减一，有的人喜欢不减，解释各不相同，只要自己整个的这一套分析是按照同一口径就可以了。这就如同计算 *VaR*。如果和均值去做对比，就是相对 *VaR* 了，也称为均值 *VaR*；如果愿意跟零值去做对比，那就是绝对 *VaR* 或者零值 *VaR*。但是做比较的时候，口径一定是统一的，不能用均值 *VaR* 和零值 *VaR* 去做对比。所以如果采用了这样的一个不减一的形式，那么都应该按同一个计算尺度去执行，这就是简单的移动平均。这个移动平均就能够一直使用最新的一定时间长度的数据去测算某一个波动率。如果保留了太多的历史数据，有可能会由于过早的历史数据发生的场景离现在变化太多，解释力就存在疑问，所以要把过早的历史数据剔除，这是简单加权，还有一般加权，具体的如式（4-15）所示。

$$\sigma_t = \sqrt{\frac{1}{m}\sum_{i=1}^{m}\left(\beta r_{t-i} - \frac{1}{m}\sum_{j=1}^{m}(1-\beta) r_{t-j}\right)^2} \tag{4-15}$$

为什么叫简单加权呢？因为考虑所有的样本点数据点都是同等，重要的就在所选取的数据点，但没有考虑权重的问题。如果考虑一下权重，那么前边那个公式要做一个修正。因为每一个变量的重要性不是相同的，有可能大一点有可能小一点，这就是所谓的一般加权移动平均。这个概念比较重要，在数量分析里边经常会用到，因为总是要对历史数据进行某种的筛选和剔除。所以移动平均是一个通常的说法。那么，除了这所谓的一般，其实带有很大的直觉性。也就是，哪些数据点应该赋予什么样的权重，往往靠主观性来决定。比如在计算的时候就假定今天的权重是最大最高的，最高到什么程度？假如有 100 个数据，今天的数据就应该能够占到 5%，本来如果是平均，每个是占 1%的权重，那赋予今天的权重是 5%，那么昨天的权重比如 4%。最后总之所有的权重加在一起是 100%，每个的权重多少带有很大的主观性。那么还可以变得稍微客观一点，通常使用指数加权移动平均法，如式（4-16）所示。

$$\sigma_t^2 = (1 - \lambda)\gamma_{t-1}^2 + \lambda\sigma_{t-1}^2 \tag{4-16}$$

式中，λ 为根据指数分布计算出的分布参数；γ_{t-1} 为 $t-1$ 时刻变量取值与全部样本均值的差。

指数加权是怎么回事呢？那个权重不是主观想像的，是借助一个规范的概率分布函数来计算，使得自己的主观性受到某种的克服。因为指数分布对于很多的时间序列变量都成立，那么又克服了主观指定权重这样的一个缺陷，比如到底应该给今天赋的权重是多少？如果让某一个领导拍板，那他可能假公济私，如果他建老鼠仓，他可能会想着给今天的权重奇高的一个数值，这都有可能。所以这些规范的数学原理或者公式会有效的限制主观的任意裁量权，有了这个之后实际上使得预测，包括前面的其他的移动平均就变得更为精致一些。比如前面这些公式，想预测一下某一个变量或者某一种市场因素经济因素未来的波动率怎么预测？最简单的，直接把计算出的最新的结果也可以当作直接的明天的情况。历史可以重现，那么还有带有学习性质的一种模型。比如，今天得到一个指数加权移动平均波动率，那么可以预测明天波动率应该符合这样的一个关系。那么，如果用大量的历史数据进行反复测试，模拟修正也就意味着学习了，就会使得这个参数越来越精确。预测得相对会准一些，随着读者运用这些理论原理方法日趋的成熟，可以不断去融入新的方法，或者用自己的想法来改进它。

（2）瞬时波动率。

变量在任意时刻的变化率，通常以百分比表示。瞬时波动率可以用来跟踪市场风险的瞬时状态，比平均波动率更能捕捉市场风险的动态变化。

（3）最大波动率。

一定时期内变量偏离均值的最大相对幅度，通常以百分比表示。最大波动率可以用来估计市场风险的极端情况，以防止极端风险的发生。

（4）隐含波动率。

是指隐含在期权定价公式中的参数 σ 所代表的波动率。隐含波动率代表了市场参与者的真实心理预期，一定程度上弥补了一般统计分析缺乏真实性的缺陷。

4.3.2.3 概率的计量方法

概率计量分为两种情况，一种是离散状态的概率分析，另一种是连续状态的概率分析。

需要重点掌握的概念和方法主要有：风险中性概率，直接估算方法和间接直接估算方法。

（1）风险中性概率估算。风险中性概率是指使得当事人对风险收益与无风险收益具有相同偏好的概率。如果用真实概率计算风险收益的确定性等价，人们会认为风险收益低于无风险收益。下面说明风险中性概率的算法。

设有一种衍生证券，时刻 0 的价格为 S_0，当投币结果为正面时，则该证券在时刻 1 的价格为 $V_1(H)$，如果投币结果为反面，则该证券在时刻 1 的价格为 $V_1(T)$。设无风险利

率为 r, $u=\dfrac{S_1(H)}{S_0}$, $d=\dfrac{S_1(T)}{S_0}$, 求价格上升为 $V_1(H)$ 的风险中性概率 p 和价格下降为 $V_1(T)$ 的风险中性概率 q。

显然，上题中价格上升和下降的真实概率都是$\dfrac{1}{2}$，我们将看到风险中性概率是大不相同的。

假设有足够多的初始财富，以至于可以买入所需的任意多股票数量 Δ_0，同时可以根据需要把任意多现金存入货币市场账户，形成新的资产组合。令股票的现价为 S_0，为构建资产组合所需要的现金总量为 X_0，则组合中货币市场账户的头寸为 $X_0-\Delta_0S_0$。于是可计算时刻 1 时该组合的价值 X_1 为：

$$X_1=(1+r)(X_0-\Delta_0S_0)+\Delta_0S_1 \tag{4-17}$$

选择恰当的 X_0 和 Δ_0，使 $X_1(H)=V_H$、$X_1(T)=V_T$，为此资产组合应满足以下方程：

$$X_1(H)=(1+r)(X_0-\Delta_0S_0)+\Delta_0S_1(H)=V_1(H) \tag{4-18}$$

$$X_1(T)=(1+r)(X_0-\Delta_0S_0)+\Delta_0S_1(T)=V_1(T) \tag{4-19}$$

设有风险中性概率 $\tilde{p}$ 和 $\tilde{q}=1-\tilde{p}$，分别去乘方程（4-18）和（4-19），然后将两个方程两边分别相加，可以得到下式：

$$X_0+\Delta_0\left\{\frac{1}{1+r}[\tilde{p}\cdot S_1(H)+\tilde{q}\cdot S_1(T)]-S_0\right\}=\frac{1}{1+r}[\tilde{p}V_1(H)+\tilde{q}V_1(T)] \tag{4-20}$$

选择恰当的 $\tilde{p}$ 和 $\tilde{q}$ 使得下式成立：

$$\frac{1}{1+r}[\tilde{p}\cdot S_1(H)+\tilde{q}\cdot S_1(T)]-S_0=0$$

即

$$S_0=\frac{1}{1+r}[\tilde{p}\cdot S_1(H)+\tilde{q}\cdot S_1(T)] \tag{4-21}$$

于是有

$$X_0=\frac{1}{1+r}[\tilde{p}V_1(H)+\tilde{q}V_1(T)] \tag{4-22}$$

现在定义两个变量：

$$u=\frac{S_1(H)}{S_0};\qquad d=\frac{S_1(T)}{S_0} \tag{4-23}$$

把式（4-23）所定义的两个变量代入式（4-21），并使用 $\tilde{q}=1-\tilde{p}$ 这一条件，得

$$S_0=\frac{1}{1+r}[\tilde{p}\cdot u\cdot S_0+(1-\tilde{p})\cdot d\cdot S_0] \tag{4-24}$$

解式（4-24），并使用 $\tilde{q}=1-\tilde{p}$ 这一条件，得

$$\tilde{p}=\frac{1+r-d}{u-d};\qquad \tilde{q}=\frac{u-1-r}{u-d} \tag{4-25}$$

这就是风险中性概率。

［例 4-5］某银行持有 6 种外汇，根据历史资料，每种外汇每年发生汇率幅度波动的概率是 0.18，且相互独立。忽略一种外汇一年发生两次大幅度汇率波动的可能性，试计算一年内以下指标：（1）该银行所持外汇不发生大幅度汇率波动的概率；（2）两种以上外汇发生大幅度波动的概率。

解：记 X_i 表示第 i 种货币发生大幅度汇率波动的次数，则有

X_i	0	1
概率	$q=1-0.18$	$p=0.18$

（1）不发生大幅度波动的概率 = 1 − 一种外汇发生波动的概率 − 两种以上外汇发生波动的概率

一年内恰好有一种外汇出现大幅度波动的概率是：

$$P(X=1)=C_6^1\, pq^{6-1}=6\times 0.18\times 0.82^5\approx 0.4$$

因此，一年内不发生大幅度汇率波动的概率是 1−0.3−0.4=0.3。

一年内有两种以上外汇出现大幅度波动的概率是：

$$P(X>1)=1-P(X=0)-P(X=1)=1-C_6^0 p^0 q^6-C_6^1\, pq^{6-1}\approx 1-0.3-0.4=0.3$$

（2）直接估算概率方法，如式（4-26）所示。所谓直接估算概率就是直接估计出具体的概率值，以区别于间接估算。

$$Pr=A+BF+E \tag{4-26}$$

式中 Pr——风险概率；

A——常数项与既定置信水平 $c=1-\alpha$ 下最大可能损失相对应的收益率；

B——待估参数矩阵；

F——解释变量矩阵；

E——随机扰动矩阵。

这种估算方法以历史风险概率为基础，利用回归分析得到估算概率的线性模型，进而用这个模型对未知的情况进行概率估计。

（3）间接估算概率方法，如式（4-27）所示。

$$Y=A+BX+E \tag{4-27}$$

式中 Y——风险的状态显示值。

令 y^* 为风险状态的临界值，λ 代表状态，0 表示未发生，1 表示发生，意味着：

$$\lambda=\begin{cases}0, & Y\geqslant y^*\\ 1, & Y<y^*\end{cases}$$

$$p(\lambda=1)=p(Y<y^*)=p(A+BX<y^*)=\int_{-\infty}^{y^*} f(y)\,\mathrm{d}y$$

$p(\lambda=1)$ 就是某市场风险发生的概率。

4.3.2.4 风险损失的计量

(1) 预期损失，市场风险的预期损失是指市场风险可能造成的损失的预期值，可用数学期望计算，如式（4-28）所示。

$$L_e = E[L] \tag{4-28}$$

(2) 在险价值（*VaR*）。在险值的计算请参照第 3 章相应的内容，这里需注意在险值与预期损失的区别。

再次，与预期损失相对应的，还有非预期损失，定义为风险损失的不确定性，即超出预期的损失，可用损失的标准差表示，如式（4-29）所示。

$$L_{ue} = \sigma[L] \tag{4-29}$$

4.3.2.5 压力测试和情景分析

压力测试通常是对单一指标作出极端假定，然后测验被检测对象的耐受性。比如市场在各种给定条件下的会出现哪些情况等等，属于单项指标检测。由于压力测试都是在假定条件下进行的，所以很难对其所蕴含的实际意义做出客观分析。监管者要求金融机构使用压力测试来衡量其遭受意外风险时自身的承受能力，以补充 *VaR* 的不足。

情景分析是就可能出现的场景或状况检验被测试对象的表现。这与假定某一单一指标变动是截然不同的。市场风险中典型的情景分析是，测算资产价值在央行宣布某项决议的情境下的反应，比如房子的价格，需要模拟政策效应的方方面面，包括利率调整、汇率调整、国际贸易再平衡、国际市场反应、各国应对方案等等，显然不是单一指标所能代表的。

4.3.2.6 蒙特卡洛模型

蒙特卡洛法分两步进行：第一步，设定金融变量的随机过程及过程参数；第二步，针对未来利率所有可能的路径情景，模拟资产组合中各证券的价格走势，从而编制出资产组合的收益率分布来度量 *VaR*。

蒙特卡洛模拟法的优点包括：一种全值估计方法，可以处理非线性、大幅波动及“肥尾”问题，产生大量路径模拟情景，比历史模拟方法更精确和可靠，可以通过设置消减因子，使得模拟结果对近期市场的变化更快地作出反应。其缺点包括：对于基础风险因素仍然有一定的假设，存在一定的模型风险，计算量很大，且准确性的提高速度较慢，如果一个因素的准确性要提高 10 倍，就必须将模拟数增加 100 倍以上；如果产生的数据序列是伪随机数，可能导致错误结果。

4.3.3 计量实例分析

计算股票组合收益的在险值，具体信息见表 4-2。

表 4-2 股票组合数据

资产	A	B	C
比例/%	10	50	40
投资额/元	200000		
日期	资产历史价格/元		
1	30.10	5.08	4.96
2	30.15	5.13	4.87
3	31.00	5.26	4.05
4	30.90	5.35	4.39
5	29.07	5.19	4.99
6	29.16	5.30	5.05
7	29.22	5.75	5.10
8	29.73	5.72	5.15
9	30.05	5.17	5.17
10	29.18	5.68	5.26

4.4 市场风险的管理

市场风险管理是指如何对市场风险进行防范和化解，主要包括管理策略、管理措施、管理流程等内容。

市场风险的管理策略中一共分为 5 种：

（1）缺口管理；

（2）久期管理；

（3）风险对冲；

（4）经济资本管理；

（5）限额管理。

其中缺口管理和久期管理主要运用于风险监测环节，风险对冲和经济资本管理主要运用于风险处置环节，限额管理主要运用于风险预防环节，如图 4-3 所示。

市场风险管理体制分为决策层、指挥层、实施层 3 层，如图 4-4 所示。可知市场风险管理策略由决策层提出，指挥层依据决策层的指示向实施层传达决策层的管理策略，实施层的职责是接受指令并且加以实施。

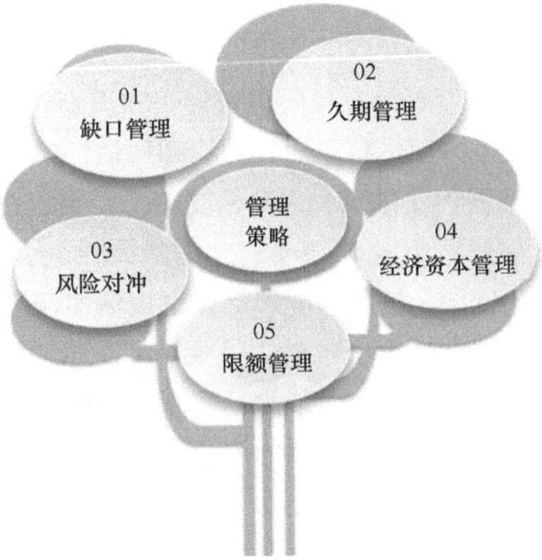

图 4-3 市场风险的管理策略

图 4-4 市场风险的管理体制

4.4.1 风险预防

在风险预防环节中主要的市场风险管理策略是限额管理，对金融机构而言，限额管理是一个非常普遍的做法，旨在通过设定特定的限额来控制和减少风险的暴露程度。市场风险限额管理主要有以下具体做法：

（1）总体风险暴露限额：金融机构设定了整体投资或交易组合的最大风险暴露限额，以控制其整体市场风险水平。这有助于防止过度集中在个别资产或市场上，从而分散风险。

（2）单项风险限额：针对特定的资产类别、证券或衍生品，金融机构可能设定单项风险限额，限制该类别或个体资产的权益比例。这有助于控制某一特定资产暴露带来的潜在风险。

（3）杠杆比例限制：金融机构可能对杠杆比例设定限额，即资产负债比例。这可以限制机构在投资或交易中使用高杠杆，以减少潜在亏损风险。

（4）风险敞口限制：金融机构可以设定对特定市场或资产的最大风险暴露限制。这有助于避免机构受到某一市场行情的较大波动所带来的巨大损失。

（5）停牌股票交易限制：当股票停牌时，金融机构可能实施停牌股票交易限制，禁止或限制对停牌股票的买入或卖出操作。

金融机构进行限额管理通常涉及以下步骤：

（1）风险评估：首先，需要对潜在风险进行评估和识别。这包括对市场条件、债务或信用工具的质量、操作流程等方面进行全面的分析和评估。

（2）设定风险限额：根据评估结果和风险承受能力，制定适当的风险限额。这些限额可以是数字上的限制，例如投资组合中某项资产的最大比例，也可以是业务规定上的限制，例如授信额度的上限。比如，信用卡能够给读者授信的额度是不一样的，额度可能就只有 1 万元，如果信用水平再高一点，也就 3 万元、4 万元、5 万元这样的额度，也就是说，一日消费额度是受限制的。那么有时候为了控制市场风险，那跟授信是不一样的，授信不是因为市场风险，是因为自己本身信用的问题，那属于信用风险。但是限额的原理是一样，市场风险也有这个策略限额管理。比如一个金融企业投资或者给某一个实体企业发放贷款，那么他会根据市场状况来判断他所申请的这个贷款是不是能全额满足的问题？比如，新能源企业向银行申请贷款这个额度会就比较宽松，因为可以预期为了实现“双碳”目标，现在需要大规模地发展新能源发电，因此预测整个市场至少在 30 年之内都是向好的。所以这个额度就可以提高一些。那有些传统能源不行了，尤其是有些发电形式，再申请贷款恐怕额度就非常之低了。只要发现市场风险比较高，那额度就要降低，原理很简单。这就是限额管理这种策略的普遍做法。

（3）风险报告和沟通：建立有效的风险报告和沟通机制，确保交易员、投资者和管理层之间对风险状况的清晰理解和共识。这有助于提高整体风险意识，加强风险管理的有效性。

（4）风险预防限额管理是一项重要的风险管理工具，可以帮助金融机构和投资者识别、评估和控制各类风险。通过设定明确的限额，可以帮助他们在风险可接受范围内进行投资和经营活动，从而降低潜在损失和风险带来的影响。

4.4.2 风险监测

在风险监测环节中主要的市场风险管理策略是缺口管理和久期管理。缺口管理是比较简单的一种管理方式，非常基础性的，缺口这概念之前也讲过。那么对于金融机构，主要就是对于利率或者汇率敏感性资产也包括价格敏感性资产进行适当的处理，这是一种手段。所谓的缺口就是资产和负债之间的缺口主要针对的是对于这些风险因素，敏感的那些资产和负债。缺口管理在市场风险管理中的作用主要体现在以下几个方面：

（1）缺口识别：通过监测市场行情和风险指标，及时发现存在的缺口现象。缺口可能表现为价格跳空、交易量异常、市场流动性紧张等。

（2）缺口评估：对识别到的缺口进行综合分析和评估，包括缺口的规模、持续时间、影响范围等。这有助于了解缺口对投资组合或交易策略的潜在影响程度。

（3）缺口控制：基于缺口评估结果，采取相应的风险控制措施。这可能包括调整投资仓位、平仓止损、制定风险管理策略等，以减少或规避潜在的损失。

（4）缺口补救：如果缺口已经造成实际损失，需要采取适当的措施进行补救。最具体的例子就是有些资产是浮动利率确定的，一种资产，比如贷给某一个其他的金融机构也好，或者其他企业也好，一笔资产，那么是以这个伦敦银行间拆借利率为基准，再加200个基点，这个账面利率就是浮动的，因为伦敦银行间拆借利率本身就是浮动的，每时每刻都在变，这就是浮动性的资产。那么也有浮动性的负债，比如借别人的钱也是按照这样的一个加点数确定的利率水平，那也是浮动利率，所以这两者之间做一个减法，那么得出的就是缺口。对于固定利率的，一般不考虑。固定的比如5%从别的机构获得的款项，这是负债了，那么以7%的利率水平贷给了别的企业，这是资产。那么，固定收益不属于市场风险影响的主要范围，所以这个不考虑。市场风险主要影响的是一些浮动，这就是缺口管理。具体在使用缺口的时候还可以和久期结合起来，称为久期缺口，那无非是算得细一点儿，普通的缺口就直接算。久期实际上就是为了把期限大为不同的各种不同的期限的资产，或者负债用统一的尺度把它们加总在一起。因为不能直接加，期限是三年的和期限是五年及三个月的，不能随便加在一起，它们的作用和大小不一样，但是算出久期就可以了。比如利率敏感性的、汇率敏感性的、价格率敏感性的资产和负债直接算，有时候期限很不统一，就用久期。第四个久期管理实际上就是期限的管理了，久期管理涉及就是一个基本的计算公式的问题。所谓的久期管理就是盈利或者是价格的变化的百分率是和久期呈相关的函数，一种相关函数，这就是久期管理。所以计算出一个久期，那么就可以预测，以利率为例，利率微小地上升了，或者下降多少会产生一个什么影响？提前作出安排。建立起这种久期关系，再做减法就是缺口，称为久期缺口。那么管理的原则是一样。也就是，如果是一个比较主动型的管理者，就随时随地预测这个缺口是有利的还是不利的，扭转那个不利的缺口。比如预期未来利率要上升，那么这时候如果出现正缺口，也就资产大于负债的时候，那对读者而言是有利的，保持这个缺口就可以。但如果预期未来利率下降了，那现在还是正缺口，就要扭转。比如这要涉及银行的一些业务，金融机构的一些业务是把这个贷款转移一些，还是，再增加点负债，以便这个缺口达到合理的水平？这就是缺口管理。

4.4.3 风险处置

风险对冲是金融机构普遍运用的市场风险处置对策。尤其是持有金融资产的时候。比如持有某一国家的国债，A国持有的B国国债的量，十分庞大，全国持有B国国债的规模在万亿美元以上。前些年，因为经验不足，B国国债的价格下滑就损失了几千亿元。所以这个风险对冲是需要非常严密而慎重地使用的一种策略，这个必须慎重，有时候对冲不好，风险会进一步扩大。但是如果确实使用娴熟，那还是一个有效的策略。风险对冲的原理是通过建立相反方向的投资头寸或利用相关性来降低投资组合的整体风险。常见的风险对冲手段包括：

（1）多空对冲：通过同时持有多头和空头头寸，以抵消市场波动对投资组合的影响。以股票市场上来说在美国可以允许买空和卖空这种情况下，本身就可以实现对冲。比如说你现在没有这支股票，或者是持有这支股票相对还是比较少，但是预期着未来这支股票可能会下跌，那么现在就可以卖空，这叫卖空操作，这是一种对冲风险。那么，持有其他的也是一样，还可以利用某种相关性不直接做这样的一个对冲。比如说有些股票和另一些股票，它们之间是负相关的关系。如果你持有了 A 股票买一种跟它负相关的，这个股票就可以形成某种的对冲，这个技术要求非常高。

（2）跨品种对冲：通过在不同的相关性较低的资产之间分散投资，降低特定行业或市场的单一风险。例如，在商品市场上，同时持有金属、能源和农产品等不同类型的商品合约，可以减少对某个具体商品价格波动的依赖。

（3）期权对冲：购买或卖出期权合约来对冲投资组合中的风险。期权对冲可以限制潜在损失，并在市场波动时提供灵活性。

（4）对冲基金：投资于专门从事风险对冲策略的对冲基金，借助其专业知识和技术手段来管理投资组合的风险。

风险对冲策略的选择与实施需要考虑投资者的风险承受能力、投资目标和市场环境等因素。它可以帮助投资者在不确定和波动的市场中保护资本并实现稳定的回报。国际上也有专门从事对冲业务的一些基金，像过去比较有名的索罗斯经营的这个量子对冲基金，其实不是什么量子，量子是他起的名，根本和量子没有任何关系，本质就是对冲，有时候也会失手，索罗斯失手的时候也不少。但是因为有两次得手，而且得手得比较风光，就名声大噪了，一次是在 1997 年，东南亚金融危机是他一手搞起来的对冲，得手了。当然另一次让他比较比较风光的是他把英格兰银行给斗败了，这还是比较出人意料的。对冲这件事情是风险管理市场，尤其是市场风险管理很有效的一种策略，但是对操作者的要求极高，否则就反倒出现更大的风险。

最后一种策略称为经济资本管理。什么是经济资本？所谓经济资本就是考虑了风险因素之后，尤其从企业角度来讲，在经历了一个风险的巨大冲击之后要能够恢复，使得企业不破产，能够继续经营下去需要的资本水平。那所谓经济资本管理，也就意味着要预留或者拨备、准备企业遭遇这个风险之后依然能够保持企业，维持企业经营所需要的资本水平，这就是经济资本管理。那是比较被动的最后一招，也会对价格风险要非常敏感，因为有很多都是借助的不是一般意义上的这个借贷关系实现的。

4.5 本章小结

本章首先对市场风险的定义、类型、性质进行了介绍，然后依次讲解了如何识别市场风险，如何计量市场风险，以及如何管理市场风险。

市场风险的识别部分主要讲述了市场风险的识别原理、市场风险的识别方法、市场风险的识别实例等内容。在市场风险识别原理的部分中，较为详细地介绍了识别市场风险的综合性、预防性、主动性、持续性、专业性、可操作性和独立性这七个原则。对于市场风险的识别方法，我们在市场风险识别过程中应从三个方面来考虑：市场的范围，市场风险识别的宏观因素和微观因素，最后重点考虑市场风险的三个指标：利率、汇率和价格。

本章最重要的部分是市场风险的计量，我们将市场风险的计量方法分为初级计量方法和中高级计量方法。其中，中高级计量方法是重点，包括敏感性计量分析、波动率计量分析、概率计量分析、损失计量分析、压力测试和情景分析以及蒙特卡洛模拟。

最后一部分是市场风险管理，从风险预防、风险监测以及风险处置三个方面介绍如何对市场风险进行管理。首先对市场风险管理的五种策略及其管理体制的三个层级进行了介绍。

思考与练习

（1）简述市场风险的内涵。

（2）简述市场风险的主要类型。

（3）简述利率风险的主要成因。

（4）简述汇率风险的主要成因。

（5）简述价格风险的主要成因。

（6）试论述引起市场风险的宏观因素。

（7）试论述引起市场风险的微观因素。

（8）识别市场风险的角度主要有哪些？

（9）简述如何利用缺口指标计算净利息收入变动。

（10）简述如何计算到期缺口。

（11）简述如何用久期缺口分析利率风险。

（12）简述市场风险与凸度的关系。

（13）一个由 A、B、C 三种股票构成的投资组合，已知该投资组合的投资额为 2000 万元，三种资产的预期收益率、标准差、投资比例以及相关系数等参数如下表所示，试计算 95%置信水平下该组合的在险值。

股票代码	A	B	C
比例/%	30	50	20
投资额/万元	2000		
日期	股票历史价格/万元		
1	29.00	5.05	6.97
2	30.03	5.07	6.42
3	30.05	5.10	6.53
4	30.10	5.02	6.17
5	29.97	4.99	6.66

(14) 某公司有6栋厂房，根据历史资料，每栋厂房每年发生停电事故的概率是0.08，且相互独立。忽略一栋厂房一年发生两次停电的可能性，试计算一年内以下指标：

1) 不发生停电的概率；2) 两栋以上厂房发生停电的概率；3) 停电发生次数的平均值和标准差。

(15) 根据表中数据计算股票组合价格的日均波动率和简单移动平均波动率。

股票代码	A	B	C
比例/%	30	50	20
投资额/元	200000		
日期	股票历史价格/元		
1	30.13	5.76	6.82
2	30.69	5.28	6.26
3	30.07	5.34	6.28
4	30.19	5.87	6.50
5	30.26	5.23	6.87
6	30.47	5.44	6.30
7	30.99	5.30	6.97
8	29.88	5.78	7.02
9	29.67	5.25	7.05
10	29.50	4.99	7.09
11	30.00	5.13	7.10
12	30.05	5.06	6.99
13	29.82	5.19	6.88
14	29.78	5.27	7.05
15	29.66	5.36	7.10
16	29.87	5.89	7.13
17	30.19	6.03	6.77
18	30.93	6.10	6.79
19	31.04	6.15	7.17
20	31.32	6.13	7.18

(16) 请解释金融市场中的系统性风险和非系统性风险之间的区别，并提供例子。

(17) 解释一下市场波动对投资组合的影响，以及如何应对市场波动带来的风险。

(18) 你认为政府和监管机构在控制市场风险方面扮演着怎样的角色？

(19) 在市场风险所带来的不确定性背景下，你认为投机和投资之间有何区别？

(20) 你理解的市场风险管理的核心原则是什么，你会如何应用这些原则来管理自己的投资风险？

5 信用风险管理

5.1 信用风险的概念

5.1.1 信用风险的定义与规范描述

信用风险这个概念最初就来自人与人之间的借贷关系。借贷关系一般都要求在给定的时间地点，以约定的方式进行偿还。如果不能做到，那么，这就属于违约。所以，信用风险最初指的就是违约风险，所谓的信用就是守约。

例如，从银行取得一笔信用贷款和取得一笔抵押贷款，就有很大的不同。如果是信用贷款，包括人们平时使用的信用卡，实际上就是基于银行对客户的信任。客户没有给人家提供任何抵押物，是不是？所以，信用风险，它的根本内涵实际上是，一个人或者一个机构不守信用。而所谓的信用就是承诺。这个承诺完全可以是没有任何抵押物，就凭对客户的信任。

但是，仅仅停留在这样一种直觉认识上是不够的，为了能够对信用风险有一个尽可能清晰的理解，需要给它下一个简洁而规范的定义。正规地，信用风险是不能或不完全履行承诺或义务的可能性。无论是完全不履行义务，或是由于能力的原因不能完全履行，乃至于虽然履行了承诺，但是履行的方式、时间等发生了改变，都属于信用风险。这个定义看起来很简单，但是其内涵却很丰富，如不注意，可能会造成理解偏误，为此需要对这个定义再稍微进行一些解读，主要有三点。

（1）传统上认为只有当违约实际发生时才会产生损失，因此信用风险是针对违约而言的，只要最终不违约都不作为信用风险。最初人们确实就是认为，只要借出去的东西能要回来，早一点儿晚一点儿都没关系，这在民间借贷是非常普遍的，尤其是民间的高利贷。这些高利贷的利率很诱人，通常年化收益率都能达到30%以上，很多人希望通过私人或者民间借贷这种方式获得高一点的收益。通常情况下这种民间借贷很少如期履约。但是在民间通常只要钱给了，拖延一段时间，甚至拖延很长时间，也都不加计较。但是从严格的规范的管理信用风险的角度而言，这种拖延、不能如期的履约也属于信用风险。

（2）信用风险不仅包括违约导致直接丧失合同资产的风险，而且包括履约能力和方式的改变引致资产损失的可能性。现代银行信用就是从最初的民间借贷发展起来，规范化、制度化之后形成的一种社会建制而已，从本质上讲，正规银行业或者金融业与民间借贷或者地下金融的最大不同是有制度约束和保障，风险相对来讲比较低。

（3）尽管借贷关系或者信用关系哪怕是由于履约的方式发生改变，也可以称为信用风险，但是也不宜过于泛化。也就是，由信用风险本身引致的其他损失或者后果不能算作信用风险。比如，由于别人欠读者的一笔钱没有及时归还，造成读者无法购买计划中的商品而引发一连串的损失，这些就不能再算作信用风险。信用风险仅就建立合约的这一事项本身，是不是得到完整的履行。

5.1.2　信用风险的类型及成因

5.1.2.1　信用风险的类型

根据信用风险的定义，可以从不同的角度对其加以分类。比如有的书中把信用风险分为违约风险、信用等级下降风险、信用价差增大风险；有的书中把信用风险分为商业信用风险、银行信用风险等。尽管这些分类都有一定的道理，但是其完整性和周严性不够好，显得比较随意而缺乏理论分析和实用价值。为此，需要从分类的角度做一个梳理和总结并尽可能加以规范化。综合理论和实践两方面的因素，从以下这些角度出发，可以对信用风险作出更为严谨而科学的分类：

（1）信用风险的来源；

（2）信用风险的动因；

（3）信用风险的表现形式；

（4）信用风险的后果；

（5）信用风险的紧迫性；

（6）信用风险的可控性；

（7）信用风险的传递性。

这些角度能够比较全面地描绘信用风险的几乎所有性质，它们之间是逻辑互补的，而且界限清楚。这样就构成了对信用风险加以分类的比较完整的视野，下面从每一个角度对信用风险的类型作出具体说明。

（1）按信用风险的来源划分。这一来源指造成信用风险的责任主体，因此可以根据责任主体的类型作出具体划分。通常可以分为国家信用风险、机构信用风险和个人信用风险。国家信用风险最为典型的例子是主权债务信用风险，此外还包括以国家名义承诺或应尽的各种事项或义务，如果没有得到应有的履行都属于信用风险；机构信用风险指机构作为责任人的信用风险，这是信用风险最为普遍的来源，当机构不能履行其承诺或应承担的责任时，就触发了信用风险，最普遍的情况是拖欠应支付的款项；个人信用风险是指个人不能履约所造成的风险。以上划分的实际意义在于，现实中不同来源的信用风险需要的管控手段大为不同，比如国家信用风险，由于责任主体是主权国家，因此用于处理机构和个人信用风险的很多手段是无法发挥作用的。关于这一点，在后面的风险管理方法部分会有更详细的说明，这里不做展开。

（2）按信用风险的动因划分。这里动因指造成信用风险的实质原因，即哪些因素引发了信用风险，因此应该按信用风险发生的因果关系来划分。通常可以分为主观信用风险、客观信用风险和混合成因信用风险。主观信用风险指由责任主体主观上逃避责任所引起的信用风险，最常见的情况就是责任人赖账；客观信用风险指由于客观原因造成责任主体无力履约的情况，例如水旱灾害可能造成农民没有收入而无力偿还种子和农药的贷款；混合成因信用风险指主观和客观原因交织在一起的情形。通过信用风险成因的类型划分，人们能够更为准确地分析信用风险产生的原因，进而采取更为有效的措施进行处置。

（3）按信用风险的表现形式划分。这种表现形式指信用风险以什么样的形式让人们感受到它的存在，因此可以从它给人的观感或印象加以划分。通常可以分为突发型信用风险、渐发型信用风险和继发型信用风险。突发型信用风险指在毫无征兆的情况下突然发生的情形，例如本来信用良好的企业，由于一个偶然原因，比如意外，突然丧失偿债能力，这种情形就属于突发型信用风险；渐发型信用风险指在风险发生之前已经持续有征兆出现并且越来越明显，例如债务人先是咨询了推迟偿债的可能性，之后又提出了一些推迟偿债的理由等，这就属于明显的渐发型信用风险；继发型信用风险指之前已经在同一主体或事项上发生过信用风险，经过处理后又发生新的信用风险，例如一个债务人同时借有多笔债务，之前的一笔发生过信用风险，而后另一笔债务也发生了信用风险，这就是典型的继发型信用风险。知道这些表现形式，可以事前就对信用风险的管控有一个完整的思路，防止措手不及。

（4）按信用风险的后果划分。这里后果指信用风险可能造成的影响的大小或严重程度，即造成的综合损失的多少。大体可以分为重度信用风险、中度信用风险和轻度信用风险。所谓重度信用风险指信用风险可能造成的综合损失超过某一标准的情况，例如 20 世纪 80 年代发生的拉丁美洲债务危机，由于其波及范围巨大且涉及的债务规模巨大，就属于重度信用风险；中度信用风险指其可能造成的综合损失按一般标准衡量介于中等水平的情况，例如 2008 年爆发全球金融危机，导致很多债务人出现信用风险，但是如果判断债务人的偿债能力以及所涉及的债务规模并不会带来不可承受的严重后果，那么这个信用风险就是中度的；轻度信用风险指其可能造成的综合损失是比较轻微的，比如不足百元的贷款如果面临违约就属于此类。知道信用风险的严重程度类型，可以做好事先准备，商业银行通常会为应对不同程度的信用风险而提前预备资金。需要注意的是，实际中对严重程度的认定因人而异，并没有完全统一的标准。

（5）按信用风险的紧迫性划分。这里紧迫性指处理时间上的紧急程度，即需要在多短的时间内作出处理。可以划分为即时信用风险、近期信用风险和远期信用风险。即时信用风险指需要马上采取措施加以应对的类型，例如对于已经发生支付困难的债务人债权人应该即刻采取措施追讨，否则可能因其他债权人抢先而受损；近期信用风险指虽不太紧急但需要在较短时间内（一般不超过 1 年）采取适当措施加以解决或处理，例如 1 年内到期的债权就属于此类；远期信用风险一般指一年以上才可能发生的类型，例如期限超过一年的贷款。了解信用风险的期限类型，可以及时制定管控方案，防止错过最佳处置时点。

（6）按信用风险的可控性划分。这里可控性指应对风险的难易程度。根据这一特征可以分为高可控性信用风险、中度可控性信用风险和低可控性信用风险。所谓高可控信用风险指很容易就能加以管控或规避的类型，例如可交易的债券，可以及时售出而规避信用风险；中度可控性信用风险则需要采取较多的手段或办法才能有效处置，例如抵押贷款，尽管一旦违约可以通过收回抵押物，但处理程序上要复杂得多；低可控性信用风险则更难有效处置，一旦发生一般只能靠事先的拨备加以弥补，例如无抵押的信用贷款就属此类。

（7）按信用风险的传递性划分。这里传递性是指一起信用风险引起另一起信用风险的能力，也可以称为传染性。根据这一特征可以分为高传递性信用风险、中度传递性信用风险和低传递性信用风险。高传递性信用风险的典型例子是规模巨大的债券的信用风险，因其规模大而容易波及关联各方，事实上引发 2008 年全球金融危机的最初动因就是次级债违约。可见信用风险的传递性不容小觑，对防范系统性金融风险意义重大。

5.1.2.2 信用风险的成因

关于信用风险的成因，不同的分析者往往有不同的看法。很多人把信用风险归咎于经济周期或意外事件冲击，其理由是当经济处于上升期时，大家都有钱赚，因此不易发生信用风险，当经济处于下滑期时，大家赚钱困难，因此容易发生信用风险；同理对于意外事件冲击，其解释是意外事件导致债务人履约能力下降。固然，这两种因素确实对信用风险的发生有很大影响，但是细推敲起来就会发现存在明显的遗漏，正如前面已经提到过的情况，一些时候债务人有赖账的动机，这显然不能用经济周期或特殊事件来解释。

那么信用风险的根本成因到底是什么呢？可以严格证明，有限责任和资源约束是信用风险的根本成因，以下加以简要说明。

（1）有限责任。在当代，几乎所有的正规企业都是有限责任公司，有限责任公司的偿还只以公司所具有的资产为根据，不允许超出公司所拥有资产的范围追究当事人的责任。在现代借贷关系中，企业间借贷关系占的比重最大。虽然也有其他的借贷关系，比如个人向银行借款或者个人之间的借贷关系，但是，这比企业之间的借贷关系比例低得多。同时，在很多国家，个人也允许破产，个人宣布破产之后，只在很小的范围内给债权人偿还。即使在不承认个人破产的国家，个人因各种原因拒绝履约也缺乏有效的约束机制，这是有限责任的另一层含义。

在 20 世纪 90 年代中期以前，中国不允许企业破产。这就导致出现所谓三角债的情况：甲厂商欠乙厂商的钱，乙厂商欠丙厂商的钱，丙厂商又欠甲厂商的钱，导致互相推诿。甲找乙收回债务的时候，乙说："丙还欠着我的钱，你找他要去。"但是甲也不能找丙去要债，因为甲还欠着丙的钱。在那个时代，债权方每次去催款的时候，债务方都会好吃好喝招待，但是就是不结清债务。债务方往往好话说尽，且力所能及的礼遇也都给尽，而债权方也因此感觉到债务方还是有诚意的，往往愿意继续给债务方更多时间。然而，债务方虽然没有把账赖掉，但是债权方什么时候能收回债务是无法确定的事情。因此，从利润的角度看，到期无法收回债务或者不能够履约，也是一种损失。这样的三角债在那时成为了中国企业发展的障碍，一直到后来开始推行现代企业制度，这种情况才开始出现改观。企业制度改革是在 1993 年开始的。当时为了进行改革，由国内几家国家级研究机构共同制定研究方案，并且专门编写了一本关于现代企业制度的干部读本，给所有的企业、事业单位进行企业制度扫盲。从那之后，国内逐步建立起现代企业制度，也开始在法律上规定允许企业破产。

在允许破产的情况下，有限责任就更加明显了。在之前不允许破产时，如果不把履约信用的方式改变也看作风险，大家就不认为有信用风险。反正企业是政府兜底的，永远也不会破产。所以那时候国内整体的信用风险意识都是很淡漠的，只关注借出去的钱什么时候要回来，并没有特别关注过信用风险。现在则全然不同了，尤其在全球化的现在，有限责任这一点更是要非常关注。

（2）资源约束。所有的债务人都面临着严重的资源约束的问题。在大多数情况下，债务人违约是因为其没有能力履约。一般来讲，如果有偿债能力，尤其是在有制度约束，法律约束的情况下，债务人不会故意违约。但是所有的人，包括债权人也一样面临严重的资源约束。就像每个人都想尽快实现财务自由，也就是希望有足够的钱，享受自己想要的生活。但是，绝大多数人都做不到，因为资源是非常有限的。每个人都不得不在有限的资源约束条件下慎重地规划自己的职业发展。所以即使债务人主观没有逃避责任的动机，但由于事实上的没有能力也必然产生信用风险。

很明显，以上两个因素能够解释所有的信用风险发生的原因，无论是源于主观的还是客观的信用风险都可被包含其中。信用风险总是挥之不去，就是因为这两个根源性原因几乎没有办法消除掉。所以，信用风险对于所有的人都存在，也都需要面对。也因此，国际金融界很早就把信用风险作为金融机构面临的最主要的风险。认识到这两个根本原因对于制定和设计有效的管控信用风险的政策和措施具有重要意义。实际上，现代管理信用风险的制度体系建立正是因为认识到了这两大原因，关于这一点留到后面的风险管理部分展开。

5.1.3 信用风险的性质和特征

这一小节将主要介绍信用风险的性质和特征。首先需要对性质和特征这两个概念做一个区分，以免发生混淆。所谓性质是一种内在属性，而特征则是外在表现。

5.1.3.1 信用风险的性质

（1）与违约有关的损失的可能性。这一性质是从信用风险的本源上就存在的，也是它与其他风险从根本上不同的性质。因为不管是完全不履行约定，还是改变履约的方式，都属于违约，所以信用风险是与违约直接相联系的。

（2）个别性。所谓个别性就是信用风险因人而异，因事而异。这与市场风险有很大不同，市场风险对所有的人几乎是一样的，但是信用风险对所有的人几乎都不一样。即便是同一个债务人，其对不同的债权人履约的情况都有可能有很大不同。在信用风险中，很难找到一种普遍适用的、对所有人有效的一致标准。

（3）关联性。信用风险具有高度的关联性。何为关联性？通俗来讲，在信用风险领域，往往会因为其他的事件或事项引发合同或者约定不能履行的问题。以 2020—2022 年之间的新冠疫情为例，本来新冠疫情跟信用没有直接关系，但是由于新冠疫情的暴发，导致许多企业经营受影响，其偿债能力骤然下降，从而引发了信用风险。所以，信用风险的关联性特别突出，从新冠疫情的例子就可以看出，某一个事件完全有可能造成债务人丧失偿还能力，而那个事件本身跟合同是无关的。

（4）难以转移或分散。信用风险本身具有个别性，但信用风险跟其他可分散的、非系统的风险相比，其在具有个别性的同时又很难分散。从金融业的基本常识可知，风险可以通过资产组合来加以分散和对冲。例如：一项资产相对于某一个指标是正相关的，那么，为了增强整个组合的稳健性，在资产组合里可以构建一些负相关的资产，形成一个组合，这样抗风险的能力就会提高，降低资产所面临的市场风险。也就是，只要能找到在同一因素影响下变动趋势相反的两种资产并构成组合，就可以分散化解风险。但是，信用风险不容易找到分散的具体方法。例如：一个企业借给另一个企业一笔钱，那么应该构建一个什么样的组合来对抗可能的信用风险呢？这其实是一个很难解决的问题。因为很难找到一个指标，使得指标满足当某一个债务方违约时，有另一个变得更不可能违约。因为一个企业违约，使得另一个企业的信用就变得更强这种事情，几乎是不存在的，反而往往因为某一个违约，会造成系统里边的其他成员都更容易违约。以 2008 年发生的国际金融危机为例，次贷危机本来是个别企业的事情，最后演化成所有金融机构违约的可能性都陡然上升，并最后进一步引发了国际金融危机。所以信用风险跟市场风险截然不同，在信用风险领域，通常是一荣俱荣，一损俱损。因此，想分散或者对冲信用风险，手段非常有限。

（5）难以实时预测。合同双方之所以能够建立契约，是因为双方对彼此都有足够的信任。但是谁也无法预测什么时候会出现违约的情况。因为，是否违约虽然从根本上而言与资源约束和有限责任有关，但是与人的主观也有很大关系，债务方愿意为履约付出多大的努力完全是主观层面的事情。而主观层面的事情是很难进行预测的。有一名学者曾在演讲的时候提出了一个观点：现在所有的信用模型都是无用的，甚至是错误的。为了佐证这一观点，他在演讲时讲了一个小故事：这位学者有一个朋友甲在一家银行做高管。有一次，甲跟这个学者说有一个企业要向甲所在的银行贷款，那个企业当时的情况非常不好，出现了资不抵债的情况，想用一笔新的贷款来自救。甲向这个学者征求意见，希望学者能帮他分析要不要将钱借给这个企业。实际上，如果按照银行的模型来看，这笔贷款是绝对不能借给这样一家资不抵债的公司的。但是学者从个人的因素上做分析，认为这个公司的老板做事情讲义气、问题看得清晰、对企业的发展有远大的规划。虽然这些分析跟现在的风险管理是格格不入的，但这依然促成他建议甲将钱借给这家企业。学者认为只要给这家企业足够的时间，偿还贷款不是问题。事实上，这个企业后来经过艰苦努力，确实扭亏为盈，而且成了盈利大户，也顺理成章地按期偿还了贷款。这个例子说明了信用风险不好预测。这个学者在他所提例子中的做法也不能作为一般的规矩让其他人按部就班地学习，因为这实际上是以一种冒险的态度对待风险，这实际上更接近于风险投资。总之，从风险管理的角度而言，信用风险确实难以实时预测。也因此提醒人们，针对信用风险，要做好防范处理。

5.1.3.2 信用风险的特征

（1）分布不对称。一般而言，除信用风险之外的风险，例如市场风险，都是比较对称的。市场风险通常总体上相对于某一个轴线形成一种对称的分布，这是市场风险最普遍的特征。但是，信用风险一般不是这样，它的分布具有不对称性[12]，如图 5-1 所示。

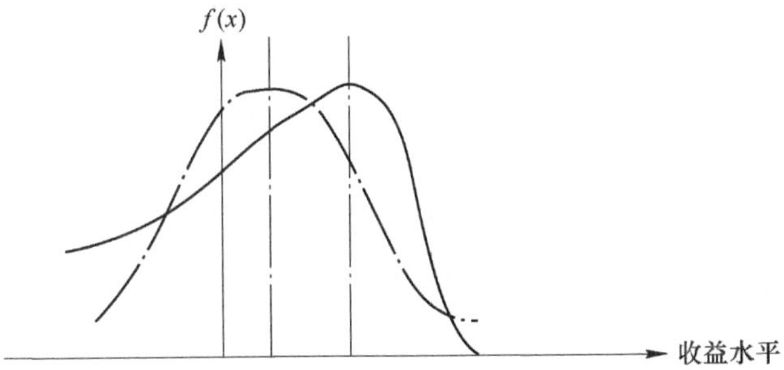

图 5-1 信用风险的概率分布曲线

（2）信息不对称。信用风险中的信息不对称是指违约一方和被违约一方存在高度的信息不对称。在当今时代，金融诈骗非常普遍，这是最普遍的信用风险。2016 年，大量的融资平台把投资人的钱骗到手之后就消失了。而公安部门、司法部门也无法迅速去破获这些案件，造成很多投资人情绪失控，直接导致数千投资人去金融街把金融机构围了个水泄不通。这些平台之所以能轻易骗取大量投资人的钱财，就是因为违约人和被违约人之间存在高度的信息不对称。

在网络集资的骗局中，往往会出现庞氏骗局，而这样的庞氏骗局也可以作为说明信用风险中信息不对称的好例子。所谓庞氏骗局，就是平台一开始先免费给受骗者一定的资金，让受骗者得到一些好处。在最开始的时候，平台为了后续能成功实现其诈骗的目的，会先算好账，做好精算，让受骗者先尝到甜头。受骗者在这个过程中，开始觉得自己能赚钱，被激发出了过度自信的情绪。紧接着，在平台的算计下，受骗者把自己的钱往平台里投。到最后，受骗者就会发现自己的钱进去就回不来了，后边再怎么炒自己也赚不着钱了。在庞氏骗局实施过程中，平台就是利用与受骗者之间高度的信息不对称来进行欺骗。

（3）非系统性。每一个具体的信用风险都是非系统性的。但是，并不是所有的信用风险都是非系统性的。在现实世界中，也会存在一个系统普遍面临的信用风险。如果把全球看作一个巨系统，这个巨系统也会面临信用风险。其信用风险就来自全球金融体系的结构和规章制度的缺陷，因此并不能因为信用风险往往带有非系统性的特征，就否认有很多信用风险具有系统性，这是一个问题的两个侧面。任何一个具体的信用风险都具有非系统性的一面，这由其自身的状况所决定。例如，读者借给同学一笔钱，那么他还不还（会不会发生信用风险），从主体上来讲是非系统的[14]。但是如果受新冠疫情的影响，这位同学的偿债能力下降了，不还，这实际上又带有一定的系统性。

另外，信用风险本身虽然是个别的，非系统的，但是一旦发作，而且如果其刚好又处在一个比较长的链条上，具有强传染性[15]，就会导致整个系统发生信用风险。前面举的例子中提到的国际金融危机就是这样的情况，一开始是个别的机构发生了违约，由于整个传染链条非常长，最后造成整个系统都被卷入。

5.2 信用风险的识别

5.2.1 识别原理

前面已经指出，信用风险的根本成因是有限责任和资源约束，而从其发生的实际过程看，主观动机和客观原因两者则构成了全部的直接动因，同时信用风险可以从来源、动因、形式、后果、紧迫性、可控性、传递性 7 个角度加以分类，这些思想自然地蕴含了信用风险识别的原理。

（1）历史分析原理。即“历史证明”原理，其含义是过去能够代表或预示现在和未来，也就是可以通过对当事人的历史信息进行分析，来判断其信用风险状况。尽管从理论的层面看该原理面临很多质疑，但在实践上却得到广泛的运用，并且收到了较好的效果，是信用风险识别最为有力的依托。目前流行的信用记录制度、信用评级、征信等都源于这一原理，实际上任何涉及信用问题的活动，当事人都必然要对相关的历史信息加以考虑，否则是不可想象的。这一原理是如此重要而深植人心，以至于在任何信用风险分析的实际过程中都有它的影子，更多时候该原理处于主导地位，这或许来源于“路遥知马力，日久见人心”这一古老信条。

（2）现状调查原理。即“现实证明”原理，其含义是现实包含了不可忽视的信息，当事人的现状直接提供了其信用状况的证据，对于判断其信用风险具有重要参考价值。这一原理同样在实践中普遍使用，没有哪一种信用风险识别会忽视现状因素，而马尔科夫原理更为现状调查原理的使用提供了有力支撑。但是需要注意的是，现状在风险识别中所占的权重则存在较大差异。

（3）未来预测原理。有时人们会遇到历史很短、现状非常普通的当事人，这时仅从历史和现状两方面考察很可能得不出准确的判断，如果能把其未来的前景考虑进来无疑将使分析大为全面，这就涉及未来是否可测的问题，当认为未来至少在一定程度上是可测的时候，实际上就是承认了“未来可测”原理，也就是未来预测原理。

必须指出，上述三种原理都有其合理性，又都有一定的不足，但是三者不是互斥的，相反它们具有很强的互补性，这里仅是为了叙述上的方便，才把三者拆开来加以说明，现实中把三者组合起来使用是普遍的选择。

5.2.2 识别方法

在第 2 章列举了 8 种风险识别的方法，这些方法对于信用风险识别都是适用的，这里需要注意的是它们在信用风险识别中的特殊性。正如前面已经指出的，信用风险与当事人的主观动机有直接关系，所以在信用风险识别中需要特别注意对当事人品质和心理状况的审视，同时信用风险的根源又来自有限责任和资源约束，因此信用风险的识别必须考虑与责任和资源相关的因素。综合上述分析和已有的各种识别方法，把信用风险识别的常用方法概括为定性和定量两种。

5.2.2.1 定性识别方法

这里定性识别的意思是通过对与信用风险相关的指标进行直观观察，不需要进行细致计算，就可作出评价的识别方法。以下根据信用风险管理实务，概括出定性识别方法的主要维度。

（1）考察资质。即对当事人的基本状况进行分析，主要内容包括该人的身份、经历、年龄、职业、社会关系、收入、学历等方方面面的情况，原则上是越详细越好，但考察越细致所花费的成本也越高，通常需要在收益与成本之间保持平衡。

（2）考查能力。即对当事人的履约能力进行分析，主要内容包括经营能力、盈利能力、融资能力、研发能力、生产能力、销售能力、市场拓广能力、管理能力等与履约能力相关的各个方面，实际信用风险识别活动中能力考察都是不可或缺的一个方面。

（3）考察资源。即对当事人所拥有的各种资源进行分析，主要内容包括资本、资产两大方面，尤其关注净资产情况。本来广义的资源远不止资本和资产，但是对于信用风险而言，真正能够对履约提供保障的是资本和净资产，其他资源要么是"远水不解近渴"，要么归入到其他识别名目下。

（4）考察保障。即对当事人的履约保障程度进行分析，主要内容包括抵押、质押、担保、监管、托管等为规避信用风险而设定的条款或措施，通常这些保障措施能大幅度降低信用风险，实践中保障水平是具体信用风险评估的重要依据。

（5）考察动机。即对当事人从事该项活动所要达到的目的作出分析，主要内容包括当事人为什么要做这件事情、怎么做、什么时候做、谁来做等，以此来评估当事人方案的可行性，进而预测其信用风险的大小。

（6）考察前景。即对当事人的发展趋势作出分析，主要包括当事人所从事的行业、所在的国家或地区，由此评估当事人未来的发展空间，作为考察其信用风险水平的一项依据。通常这一方法只起参考作用。

实际信用风险识别时，往往是上述方法的综合使用，并根据实际需要对各种方法所占的权重作出调整。

5.2.2.2 定量识别方法

一般情况下定性识别只能满足比较粗略的需求，当需要对信用风险进行较高精度的识别时，就需要定量的识别方法。定量识别方法可以进一步分为初级、中级和高级三个层次。初级方法一般由负责风险管理的人员对比较简单的指标进行打分，然后进行加权求和，得出最终评价；中级方法主要采用统计计量模型进行估计，比初级方法主观打分和赋予权重更客观一些；高级方法主要以专业理论模型为基础，推演导出逻辑更严密的计量模型，使识别精度更高。具体的定量识别方法请阅读5.3节信用风险的计量，信用风险的定量识别方法大体上是对风险计量模型的运用，因此对这些方法的介绍放在5.3节。

5.2.3 识别实例分析

5.2.3.1 单一法人客户信用风险识别

（1）基本信息分析[16]。基本信息分析的目的是能够对一个法人企业的基本状况有所了解。有办信用卡经历的人都知道，在办理时，银行都会让办理人填一个基本信息表，还有学生报考研究生、报考本科志愿都会需要学生填写各种信息表格，收集这些表格其实都属于基本信息分析，它们的原理就是根据经验总结出来的一种调查、识别方法。比如，有一个学生要报考某高校的研究生，校方会需要了解学生本科是什么专业的、是哪个院校毕业的、年龄多大等基本信息。了解了这些信息之后，大体上就可以判定这个学生有没有潜质或者是不是达到了一些基本要求。同理，对法人客户基本信息进行分析，可以形成对该客户信用风险的基本判断。

（2）财务分析。财务分析就是对客户的财务状况做具体分析。比如，会具体对工资收入、个人的债务状况、现金流的状况等进行分析。财务分析跟基本信息分析的原理或者逻辑是一致的。基本信息分析就是对基本状况有一个比较全面的，又不至于特别琐碎的了解。财务分析也一样，就是对财务数据、财务上的状况尽可能全面又不至于太繁琐地进行了解。

（3）非财务因素分析。非财务的信息在许多情况下也是非常重要的。以前面的例子为例，那位学者劝银行高管a给企业贷款，实际上是基于非财务因素的分析。该学者考量的是借款企业的管理层是否锐意进取、有没有长远且可信的发展目标、企业的计划是不是可行，这些都是很能说明问题的。这些内容属于对管理层风险状况的分析。

再举一个现实中常见的例子。在分析一个企业时，往往需要考虑这个企业是属于什么行业的，因为行业的风险也起很大的作用。有些行业属于夕阳产业，虽然属于这个行业的企业现在财务状况可能还不错，但并不意味着这样的企业就不存在问题了。而如果一个企业虽然暂时财务状况困难，但是它所从事的产业属于朝阳产业，那么这样的企业未来可能很快就随着天时地利发展起来，所以了解行业风险的价值就在于此，相关的分析被称为行业风险分析。

再者就是生产与经营性的风险。例如，航运、航海等行业受外在因素影响特别大，无论是局部冲突，还是海盗威胁等，都会产生较高的风险。从事国际贸易的人如果不懂这些，就容易造成巨额损失。

综上所述，非财务因素分析对于一般的法人企业而言是非常重要的。

（4）担保分析。简单来讲，就是看一个企业有没有提供某种形式的担保，这里的担保应做广义理解，包括但不限于担保、保险、承兑、承付、保证、抵押、质押、留置等具体形式。一个企业有担保会比没有担保要好很多，抗风险能力要更强。但是，要注意担保的合规性、充足性。担保如果不合规、不充足，最后有可能无法获得担保所能提供的保障。

5.2.3.2 集团法人客户的信用风险识别

所谓集团法人和单一法人之间其实是企业规模或者是组织形式存在不同，二者信用风险识别的基本原理是类似的。所以上面提到的单一法人所面临的事项对于集团法人而言依然存在，但集团法人客户的信用风险识别仍有以下特殊方面需要注意。

(1) 集团内部的关联性。集团是由众多法人企业构成的。这种集团法人由若干个法人构成。如果是跟集团这个层面打交道，首先要对集团整体状况有所了解，尤其是对集团内部的关联性有深入了解。由于内部关联交易的存在，导致集团向外界提供的信息有效性严重下降，尤其是一些财务数据，有可能是内部交易形成的，虽然这种数据不是完全意义上的假账，但是水分很大，具有误导性。因此，集团法人的系统性风险高，表面上一个集团的状况可能比较不错，但是由于高度的内部关联性，其中的某一个成员出现问题，就会波及整个集团。例如，当年的巴林银行仅仅因为它的一个营业所中的一个职员造假账，最后造成整个巴林银行倒闭，就是因为它们内部的高度关联性引起的。

(2) 店大欺客问题。由于集团客户一般都是规模很大的企业，其办事流程可能会比较繁琐复杂，还可能出现部门间互相推诿等现象，甚至可能出现集团高管“打官腔”“见面难”等明显的店大欺客情况，额外增加了信用风险。所以对于集团客户，更要对其高管层的整体品质格外注意，否则可能造成严重的误判。

5.2.3.3 个人客户的信用风险识别

个人客户的根本特点是个体差异大，信用风险发生与否主要取决于个体品质和能力，因此对其信用风险识别时要格外关注那些能够用于分析个体品质和能力的信息。首先是品质问题，如果个体的品质存在缺陷，信用风险几乎是必然的，因为那些品质恶劣的人本来就没有打算还钱，这一现象在经济学中被称为“逆向选择”，还有可能借款人把贷款挪作他用，甚至拿去赌博，这被称为“道德风险”，这些行为都与个体的品质直接相关。其次是能力问题，本来人的能力存在差异是很正常的事情，可是有些人却不能正确认识自己的能力，比如他没有经营企业的能力，却自认为有这个能力，于是贷款开办企业，其结果很可能是资金花光，企业倒闭，造成债权人贷款损失，因此对个人客户能力的考察也非常重要。

5.3 信用风险的计量

5.3.1 基本计量概念和指标

在认识信用风险的计量方法前，先认识一些基本的计量指标，这些指标是进行计量分析的基础。

5.3.1.1 违约率

什么是违约率？就是一个样本，发生违约的数量或者数目占相应总量的比率，显然它是一个比率。有些书上把它称为违约概率，这是不妥的。从根本性质上讲，比率和概率是完全不同的。虽然可以把二者建立起某种相关性，但是本质上，比率不是概率。而且从英文的形式上来看，违约率是 default rate，不能翻译为概率，概率对应的英文是 probability。从违约率的概念还可以衍生出一系列相关指标，以下择要加以介绍。

（1）边际违约率。需要注意，这里边际违约率实际上不是一个严谨的边际的概念。边际率是每增加一个无穷小的增量，引起的目标变量变化的比率，然而边际违约率并不是这样的概念。边际违约率实际上应该称为单位时间违约率或者平均违约率。边际违约率的定义是：单位时间内，某一信用水平上债务人的违约数目与期初该信用水平债务人总数之比。

也可以用金额比金额，但结果就不一样了。虽然要达到的目的是一样的，但是计算出的结果可能会不一样。因为每一笔债务的头寸是不一样的。例如在银行业务中，某一天一共发放了 1000 笔贷款。假设银行可以清楚地知道有没有违约，那么违约率就有两种算法：如果直接按数目算，一共 1000 笔贷款，有 10 笔违约了，违约率就是 1/100。而如果这一天发放的贷款一共 1 亿元，这 10 笔违约贷款总额 1000 万元，从金额的角度讲，发放出去一个亿，有 1000 万元违约，因此违约率就是 1/10。这两个违约率不一样，但是对于要达到分析违约的目的具有相同的功效，只是计算口径不同而已。

令 x 代表违约数量，y 代表总数量，则边际违约率可表示如下：

$$MDR = \frac{\Delta x}{y} \tag{5-1}$$

式中，Δx 代表单位时间内新增的违约数量（人数、笔数或金额）；y 代表样本总数（总人数、总笔数或总金额）。

（2）边际生存率。所谓的生存率有一种拟人化的味道。生存率，就是处于正常状况的债务贷款、交易合同占总量的比例。边际生存率指在一个单位时间里，有多少比例的债务贷款、交易合同还处于正常状态。在计算上，依然可以直接用数目，也可以用金额等进行计算，不同的计算方式只是尺度或者口径不一样，原理是一样的，要达到的目的也是一样的。

边际生存率可以这样计算：由于把总笔数减去违约笔数，就可以得到处于正常的笔数，因此，用 1 减掉边际违约率就是边际生存率。无论是合同、债务、贷款、交易等，在单位时间里有两类：一种是正常，另一种是违约。正常占的比例就是生存率，单位时间里处于正常的比例就是边际生存率。

令 MSR 代表边际生存率，则有以下等式：

$$MSR = \frac{y - \Delta x}{y} = 1 - \frac{\Delta x}{y} = 1 - MDR \tag{5-2}$$

（3）累计生存率。即在 n 个时期内一直守约的比率。令 CSR_n 代表在 n 个时段内一直守约的比例，则有：

$$CSR_n = \prod_{t=1}^{n} MSR_t = \frac{y_n - x_n}{y_n} = 1 - MDR_n \tag{5-3}$$

注意，这里所有变量的下标 n 都是 n 个时段全覆盖的意思，因此 MDR_n 的意思就是把全部 n 个时间段看作一个整体时间单位的边际违约率，实际上就是累计违约率，同样 CSR_n 也就是全部 n 个时段内的守约率。

（4）单期条件违约率。即之前守约而在本期发生违约的比率，即到 $t-1$ 期时仍守约而在 t 期发生违约的比率，计算式如下：

$$SDR_{t,t-1} = CSR_{t-1} \cdot MDR_t \tag{5-4}$$

注意，单期这里是“把整个时间长度分割成前后连续的时段，考察单个时段的违约率时应该把该时段前守约的情况计入，否则就遗漏了样本之前的守约状况，没有真正还原到单个时期该样本的违约率”。相当于“折现”“基于存活”的意思。所以引入字母 S 用于代表“survival（存活）”之意。

（5）累计违约率。累计违约率就是把从开始到某一个时刻为止，整个过程里发生的违约的情况进行累计。累计违约率应该如何计算呢？假设要计算从第一期到最后一期的时间跨度里累计的违约率，可以用 1 减去最后一期还保持正常的数目的比率就可以得到累计的违约率，不需要一期一期把边际违约率往上加。根据单期条件违约率的定义，单期条件违约率实际上是每一个时间段里的违约概率。因此，如果一共有 n 个时间段，它们的违约率相加起来就是累计违约率。令 CDR 代表累计违约率，则有以下的算式：

$$CDR = \sum_{t=1}^{n} SDR_{t,t-1} = 1 - CSR_n = 1 - \prod_{t=1}^{n}(1 - MDR_t) = MDR_n \tag{5-5}$$

（6）年均违约率（Annual Default Rate，ADR）。即平均每年发生的违约率，因此可用下式计算：

$$(1 - ADR)^n = 1 - MDR_n$$

整理得：

$$ADR = 1 - \sqrt[n]{1 - MDR_n} \tag{5-6}$$

5.3.1.2 信用损失

信用损失是由于信用风险发生给债权一方造成的损失。之所以称为信用损失，是因为只考虑由信用本身产生的损失，其他损失不能计算在内。信用损失的计算通常会很自然地联想到多个相关概念，如图 5-2 所示，主要涉及违约损失率、预期信用损失和非预期信用损失，以下逐一加以介绍。

A 违约损失率

计算信用损失涉及一个先行指标，即通常在计算违约损失之前需要先计算违约损失率

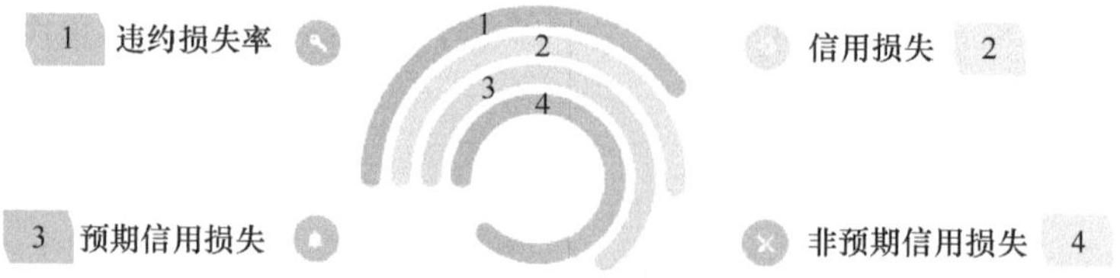

图 5-2 损失相关指标

（Loss Given Default，LGD）。所谓违约损失率就是违约给债权一方造成的损失占全部风险的比例。用风险敞口乘以损失的严重程度就可以得到违约损失率。比如，有一个 100 元的合同，当发生违约时，将损失 40 元，可以收回 60 元，此时 40%就是损失的严重程度，用 40%乘以当前的风险敞口，就可以得到违约损失。

违约损失率有两种算法。一种是市场定价法。什么是市场定价法？就是借助市场机制来计算违约损失率。还有一种方法被称为现金流回收法。

（1）市场定价法。市场定价法主要有历史数据测算法和信用价差测算法。前者的计算原理是根据违约资产的历史数据，应用统计分析和模拟方法建立起预测模型，然后将特定项目相关数据输入预测模型中得出该项目的 *LGD* 预测值；后者的计算原理是用市场上尚未出现违约的正常债券或贷款的信用升级幅度中隐含的风险信息分析得出 *LGD* 的估计值。

1）历史数据测算法：

$$LGD = 历史损失金额之和 \div 历史风险敞口之和，即$$

$$LGD = \frac{\sum_{i=1}^{n} x_i}{\sum_{i=1}^{n} y_i} \tag{5-7}$$

2）信用价差测算法：

$$LGD = 信用价差 \div 违约率，即$$

$$LGD = \frac{CS}{DR} \tag{5-8}$$

式中，信用价差的计算式为 $CS = r - r_f$。

（2）现金流回收法。现金流回收法需要的公式比市场法稍微多一点，但理解起来更容易，更符合日常的习惯思维。什么是现金流回收法？简言之，就是回收现金流。既然称为现金流回收法，就要跟现金流这个概念有联系，具体的计算方法是，扣除能够收回的净现金流所占的比例，剩余的比例就是 *LGD* 。可用下面的公式表示：

$$LGD = 1 - 回收率 = 1 - \frac{回收金额 - 回收成本}{风险敞口} \tag{5-9}$$

B 信用损失

简言之，信用损失（Credit Losses，CL）信用风险引起的损失。如何计算信用损失呢？首先考虑单一资产的信用损失。

（1）单一资产的信用损失。什么是单一资产的信用损失？粗略讲，一笔交易、一支股票、一份债券的信用损失，就是单一资产的信用损失。单一资产的信用损失怎么计算？此处已经给出了违约损失率这个概念，可不可以借用违约损失率这个概念来计算信用损失呢？完全可以。违约损失率乘以其头寸就是信用损失，这一算法可以写成如下公式：

$$CL = I \cdot CE \cdot LGD \tag{5-10}$$

式中，I 是信用风险发生与否的指示变量，I 等于 1 代表发生了信用风险，否则等于 0。

（2）组合的信用损失。有了单一资产的信用损失，才能够计算组合的信用损失。在很多情况下，尤其对于金融机构而言，不能只计算单一资产的信用损失。

资产组合情形的信用损失是求和的运算。如果一个资产组合里有 n 种资产，要计算资产组合情形的信用损失就可以从 1 一直累加到 n。但是，这个组合一定要用组合算法的公式来算。组合的算法涉及很多资产，它们的信用风险是不独立的，是有相关性的，所以要用方差斜方差、矩阵等加以运算。组合的信用损失可用下式计算：

$$CL_p = \sum_{i=1}^{n} I_i \cdot CE_i \cdot LGD_i \tag{5-11}$$

C　预期信用损失

所谓预期信用损失（Expected Credit Losses，ECL），是指可能发生的信用损失的预期值，用数学期望加以度量。预期信用损失与信用损失的区别是，它是预测值而不是实际值。

（1）单一资产的预期信用损失。预期信用损失也涉及两种情形，一种是单资产情形。单资产情形下如何计算预期信用损失呢？计算单资产的预期信用损失，可以把期望值这个概念引进来，对信用损失加一个期望算子。期望算子用 E 来表示。所以，对于单资产的预期信用损失，就有一个新的记号 $E(CL)$。计算这种情况下的预期信用损失，需要考虑两种情况：

1）当 LGD 为常数时：

$$\begin{aligned} ECL &= E(CL) = E(I) \cdot LGD \cdot CE \\ &= p \cdot LGD \cdot CE \end{aligned} \tag{5-12}$$

其中，$E(I) = p$ 违约发生的数学期望值，$E(I) \cdot LGD = p \cdot LGD$ 被称为预期损失率（Expected Loss Rate，ELR）。

2）当 LGD 为变量时，由于 I 与 LGD 相互独立，故有：

$$\begin{aligned} ECL &= E(CL) = E(I \cdot LGD) \cdot CE \\ &= E(I) \cdot E(LGD) \cdot CE \\ &= p \cdot E(LGD) \cdot CE \end{aligned} \tag{5-13}$$

（2）组合的预期信用损失。组合情形就是对单一资产求和，可以写成式（5-14）：

$$ECL_p = E(CL_p) = \sum_{i=1}^{n} E(I_i \cdot CE_i \cdot LGD_i) \tag{5-14}$$

应该如何求和？在具体求和的时候一定要注意变量之间是不是存在相关性，如果变量之间存在相关性，一定要考虑相关性问题，以下分两种情况给出计算公式：

1）当 LGD_i 为常数时：

$$ECL_p = E(CL_p) = \sum_{i=1}^{n} E(I_i \cdot CE_i \cdot LGD_i) = \sum_{i=1}^{n} p_i \cdot LGD_i \cdot CE_i \tag{5-15}$$

2）当 LGD_i 为变量时，由于 I_i 与 LGD_i 相互独立，故有：

$$ECL_p = E(CL_p) = \sum_{i=1}^{n} E(I_i \cdot CE_i \cdot LGD_i) = \sum_{i=1}^{n} p_i \cdot E(LGD_i) \cdot CE_i \tag{5-16}$$

D 非预期信用损失

有预期信用损失就有非预期的信用损失。非预期信用损失（Unexpected Credit Losses，UCL）也是一个很重要的概念。一提到非预期损失，应该马上引出另一个重要的风险管理的概念——经济资本。什么是经济资本？就是在企业遭受意外冲击之后依然能够维持正常运营所需要的最低资本金。非预期损失在实际风险管理的操作中有重要的用途，非预期信用损失应该怎么计算呢？所谓非预期信用损失，就是信用损失的不确定性，表现为实际信用损失对预期信用损失的偏离，用标准差加以衡量。以下分别就单一资产和资产组合两种情况做一个简单展示：

（1）单一资产的非预期信用损失计算：

$$\begin{aligned} UCL = \sigma(CL) &= \sqrt{p \cdot (CL - ECL)^2 + (1 - p) \cdot (0 - ECL)^2} \\ &= \sqrt{p \cdot (CL - ECL)^2 + (1 - p) \cdot (ECL)^2} \end{aligned} \tag{5-17}$$

式中，$\sigma(CL)$ 表示信用损失的标准差。

（2）资产组合的非预期信用损失：

$$UCL_p = \sigma\left(\sum_{i=1}^{n} CL_i\right) = \sigma\left(\sum_{i=1}^{n} I_i \cdot CE_i \cdot LGD_i\right) \tag{5-18}$$

E 信用在险值

什么是信用在险值？简言之，就是由信用风险引起的预期损失（给定置信水平上）。信用在险值就是信用 VaR。它跟一般的 VaR 只有一点不同。用C-VaR 代表信用在险值，C 是英文 Credit（信用）的首字母。需要注意的是，信用损失本身是不好的事情，越低越好，与收益刚好相反。因此对于信用损失，置信水平是低于某一临界损失水平的概率，而对于收益，置信水平是高于某一临界收益水平的概率。以下给出了信用在险值的计算原理：

$$\begin{aligned} prob(CL \leqslant L^*) = c &= \int_{-\infty}^{L^*} f(L)\,\mathrm{d}L = 1 - \alpha \\ &\equiv 1 - prob(CL \geqslant L^*) = 1 - \int_{L}^{+\infty} f(L)\,\mathrm{d}L \end{aligned} \tag{5-19}$$

5.3.2 信用风险初级计量方法

前面介绍的是计量指标，还构不成方法。信用风险计量方法是指能够对信用风险作出比较综合的评价的那些方法。本节介绍初级计量方法。

5.3.2.1 简单打分法

这个方法有效易懂好操作，但是精度不太高。在日常的风险管理中，尤其是信用评价中，用很短的时间就能基本上给出结论。包括 6C 打分法、5P 打分法、5W 打分法、骆驼打分法等，如图 5-3 所示。如果要申请信用卡，银行就可以用这些方法来衡量一下，申请者在什么分值水平，什么级别，应该给读者多少额度。

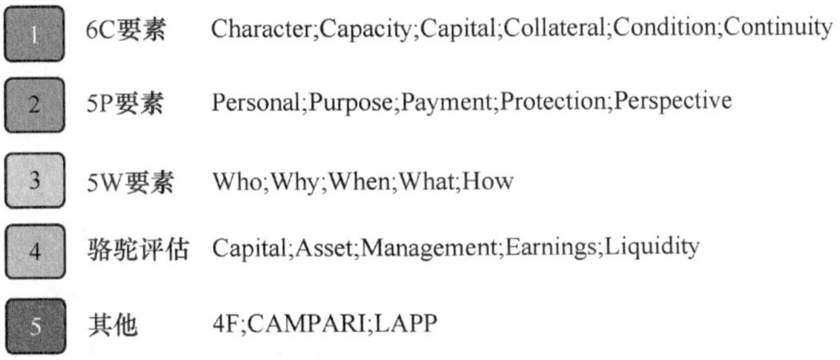

图 5-3 简单打分法

（1）6C 要素打分法。该评价法是非常简明易行的一种方法，由 Character（品格）、Capacity（能力）、Capital（资本）、Collateral（抵押）、Condition（条件）、Community（连续性）6 个要素构成。可以看出这一方法很简单，易操作。但是其主观性比较强。大体都是根据自己的印象，或者根据一些比较粗糙的原始数据提炼出的分值。

（2）5P 要素打分法。由 Personal（个性）、Purpose（目的）、Payment（支付）、Protection（保护）、Perspective（前景）5 个要素构成。

（3）5W 要素打分法。由 Who（何人）、Why（何因）、When（何时）、What（何事）、How（如何）5 个要素构成。

（4）骆驼打分法。骆驼评估是一种知名的方法，骆驼评估 6 个要素的英文首字母拼在一起，刚好是英文骆驼（CAMELS）这个单词，这 6 个要素是资本充足性（Capital Adequacy）、资产质量（Asset Quality）、管理水平（Management）、盈利状况（Earnings）、流动性（Liquidity）和敏感性（Sensitivity）。

以上列出了几种比较流行的简单打分法，此外还有 4F 打分法——组织（Organization）+经济（Economic）+财务（Financial）+管理（Management）；CAMPARI 打分法——品德（Character）+能力（Ability）+盈余（Margin）+目的（Purpose）+数量（Amount）+偿还（Repayment）+保险（Insurance）；LAPP 打分法——流动性（Liquidity）+活跃性（Activity）+盈利性（Profitability）+潜力（Potentialities），也可以根据实际需要自己设计可行的打分指标和方法。

5.3.2.2 综合打分法

综合打分法是在简单打分法基础上发展而来的，与简单打分法的最大区别是，它对所采用的各要素的权重进行了调整，而在简单打分法中各要素的权重通常是相同的。综合打分法包括加权评分法、隶属函数评估法等，如图 5-4 所示。

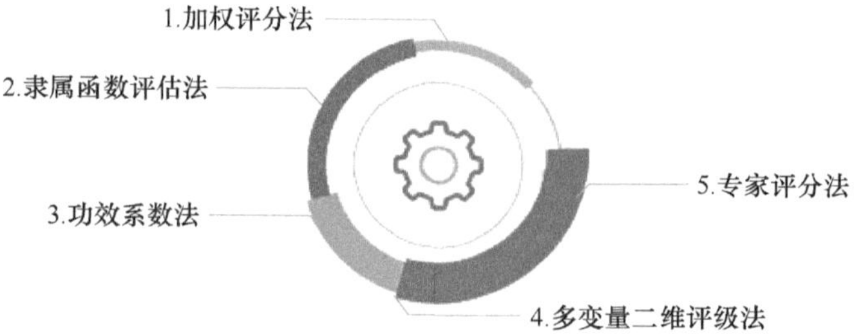

图 5-4　综合打分法

首先介绍加权评分法。这一方法对变量进行赋值，实际上可以直接沿用简单打分法，只是这一方法在赋值的时候稍微讲究了一点。前面的简单的因素分析不需要加权。比如，6C 评估法，每一项就像小学生的各门功课似的，不分权重，每一门功课不管重要不重要，不管核心不核心全是 100 分，那就是简单评分法。加权评分就不一样了，比如这门课比较重要，因此是三个学分，那门课学时短一点不太重要，就一点五学分。所以加权评分就是设定权重，然后进行平均。

隶属函数评估法比加权平分法高明一点。这一方法没有直接地去给出权重，而是用了所谓的隶属函数这个词。什么称为隶属函数？就是把权重用隶属度替换，这就称为隶属函数评估法。

功效系数法比隶属函数评估法又高明了一点，它是从功能的实现程度这个角度又做了一次计算，用功效系数替换了隶属函数，这就变成了功效系数法。

多变量二维评级法比前面的方法又进了一步，其中多变量就是选择多个变量的意思，二维就是把多目标置于时间和空间两个维度进行分析。

专家评分法就是把专家请来打分，其本质是利用专家的知识和经验等。

5.3.3　高级计量方法

5.3.3.1　中级计量方法

中级计量方法主要包括线性模型法、Altman 模型法、残差分布法三种，如图 5-5 所示。

图 5-5　信用风险中级计量方法

A 线性模型法

此类方法的原理是建立线性方程对信用风险进行计量的方法，又可以分为线性概率模型法和线性识别模型法，以下分别加以介绍。

（1）线性概率模型：用历史数据估计违约概率决定因素的效应及其系数取值，进而用于预测未来的信用状况（违约概率）。为了能够使用普通最小二乘法，必须用其他方法估计（或确定）出一系列概率值，比如专家评分法，或收集违约及未违约公司的资料，进行较长时间的观测，校准所得系数。这样就可以建立违约概率与解释变量间的线性关系，使用最小二乘法（OLS）即可估计出各参数进而进行预测。

令 P_r 代表违约概率向量，A 代表常数向量，B 代表系数矩阵，X 为解释变量矩阵，ϵ 代表误差向量，则线性概率模型的结构为：

$$P_r = A + B \cdot X + \epsilon \tag{5-20}$$

假定 $X = (x_1,\ x_2,\ x_3)$，现在有 n 个样本，则意味着如下方程组：

$$\begin{aligned} p_{r,1} &= a + b_1 \cdot x_{1,1} + b_2 \cdot x_{2,1} + b_3 \cdot x_{3,1} + \varepsilon_1 \\ p_{r,2} &= a + b_1 \cdot x_{1,2} + b_2 \cdot x_{2,2} + b_3 \cdot x_{3,2} + \varepsilon_2 \\ p_{r,3} &= a + b_1 \cdot x_{1,3} + b_2 \cdot x_{2,3} + b_3 \cdot x_{3,3} + \varepsilon_3 \\ &\vdots \\ p_{r,n} &= a + b_1 \cdot x_{1,n} + b_2 \cdot x_{2,n} + b_3 \cdot x_{3,n} + \varepsilon_n \end{aligned} \tag{5-21}$$

（2）线性识别模型：区别于线性概率模型，被解释变量为违约状态的标示值，无须估计参数，而是计算临界值。其参数可用概率模型估计。

$$Y = A + B \cdot X + \epsilon \tag{5-22}$$

1）二项判别：把信用状况分为违约和未违约两种情况，不失一般性，设违约对应于指示变量 $\lambda = 1$。

$$\lambda = \begin{cases} 1, & Y \leqslant Y^* \\ 0, & Y > Y^* \end{cases} \tag{5-23}$$

于是有，

$$p(\lambda = 1) = p(Y \leqslant Y^*) = p(A + BX \leqslant Y^*) = \int_{-\infty}^{y^*} f(Y)\,\mathrm{d}Y = \alpha = 1 - c = F(Y^*)$$

$$p(\lambda = 0) = p(Y > Y^*) = p(A + BX > Y^*) = \int_{y^*}^{+\infty} f(Y)\,\mathrm{d}Y = c = 1 - \alpha = 1 - F(Y^*)$$

但是因为 Y^* 来自实际情况，也就是统计那些实际发生违约的样本所对应的 Y 值，所以 Y^* 应该由实际情况决定，例如可以对样本采用最大似然估计确定 Y^*。确定 Y^* 之后，理论上就可以用上两式通过概率分布函数求解违约概率 $p(\lambda = 1)$ 和不违约概率 $p(\lambda = 0)$。实际中更方便的做法是，前者可用违约事例数量占小于等于 Y^* 区域内样本数量的比例得到，后者则可用不违约事例数量占大于 Y^* 区域内样本数量的比例得到。

需要指出的是，这样得到的违约概率和不违约概率准确度不高，因为决定违约的因素通常非常分散且带有明显的个性化，难以找到违约发生与否的一一对应的线性方程，所确定的临界值也只是一个平均情况，具有相当大的偏差。

2）多项判别：多项判别比二项判别对违约风险划分了更多的级别，不失一般性，可以划分任意 $n+1$ 个风险等级，假定 0 级为风险最低，n 级为风险最高，则对应于指示变量 λ 的每一个取值，都存在一个被解释变量 Y 的取值区间（与二项判别模型的临界值确定原理类似，可以采用最大似然估计得到各区间的界限），并且可以计算相应的概率，实际中该概率常用落在某一区间内的目标事例数量占该区间内全部样本的比例得到，理论上可以用概率分布函数求解。具体求解概率的原理如下：

$$\lambda=\begin{cases}0, & Y>Y_0^*\\ 1, & Y_1^*<Y\leqslant Y_0^*\\ 2, & Y_2^*<Y\leqslant Y_1^*\\ 3, & Y_3^*<Y\leqslant Y_2^*\\ & \vdots\\ n, & Y_n^*<Y\leqslant Y_{n-1}^*\end{cases} \tag{5-24}$$

$$p(\lambda=0)=p(Y>Y_0^*)=p(A+BX>Y_0^*)=\int_{y^*}^{+\infty}f(Y)\mathrm{d}Y=c=1-\alpha=1-F(Y_0^*)$$

$$p(\lambda=1)=p(Y_1^*<Y\leqslant Y_0^*)=p(Y_1^*<A+BX\leqslant Y_0^*)=\int_{Y_1^*}^{Y_0^*}f(Y)\mathrm{d}Y$$

$$=\int_{-\infty}^{Y_0^*}f(Y)\mathrm{d}Y-\int_{-\infty}^{Y_1^*}f(Y)\mathrm{d}Y=\alpha_0-\alpha_1=F(Y_0^*)-F(Y_1^*)$$

$$p(\lambda=2)=p(Y_2^*<Y\leqslant Y_1^*)=p(Y_2^*<A+BX\leqslant Y_1^*)=\int_{Y_2^*}^{Y_1^*}f(Y)\mathrm{d}Y$$

$$=\int_{-\infty}^{Y_1^*}f(Y)\mathrm{d}Y-\int_{-\infty}^{Y_2^*}f(Y)\mathrm{d}Y=\alpha_1-\alpha_2=F(Y_1^*)-F(Y_2^*)$$

$$\vdots$$

$$p(\lambda=n)=p(Y_n^*<Y\leqslant Y_{n-1}^*)=p(Y_n^*<A+BX\leqslant Y_{n-1}^*)=\int_{Y_n^*}^{Y_{n-1}^*}f(Y)\mathrm{d}Y$$

$$=\int_{-\infty}^{Y_{n-1}^*}f(Y)\mathrm{d}Y-\int_{-\infty}^{Y_n^*}f(Y)\mathrm{d}Y=\alpha_{n-1}-\alpha_n=F(Y_{n-1}^*)-F(Y_n^*)$$

需要指出的是，这样得到的违约概率常会出现级别倒错，即低级别与高级别的违约概率出现交叉，造成信用级别高的样本反而比信用级别低的样本违约概率高。

B Altman 模型法

a *Z* 模型

Z 模型由 Altman 于 1968 年提出。其本质是一个线性识别模型，是 Altman 把线性识别原理运用于具体行业（制造业）得出的具体模型。令 X_1 代表营运资金比率，反映流动性

特征；X_2 代表留存比率，反映连续性特征；X_3 代表息税前利润率，反映盈利性特征；X_4 代表市值债务率，反映杠杆率特征；X_5 代表总资产周转率，反映经营能力特征，则 Z 模型可表示如下：

$$Z = 0.012X_1 + 0.014X_2 + 0.033X_3 + 0.006X_4 + 0.999X_5 \tag{5-25}$$

Z 模型有两个临界值，一个是 1.81，当样本的得分低于 1.81 时，其违约的概率很高；另一个是 2.99，当样本得分高于 2.99 时，其违约的概率很低。

需要指出的是临界值的确定问题。可行的做法是：首先采用最大似然估计针对全部样本得到各变量的系数，然后把全部样本分为 3 组，高风险组（由已经违约和将要违约的样本构成）、中风险组（由信用状况一般的样本构成，但有个问题，如何知道这些样本比较一般？可以采用经验判断的做法，比如其各项指标基本处于全部样本的中间水平，例如每项指标都处于前 10%~70%的区间）和低风险组（其各项指标均处于总样本的顶部，例如每项指标均处于前 10%），这样就可以把每一组的上下限计算出来，再采用最大似然估计确定两个临界值。

b *ZETA* 模型

ZETA 模型由 Altman、豪德曼（Haldeman）和奈拉亚恩（Narayanan）合作于 1977 年提出。其本质仍是一个线性识别模型，是对 Altman Z 模型的拓展，该模型基于对各类非金融类企业信用风险成因的总结，因此比 Z 模型具有更大的适用范围。令 X_1、X_2、X_3、X_4、X_5、X_6、X_7 分别表示资产收益率、收益稳定性、债务偿付能力、持续盈利能力、流动性、资本化程度、规模，则 *ZETA* 模型可表示如下：

$$ZETA = aX_1 + bX_2 + cX_3 + dX_4 + eX_5 + fX_6 + gX_7 \tag{5-26}$$

式中，模型中的 a、b、c、d、e、f、g 分别是变量各自的系数，可以采用最大似然估计得到。

C 残差分布法

首先对线性概率模型 $P_r = A + B \cdot X + \epsilon$ 中的残差项 ϵ 进行分析，判断其所服从的具体分布类型，然后按照选定的分布计算被评样本高于或低于临界值 Z 的概率，以此判别样本的信用水平。残差是实际观测值与模型估计值的差。对于每一个信用风险，当使用线性概率模型进行预测时，模型估计的违约概率值与实际观测的违约概率值总会存在一定的偏离，这就形成了一组残差数据。根据统计学原理，残差不同的样本不应该用相同的回归模型，而应该分别建立不同的模型。已有的经验表明，如果残差序列符合标准正态分布，则使用 Probit 模型对其违约概率进行估计更为合理；如果符合逻辑分布，则使用 logit 模型进行估计。残差的分析相当于单位根检验或误差修正模型，其目的是防止伪回归，是对线性概率模型的改进。

5.3.3.2 高级计量方法

高级计量方法主要包括 Riskcalc 模型、风险中性定价模型、MR 模型、Creditmetrics 模型、KMV 模型，如图 5-6 所示。

图 5-6 信用风险高级计量方法

A Riskcalc 模型

这一模型的主要步骤为挖掘风险因素→筛选主要因素→确定分布类型→建模→测试→矫正，如图 5-7 所示。

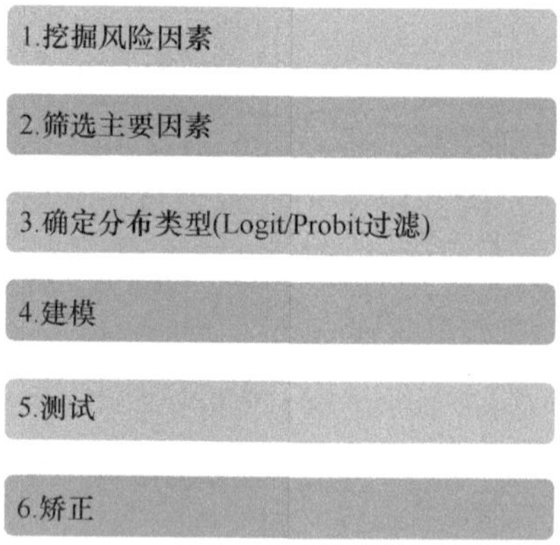

图 5-7 模型基本步骤

B 风险中性定价模型

要了解这一模型，必须搞清楚三个问题：什么是风险中性，如何确定收益率，违约概率怎么计算？学习风险中性定价模型需要掌握的内容如图 5-8 所示。

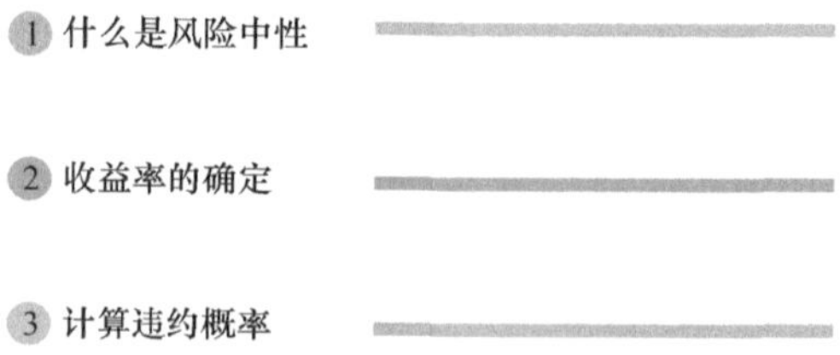

图 5-8 学习风险中性定价模型需要掌握的内容

所谓风险中性是指当事人对风险不存在任何偏好的情形，既不回避也不追逐的状态。

模型中涉及两个收益率：一是要对其进行风险测量的资产的收益率，二是无风险收益率，前者通常根据市场交易数据进行计算，一般取市场收益率的平均值；后者一般采用同期国债利率。由此可以通过下式计算出违约概率：

$$p(1+r_i)+(1-p)(1+r_i)\cdot\theta=1+r_f \tag{5-27}$$

式中，p 为不违约的概率；θ 为风险资产的回收率；r_i 为风险资产的收益率；r_f 为无风险收益率。

C MR 模型

MR（Mortality Rate）模型可称为坏账率模型，其核心指标有 MMR、MSR、CMR 三个，分别介绍如下。

（1）MMR。MMR 是英文边际坏账率（Marginal Mortality Rate）的缩写，用以测量单位时间内发生违约的比例，可用式（5-28）计算：

$$MMR=\frac{x_t}{X_t} \tag{5-28}$$

式中，x_t 和 X_t 分别代表第 t 时期里发生违约和全部债务的数量。

（2）MSR。MSR 是英文边际存续率（Marginal Survival Rate）的缩写，用以测量单位时间内未违约的比例，可用式（5-29）计算：

$$MSR=1-MMR \tag{5-29}$$

（3）CMR。CMR 是英文累计坏账率（Cumulative Mortality Rate）的缩写，用以测量单位时间内未违约的比例，可用式（5-30）计算：

$$CMR=1-\prod_{t=1}^{T}MSR_t \tag{5-30}$$

D Creditmetrics 模型

这一模型的基本思想是（见图 5-9）：信用状况由信用等级显示、信用等级变化引起信用工具价值变化、信用工具影响资产组合的风险情况。该模型的基本步骤为（见图 5-10）：确定每种工具的信用等级→确定信用等级变化概率矩阵→确定信用等级变化而导致的信用工具价值变化→确定组合在不同信用等级下的状态值→估计各种信用工具之间的相关系数→估计各种状态的联合概率分布，由此得出组合作为一个整体的概率分布，从而在确定的置信水平上找到该组合的 *VaR* 值，进而得到每种信用工具的风险贡献率。学习该模型需要掌握一个重要的公式如下：

边际风险贡献率 = 组合在险值变化 / 信用工具数量变化

E KMV 模型

这是一个非常著名的模型，也是比较权威的国际信用评级公司普遍使用的模型。它是三位学者（Stephen Kealhofer，John McQuown and Oldřich Vašíček）共同创建的，因此用他们的姓氏首字母来命名。1989 年，他们因此方法在旧金山建立了 KMV 公司，2002 年被穆

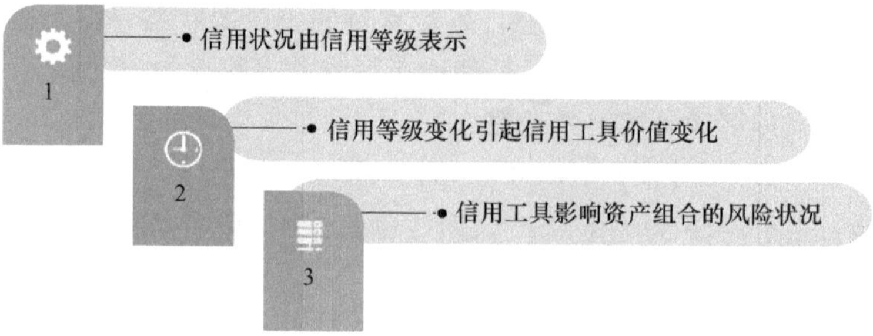

图 5-9 Creditmetrics 模型的基本思想

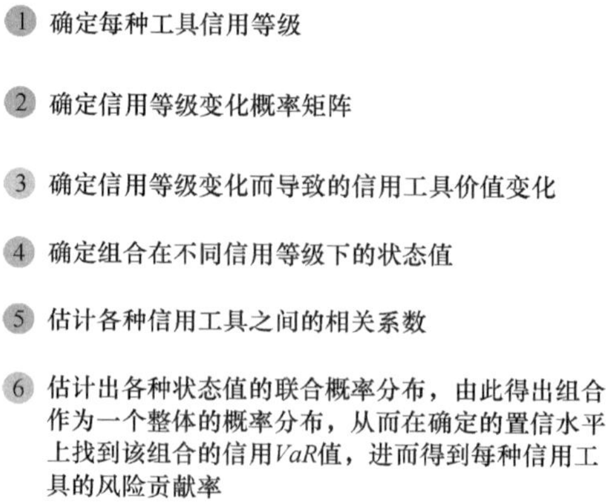

图 5-10 Creditmetrics 模型的基本步骤

迪公司收购。该方法基于莫顿（1974）发表的期权理论。这个模型之所以出名，很重要的原因之一是它使用了金融理论里非常著名的期权理论。也就是，这个模型有着非常坚实的理论基础，同时又非常实用，因此也被众多的信用评级机构所看重。

（1）模型的核心思想。

1）以预期违约频率（expected default frequency）作为分析企业信用风险的工具。

2）违约定义为企业不能正常支付到期的本金和利息，并认为当企业的市场价值低于企业负债水平时就会发生。

3）有关 EDF 的信息可以在上市公司股票的市场价格中挖掘。

4）公司资产的市场价值从概念上被认为等于公司的债务+股东权益。

5）由于公司负债的账面价值的波动性可以视为 0，所以，企业资产市值的波动性可以视为等于公司股票市值的波动性。

该模型有两个关键概念（见图 5-11）：实物期权、预期违约频率（EDF）。

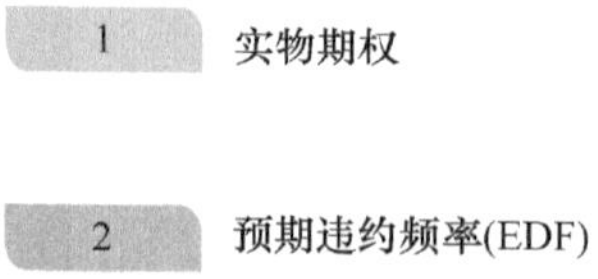

图 5-11 KMV 模型的关键概念

首先谈谈实物期权理论，KMV 模型从实物期权这个角度找到了对项目或者产品或者客户等各种评价对象进行信用评级的方法。

实物期权实际上只是借用期权的概念，并没有建立正规的期权合约。但是可以按照期权的原理对实际的项目、产品等的价值进行分析。具体而言，比如投资一个项目，这个项目进行到一段时间后发现，未来的市场预期前景不好，从期权的角度来讲就可以采取两种方式不同的策略：一种是继续下去，另一种是放弃。也就是最开始的时候认为一个有价值的项目，可以先进行一定的投资，等到投资进行到一定时间之后，有这样的机会做一个选择：是继续进行下去，还是就此打住。这实际上就是一个选择权，它不是一个标准意义上的期权，但是可以借助期权的道理来加以分析和评价。

其次，了解一下预期违约频率这个概念。预期违约频率代表了企业、客户或者事件事项等所存在的信用风险的水平。预期违约频率越高，信用风险就越大，反之就越小。预期违约频率是 KMV 模型赖以给出信用评级或者信用得分的根本指标。

（2）*EDF* 的求解。

1）参数法。也就是借助实物期权这个原理，把相关的参数带进去，得出预期违约频率的计算值。*EDF* 主要取决于三个关键变量，如图 5-12 所示，即以企业资产市值表示的企业市场价值、代表违约触发点的企业负债水平（K）[①] 和以标准差表示的企业资产价值的波动性。同时 *EDF* 建立在“违约距离” *DTD*（Distance to Default）的概念上。所谓违约距离指超额资产相对于资产波动幅度的倍数。

图 5-12 参数法求解 *EDF* 的三个关键变量

$DTD=\dfrac{资产市值-违约触发点}{资产市值波动率\times资产市值}$[②]，这里为以百分比表示的波动率，即标准差与均值之比，而不是标准差本身。

基于 *DTD* 概念，可以得到用于计算 *EDF* 的一个经验公式[③]：

$$EDF=企业资产价值的波动率(相对值)/DTD \tag{5-31}$$

2）数值法。所谓的数值法就是测量大量的预期违约频率和违约距离数据，形成一个

① 通常认为 K 等于长期债务加上一半的短期债务（王周伟等认为是流动负债加上长期负债的一半）（迪迪埃·科森（Didier Cossin）和于格·皮罗特（Hugues Pirotte）：高级信用风险分析，机械工业出版社，2005）。

② 朱淑珍主编：金融风险管理（第二版），北京大学出版社，2015。作者认为不能直接计算违约频率，只能通过经验数值估计。

③ 此式的理由是，对于同样的违约距离，资产波动性大的企业更容易违约，即违约频率与违约距离成反比，与资产波动性成正比。

数据库，进而绘制出反映二者关系的曲线，这条曲线就代表了二者之间的函数关系。具体做法是，基于一个未在事先进行“特设”分级的大型数据库，进而绘制出 *DTD* 与实际违约频率之间关系的曲线，将 *DTD* 值与实际违约频率联系起来，待求的 *EDF* 可以看作该曲线上的点（见图 5-13）而得到。[17]①

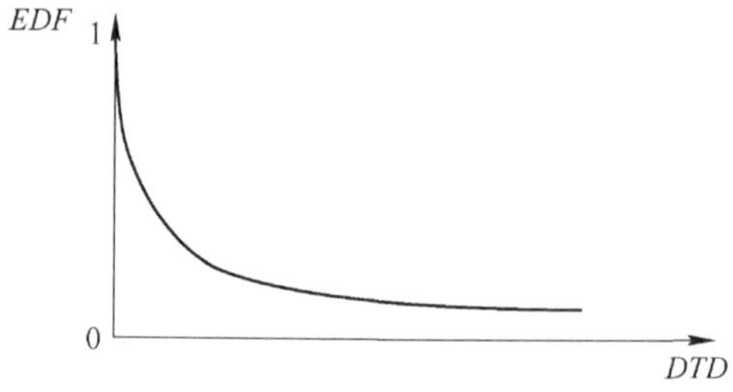

图 5-13 使用数值法求解时绘制的曲线

5.3.4 计量实例分析

（1）1000 笔 2 年期等额本息贷款，每个季度发生 10 笔违约，问两年内面临的违约率？

解法一：

$$CDR = 1 - CSR_n$$

$$= 1 - \left(1 - \frac{10}{1000}\right)\left(1 - \frac{10}{990}\right)\left(1 - \frac{10}{980}\right)\left(1 - \frac{10}{970}\right)\left(1 - \frac{10}{960}\right)\left(1 - \frac{10}{950}\right)\left(1 - \frac{10}{940}\right)\left(1 - \frac{10}{930}\right)$$

$$= 1 - \frac{990}{1000} \times \frac{980}{990} \times \frac{970}{980} \times \frac{960}{970} \times \frac{950}{960} \times \frac{940}{950} \times \frac{930}{940} \times \frac{920}{930}$$

$$= 1 - \frac{920}{1000} = \frac{80}{1000}$$

解法二：

$$CDR = MDR_n = \frac{80}{1000}$$

解法三：

$$CDR = \sum_{t=1}^{n} SDR_{t,t-1} = 1 \times \frac{10}{1000} + \frac{990}{1000} \times \frac{10}{990} + \frac{980}{1000} \times \frac{10}{980} + \cdots + \frac{930}{1000} \times \frac{10}{930}$$

$$= \frac{10}{1000} + \cdots + \frac{10}{1000} = \frac{80}{1000}$$

（2）预计某一面额为 100 元的零息债券资产在下一期中的价值分布见表 5-1。试计算：1）该资产在下一期中置信水平为 99%时的信用在险值；2）非预期信用损失。

① 迪迪埃·科森（Didier Cossin）和于格·皮罗特（Hugues Pirotte）：高级信用风险分析，机械工业出版社，2005。

表 5-1 价值分布

状态标识	1	2	3	4	5	6	7	8	9	10	11	12
债券价值	45	50	55	60	65	70	75	80	85	90	95	100
频数	1	2	3	4	6	9	13	16	19	14	9	4

解：根据题给条件计算得到以下指标值：

状态标识	12	11	10	9	8	7	6	5	4	3	2	1
单状态发生概率	0.04	0.09	0.14	0.19	0.16	0.13	0.09	0.06	0.04	0.03	0.02	0.01
单状态违约损失率	0	0.05	0.1	0.15	0.2	0.25	0.3	0.35	0.4	0.45	0.5	0.55
单状态预期违约损失	0	0.45	1.4	2.85	3.2	3.25	2.7	2.1	1.6	1.35	1	0.55
累计发生概率	0.04	0.13	0.27	0.46	0.62	0.75	0.84	0.9	0.94	0.97	0.99	1
单状态违约损失值	0	5	10	15	20	25	30	35	40	45	50	55

累计发生概率 99%所对应的单状态违约损失值就是所求的信用 *VaR* 值，即：

$$C \rightarrow VaR = 50 \text{ 元}$$

非预期信用损失可以用信用 *VaR* 值减去预期信用损失得到，即：

$$UCL = C \rightarrow VaR - ECL$$

预期违约损失等于单状态预期违约损失的和，即：

$$ECL = 20.45 \text{ 元}$$

于是得到：

$$UCL = 50 - 20.45 = 29.55 \text{ 元}$$

（3）某上市公司在 t 和 $t+1$ 时期的有关数据见表 5-2，其中 K 代表违约触发点。试根据 KMV 模型计算该公司 t 和 $t+1$ 时期的违约距离 *DTD* 和预期违约频率 *EDF*。

表 5-2 数据

相 关 指 标	t	$t+1$
股份市场价值	16.80 亿美元	18.30 亿美元
资产市场价值	16.60 亿美元	16.20 亿美元
负债账面价值	5.80 亿美元	6.90 亿美元
资产价值波动率	16%	18%
K	$ 6.80	$ 6.60

解：

违约距离 *DTD*＝(资产市场价值－违约触发点 K)/资产波动幅度

于是可得：

t 年的违约距离 = (16.6 − 6.8)/(16.6 × 16%) ≈ <u>3.69</u>

t + 1 年的违约距离 = (16.2 − 6.6)/(16.2 × 18%) ≈ <u>3.29</u>

预期违约频率 EDF = 资产波动率 /DTD

于是可得：

t 年预期违约频率 = 16%/3.69 ≈ <u>0.04</u>

t + 1 年预期违约频率 = 18%/3.29 ≈ <u>0.05</u>

5.4 信用风险的管理

本章第一节就阐述了信用风险具有一定特殊性，这决定对其管理与其他风险有着较大的不同。前已指出，信用风险一旦发生，缺少有效的手段加以解决，这就要求对其管理上应特别强调提早、及时作出安排，因此信用风险管理的根本策略可以概括为预防、监测和处置三大方面。以下分三小节加以分析。

5.4.1 风险预防

预防是风险管理的重要环节，对于降低信用风险损失非常重要，也是实际信用风险管理过程中应该常抓不懈的原则。信用风险预防的基本策略包括信用筛选（Credit Screening）、信贷配给（Credit Rationing）、履约激励、保险和经济资本配置。

（1）信用筛选。信用筛选是指提前对潜在的信用风险进行排查，过滤掉不符合要求的客户，一般从资质、品德、能力、环境、担保、发展趋势等方面加以考察。可以使用简单打分、综合打分、建模分析等方法辅助信用筛选。其目的是筛选出合规、诚信、优质的客户。

（2）信贷配给。信贷配给是指贷款方至少不完全满足借款人的借款需求，极端的情况是完全拒绝提供信贷，一般情况是根据对申请人信用风险的评估确定授信额度。在实施信贷配给时，通常借助经验判断即可，有时借助信用评级，对于比较复杂的情况需要用模型来辅助分析计算。

（3）履约激励。履约激励是指设置一定的条款或采取某些方法和手段，鼓励和激发当事人履约的意愿，抑制或阻止其违约的动机或行为。履约激励主要包括设置担保和设置约束条款两种情况。这里担保包括各种具有保障性作用的措施或手段，而不限于具体的担保业务或产品，具体措施或手段可参考本章 5.2 节。约束条款是指设置一些规定，约束当事人可能采取的增加信用风险的行动。最常用的约束条款就是规定当事人必须在某个期限内支付款项，逾期将承担高额赔偿。

（4）保险。保险是指为存在风险的事项购买一种保障，当约定的风险发生时，保险人向被保险人支付规定的补偿。在信用风险管理中，保险也是一种很常用的手段，一般可以分为普通保险和专门保险两种情况。这里普通保险指那些已经广为接受的保险种类和业务，在信用风险领域最为典型的是存款保险，这一险种已经成为一个健全信用风险防控体系的标志。专门保险是指尚未普遍商业化根据当事人的需要而定制的保险服务类型。

（5）经济资本配置。经济资本是指系统维持运转所需的最低资本量。其功能是当系统遭遇严重风险损失时仍能维持运行。用法是当发生非预期损失时，用于弥补该损失。经济资本配置就是对可能发生的非预期信用风险实现保留相应的准备金，一旦出现意外信用损失就用此准备金加以补充。在具体实施中，经济资本配置具有两层含义：一是对经济资本的总量做好预算，二是对经济资本的结构做好安排。

5.4.2 风险监测

监测是对处于进行中的事项进行管控的常用方法。信用风险管理中，监测是非常重要的方面。其目的是获取充分及时的信息，为信用风险管理决策提供支持。过去对风险监测重视不够，往往只重视事前审查和一旦风险发生如何处理，而对中间过程疏于管理，但随着风险理论与实践的发展，如今风险监测已经成为信用风险管理不可缺少的重要内容，并朝着制度化和规范化方向发展。

规范的制度化的风险监测一般有风险预测、风险报告、风险预警三个要件。以下对这三个要件作出简要说明。

（1）风险预测。从规范化的角度看，风险监测不应是时有时无的自发行为，也不应满足于实时观察的层次，而应制定详细的规则和流程，并且按规定时间和要求提供具体的预测结果。风险预测就是及时、准确和规范地对风险作出描述和判断的工作。具体内容应该包括风险的来源、风险的类型、风险的成因、风险的可能后果、可行的应对建议等。一般由专人负责完成并向上级报送。

（2）风险报告。风险报告是比风险预测更为详尽的风险评估和应对措施分析，一般由指定的部门完成，经主管机构批准之后方可生效或对外发布。在报告完成的过程中通常要经过有关领导及专业人士的讨论和研究，最终形成文件。风险报告的发布频率比风险预测低，常见的做法是按规定时间定期发布，比如按月、按季度和按年度。报告的内容不仅涵盖了风险预测的所有方面，而且包含较为细致的分析过程、相关的数据和依据等，相当于一份详细的说明书。

（3）风险预警。预警是对将要发生的风险发出警示的行为，一般只在风险达到一定严重程度的时候才采用，目的是防止因重视不够造成损失。与风险预测和风险报告不同，风险预警通常不提供具体说明，而只对风险的严重程度作出简略描述，并提醒相关当事人注意。

5.4.3 风险处置

风险处置是当风险发生时采取的各种应对措施的统称，主要做法有转让、重组、证券化、开发衍生品、谈判斡旋、法律保护。通过这些方法，能够对出现的信用风险作出有效管控和化解。以下对这些做法分别作出简要说明。

（1）转让。简言之，转让就是把风险转让给别人，但不要理解为转嫁。转让是双方经过协商而达成的一种交易，转嫁是在对方不知情或不愿意情况下的单方面行动。为什么有人愿意承接风险呢？这是不同的人对风险有不同的承受和处置能力使然，因此很多信用风险可以通过交换而被转移出去。现实中保险公司乃至银行都是经营风险的部门。

（2）重组。重组就是对资产、事项或业务重新配置、组合，达到规避或降低风险的目的。最为常见的重组是资产重组。在信用风险管理中通过资产重组，能够在一定程度上降低风险，其原理是通过调整期限、种类等办法，降低因期限错配或种类错配而引起的信用风险。例如对于即将到期的信用贷款，如果借款人发生短时偿还困难，可以通过分期偿还的办法来缓解。

（3）证券化。就是把普通的资产开发为可交易的证券的手法，目的是方便资产的分割和交易等。通过证券化能够把本来不易交易流动的资产盘活。应用在信用风险管理上，可以把信用风险开发为可交易的证券，实现转移风险的目的。例如曾经引发全球金融危机的美国次级债券，它就是一款证券化产品。注意，次级债危机是监管不力引起的，合理使用证券工具对于管理信用风险是完全可行的。

（4）开发衍生品。广义的衍生品包括证券化，但通常把衍生品限定在一个较小的范围内，主要指互换、远期、期货、期权四类衍生品。用衍生品管理信用风险的原理是，把含有信用风险的事项开发为衍生品，从而实现可交易，达到转移风险的效果，但这些衍生品通常并不执行实物交割，这也是衍生品与证券化等其他风险转移方式的重要区别。

（5）谈判斡旋。在信用风险管理中，谈判斡旋往往能起到意想不到的效果。这是为什么呢？前面曾经讲过，信用风险本来与人的主观动机有直接关系，一些时候信用风险就来自当事人有意而为，如果能够找到合适的中间人以适当方式从中斡旋调解，就很可能排除争议，消除或缓解信用风险。

（6）法律保护。法律保护是指通过法律手段对信用风险加以处置的做法，其本质是借助司法强制力和威慑力督促当事人履约。需要注意的是，为了使法律保护切实可行，需要事先了解相关法律条款，还要把相关约定明确地体现在合同条款中，因为法律难以对没有明确约定的权益采取有效保护。例如一笔借款，为了防止对方赖账，至少应该签署一张借据，载明借款的金额、时间以及需要归还的日期，否则当对方违约时难以提供有效证据证明对方违约，而法院无法支持缺乏有效证据的权利主张，这样就会给自己维护权益造成障碍。

5.5 本章小结

第 5 章主要介绍了信用风险以及其管理的相关内容。具体而言，本章从信用风险的概念入手，逐步引出信用风险的重要识别方法、计量方法，以及信用风险管理等知识，并加以介绍。

（1）信用风险的概念。重点阐述了信用风险的定义、类型、成因以及其性质。其中最重要，也是学习本章必须先掌握的，就是信用风险的定义。对于这一知识点，可以这样表述：信用风险是不能或不完全履行承诺或义务的可能性。在了解这一定义的基础上，学习者应当进一步加强对 5.1.1 节中关于信用风险定义的 3 点解读进行理解。

关于信用风险的类型与成因，本部分首先从 7 个角度对信用风险的类型进行了分类，有助于学生们对信用风险的类型形成全面深刻的理解，然后论述了信用风险的根本成因是有限责任和资源约束的道理，掌握这个道理就抓住了信用风险的根源，对于理解信用风险及其管理至关重要。

本部分的第 3 个重要内容是信用风险的性质和特征，可以被归纳为与违约有关的损失的可能性、个别性、关联性、难以转移分散、难以实时预测。其特征可以被归纳为分布不对称、信息不对称、非系统性。

（2）信用风险的识别。主要阐述了信用风险的识别原理、信用风险的识别方法等内容。关于信用风险的识别原理，本书总结了 3 大原理，认真体会有助于加深对信用风险识别的理解；关于信用风险的识别方法，本书归纳了 8 种主要方法，认真学习领会这些方法有助于增强风险管理的实践能力。

（3）信用风险的计量。本部分比较全面地归纳总结出十余种计量方法，并把它们划分为初级、中级和高级 3 个层次，完整学习和掌握这些内容对于提高风险计量的实际能力大有裨益。信用风险的初级计量方法被划分为简单打分法和综合打分法加以分类介绍；信用风险的中级计量方法主要介绍了线性模型法、Altman 模型法和残差分布法；高级计量方法主要介绍了 Riskcalc 模型、风险中性定价模型、MR 模型、Creditmetrics 模型、KMV 模型。

（4）信用风险管理。本部分提出了信用风险管理的 3 大支柱，即信用风险预测、信用风险监测、信用风险处置，由此形成了信用风险管理的主体逻辑。而后对每一支柱所包含的道理和所涉及的具体措施进行了分析。

总之，本章所讲述的内容旨在为学生们搭建起理解信用风险的整体框架，形成清晰的理论知识脉络，澄清重点概念、理论、方法和知识点。

思考与练习

（1）根据表 5-3 中的数据，计算置信度为 99.9%的非预期信用损失。

表 5-3　习题数据

债券	信用风险暴露/万美元	违约概率
A	100	0.02
B	150	0.08
C	110	0.03

（2）一企业在 t 和 $t+1$ 时期的有关数据见表 5-4，其中 K 代表违约触发点。试计算违约距离和预期违约频率。

表 5-4 习题数据

相关指标	t	$t+1$
股份市场价值/万元	8.3	8.1
资产市场价值/万元	13.8	13.6
负债账面价值/万元	5.2	5.8
资产波动率/%	13	11
K	4.1	4.2

(3) 预计某一面额为 100 元的零息债券资产在下一期中的价值分布见表 5-5。计算该资产在下一期中置信水平为 99%时的信用在险值。

表 5-5 习题数据

状态编号	1	2	3	4	5	6	7
债券价值	50	55	60	75	85	95	100
频数	1	3	6	8	10	13	5

(4) 什么是信用风险?
(5) 简述信用风险产生的根源。
(6) 试论述信用风险管理的主要方法。
(7) 简述集团法人客户信用风险识别的主要内容。
(8) 简述信用损失的计算方法。
(9) 举例说明简单打分法的基本原理。
(10) 简述多变量二维评级法的基本原理。
(11) 为什么专家评分法是一种可行的信用计量方法?
(12) 简述信用风险的风险中性定价计量模型原理。
(13) 简述 Creditmetrics 模型的基本原理。
(14) 举例说明预期违约频率的内涵。
(15) 推导预期违约频率的计算公式。
(16) 如何使用数值法求解预期违约频率?
(17) 简述信用风险预防的基本策略。
(18) 信用风险监测的要件有哪些?
(19) 简述信用风险处置的几种主要做法。
(20) 举例说明现实中的信用风险，并给出风险管理方案。

6 操作风险管理

6.1 操作风险的概念

本章介绍操作风险管理，第一是概述，对操作风险的整体架构作出讲解，介绍操作风险的基本内涵。其余内容安排为：第二，如何来识别操作风险；第三，操作风险的管理策略与措施；第四，管理体制；第五是实施；第六是案例分析。学习的重点是前三项。

6.1.1 操作风险的定义与规范描述

操作风险的界定比起其他风险要复杂得多。例如信用风险是指因他人未能或未及时履行合约而造成经济损失的风险，可以通过违约方违约时重置现金流的成本来计量；市场风险是指因金融市场价格变动而遭受损失的风险。而操作风险的内涵非常宽泛，涵盖了银行经营活动中所有与业务操作相关的风险，包括与信用风险和市场风险相关的操作风险。[19] 在此特别说明，操作风险不包括策略风险、声誉风险和法律风险。如果读者曾考过驾照，就会意识到操作风险是非常重要的。即使没有考过驾照，从骑自行车中也可以理解操作风险是怎么回事，操作风险是由于存在操作失误的可能性而引发的风险。比如骑自行车，当碰到行人、其他骑行者、机动车，如果处置不当就有可能发生危险，而这是直接由于操作引起的，是最普遍的一种操作风险，以上例子是为了让大家理解操作风险。请读者将定义的核心点落在操作故障里。接下来再具体做一点解释，比如骑自行车时，由于选择路线的问题出现了意外，那么不能一开始决定走某条路这件事情是操作风险，这是决策风险，操作风险就落实在操作这件事情，之前和之后不要再追究。声誉风险是之后的事情，策略风险是之前的事情。比如一个司机正在驾驶，由于某种故障导致了事故之后，交警会扣罚相应分值，会对信誉造成影响，但是不要把它算操作风险里面，操作风险就是操作本身。以此类推一般的管理或者企业运营的时候，法律风险和操作风险会容易混在一起，但是不要把法律风险当作操作风险。后面的章节中，读者会理解为什么容易把法律风险与操作风险混淆，因为如果不事先有个观念，就很容易把法律风险也都笼统地算作操作风险。这是不科学的，不同的风险在应对的时候采取的手段是不一样的，如果把法律风险与操作风险混淆，那么在管理上就出现和管理理论、管理策略不相容的地方，这是特别要说明的。后续展开的时候，会再进一步地给读者解释为什么法律风险容易和操作风险混为一谈。

6.1.2 操作风险的类型及成因

本节中，介绍不同的类型和成因，并介绍对类型与成因的初步识别。

第一个角度就是人为操作风险，这是基本的成因所在。具体来讲，人为类型的成因包括疏忽、违规、作弊、偷盗、破坏、欺诈，很多时候是疏忽。像“光大乌龙指”事件主要就是疏忽，事件是这样的：由于系统出现漏洞之后，员工没有进行过严格的培训，无法处理这种问题，宛若去开机动车没有考驾照。因为使用的自动交易系统，所以看管自动交易系统的人从未学过在什么样的情况下应该进行什么样的操作，当系统出现卡顿，已经填写的数据丢失，系统自动生成的数据被员工直接提交，所以该事件根本的原因是疏忽。第二是违规操作，金融行业里的很多人违规，比如违规挪用款项，违规贷款。像交通领域就更多了，比如违规驾驶，这是操作风险的一个主要成因。还有作弊，像李森导致巴林银行倒闭，实际上可以归成是作弊，出现交易损失之后，在额度比较小的时候不好意思往上报，结果小错酿成大祸，以致银行倒闭，自己入狱。还有偷盗，有监守自盗的，还有外部盗窃，比如前些年有盗窃各种国家设施，例如电缆、输气管道、油气管道，这是人为原因。还有破坏，如果去查看相关的案例的汇总，会发现各种破坏事件也是触目惊心的。最后一点，欺诈，尤其近年来，借助电信和网络进行欺诈非常普遍，防范举措之一是实时提示，比如，当进入封闭式 ATM，语音就会提示，任何只凭打电话或者是发微信就让读者转账、汇款，千万要谨慎，实际上这是一种防控操作风险的办法。防范操作风险目前也没有什么特别好的、高效的办法，以上都是人为操作风险，这是一类。图 6-1 归纳了人为操作风险的类别。

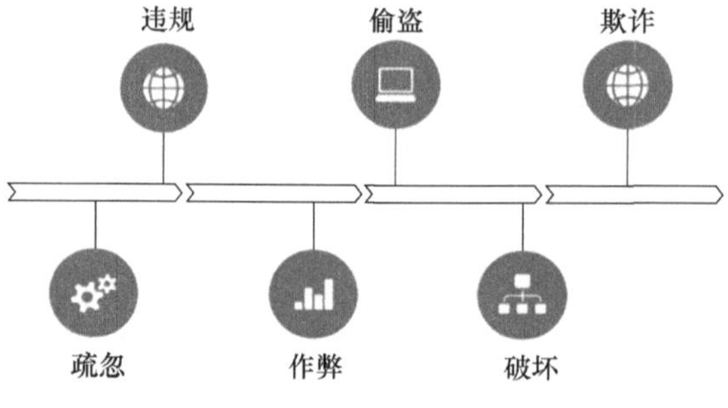

图 6-1 人为操作风险

第二类是自然因素操作风险，由于老化、恶劣天气、地质灾害、环境污染这些情况构成的操作风险。如图 6-2 所示，比如系统老化，最近有个地方大桥垮塌，造成人员伤亡，虽然可能是施工质量的问题，但是这么多年才出事，应是因为桥梁局部出现老化，所以老化也会酿成大祸，这是自然风险的非常重要的一个方面，是操作风险管控的一个基本的常识。像其他的一些设备，比如汽车、电脑，还有其他办公设施，到了一定年限都是自动报废，如果存储重要数据，一旦由于系统老化而出现突然之间数据丢失，损失就非常大了，数据找回来很困难，有时候比机械的损失要更难以挽回，一旦抹掉了之后，那就是所有的全都得重来，而且还可能做不出原来的样子，并无法回忆原有的部分资料。第二个，恶劣天气，恶劣天气有时候对于有些活动或者事情会产生非常大的影响。比如有一年由于南方出现雨夹雪的冰冻天气，造成很多电网全都出现严重故障，引起大面积停电，好多省份都受影响。在没经历类似事情之前，人们不知道它是一个需要防范的操作风险。所以为什么整个的工程技术和其他的风险防范的知识都在不断完善中，因为经验是不断积累而来，尤其是操作风险。再比如现在所有的电脑跟 20 年前电脑就有巨大的区别，尤其是 20 世纪 90 年代初期及以前，所有的电脑设备需要专门安放在有空调的房间，所有操作的人员都要换拖鞋才能进去，因为它抗外界条件干扰的能力太差，环境有一些变化，电脑就会出现状况。现在就不太一样了，哪怕电脑突然被洒上水了自动熄灭，等全部都干燥了之后就好了，现在手机可能也有这样的功能，但是十几年前那些手机如果不慎落入水池，手机基本就报废了。这就是操作风险的经验，不断被考虑进去。还有地质灾害、环境污染，比如这次新冠疫情就是环境污染的一种情形，实际上是生物污染或者病毒污染，直到现在仍然在风险的威胁之中，这是自然因素。

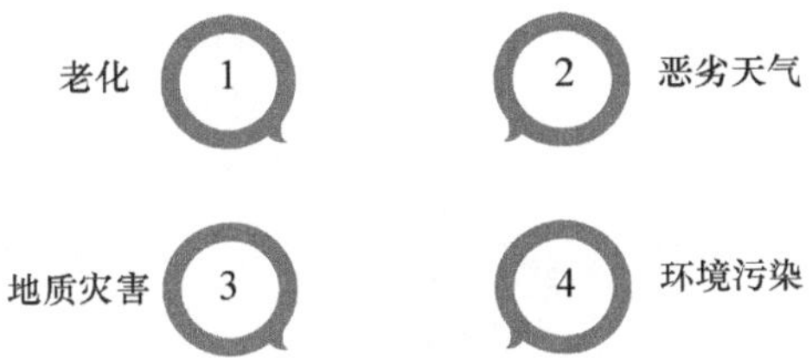

图 6-2　自然因素操作风险

第三类是技术因素操作风险。要注意，技术因素的操作风险，还有前面讲的两种操作风险，之前的书上讲得有些凌乱，而且从技术风险这个角度，涉及内容交叉重复，有漏洞。重新梳理一下，如图 6-3 所示。技术因素包括安全性、稳定性、可靠性、兼容性。首先，安全性，有些技术本身的安全性不高，就容易产生操作风险。近些年来最明显的就是波音 737Max 机型，它的技术里存在天然的安全隐患，会造成机毁人亡的操作风险。其次，稳定性，所谓稳定性不好，就是有时候某个功能能被较好地实现，有时候就不太行。如果用过早期的电脑，会发现有些开发不太成熟的程序稳定性就不好，像 WPS 早期的版本稳定性就很差，有的时候还忽然闪退，这就属于稳定性的情况。在普遍的风险管理里边都存在的稳定性问题，以及用到的各种技术都存在稳定性的问题。再次，可靠性，可靠性和稳定性的区别是什么？有些技术它所达到的效果会跟预设的目标相比距离比较大，这就是可靠性。比如无人驾驶，目前国内无人驾驶技术的可靠性还达不到市场商用的水平。无人驾驶在车速快的情况下，极有可能出现事故之后才进行危险提示，这就表明可靠性不行。最后是兼容性，兼容也是普遍存在的，比如上网课时，老师们普遍使用腾讯会议、雨课堂，但雨课堂跟很多电脑上的软件兼容性差，每次给学生发课件和思考题的时候，都要重新启动相关课件。而真正上网课的时候腾讯会议要好一点，这就是兼容性。那么在风险管理的时候，要考虑到技术的安全性、稳定性、可靠性还有兼容性。比如作为一个航空公司的首席运营官，就得考虑安全性这些事情。这就是首席运营官应该考虑的问题，至于风险管理部门，就更得拿出可靠的方案才行。

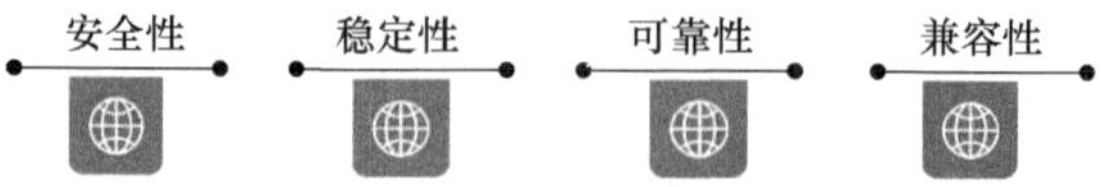

图 6-3 技术因素操作风险

下一类是流程操作风险，如图 6-4 所示，引起流程操作风险的因素主要有以下几个：

（1）信息流失；

（2）引起争议；

（3）组织脱节；

（4）责任主体缺位；

（5）功能不全；

（6）运转失灵。

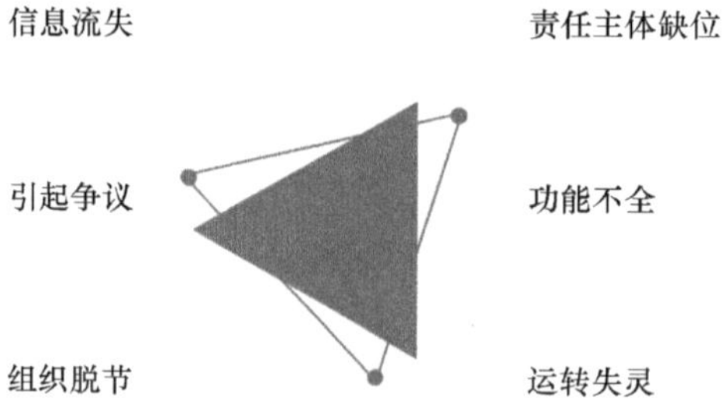

图 6-4 流程操作风险

流程操作风险，前面是技术性的操作风险，技术本身有些问题，那么流程性的操作风险主要从以上 6 个方面来讲。重点解释这些组成部分。首先是信息流失，所谓的信息流失就是应有的一些信息没有得到很好的储存和使用，这会造成严重的操作风险。比如数据库，如果电脑里边的存储的信息发生流失，都会产生很大的麻烦。有时候比实际发生物理性的损伤还会造成更严重的影响。如果读者看过二战题材的电影，会发现苏军攻入柏林之后，首先做的一件事情是抢档案而不是金银财宝，因为金银财宝不需要着急去抢，但如果档案遗失了，就会有很多（仅限于战争时代）需要定罪的人可能轻易脱网，从而没法对他进行审判。二战最后的结局是东京大审判，若没有证据，即使怀疑他罪大恶极，都没法处置他。这就是信息流失。因此，信息流失非常重要，这是一个操作风险。在网络上也好，财经新闻里头也好，包括电视广播里，有时候会听到某些国内或国外的公司过度地收集个人信息，侵害了个人的权益，个人信息，尤其是一些重要的信息，有时候比一些看得见摸得着的财富还要更为珍贵。那么操作风险在信息流失环节上也是非常突出的，这是操作风险的成因之一。责任主体缺位，也是很糟糕的一件事情。流程操作风险就是到某一个流程的时候，没有一个明确的责任主体，没有人愿意为这件事情负责任，很多时候这是造成操作风险非常重要的原因。互相推诿就是因为没有责任主体，一旦发生了事故，互相推卸责任。现实生活中也存在类似的事情，比如小区出事后找居委会，居委会提出无权干涉，找派出所公安机关，他们认为事情太小无法管理，这就是责任主体缺位，不知道谁负责。还有一种就是流程本身引起争议，这也是一种操作风险。比如美国大选应该由正式的官方公布，不是媒体宣布，这就是发生了流程性的争议。美国的大选是实行了200多年的选举制度，还存在这么严重的操作风险，可见日常生活中工作中会有多少的操作风险存在。流程操作风险里边也涉及所谓功能不全，是指流程考虑得不周全，到某一个环节之后，再到下一个环节，再到下一个环节应该怎么处置。比如召开一个国际会议，进行到哪一步之后，这个应该有什么样的一个场景，应该由谁来主持，应该怎么样，如果没有设计好，就是功能不全。还有组织脱节，组织脱节就是整个运行的团队本身交接不好，最后运转失灵。流程操作风险的最后一种成因是运转失灵，尤其在交通工具里边，比如汽车会出现刹车失灵，方向盘失灵的事故，或是像高速飞行器飞机，每次执行完一次任务之后，都要进行非常严密的检修，才能确保下一次不出问题。这都是从流程的操作风险的角度来考虑，也必须有这样的环节。或许在等飞机的时候会觉得比较着急，但飞机飞回来之后不检修就很容易出事故，国外有一些有些机场不严格执行这样的程序，那么就会造成流程中操作风险。

最后一类是事件性操作风险，如图6-5所示，事件性操作风险就是由于一个具体的事件而引起了操作风险，其中包括政治事件、经济事件、社会事件、法律事件。

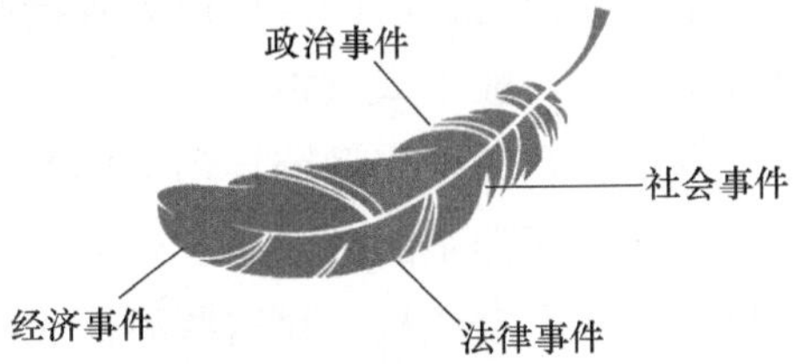

图6-5 事件性操作风险

根据图6-5分别介绍事件性操作风险。首先，是政治事件。像国外总统大选就属于政治事件。像大选期间的抗议也好，游行也好，甚至发生一些暴力冲突，都是政治事件引起的操作风险。其次，是社会事件。社会事件也会引起严重的操作风险，像新冠疫情严格来讲属于社会事件，因为它对很多的活动都造成严重的影响。比如现在资本主义国家实行的自由市场制度，经常会有罢工出现，一般的罢工上升不到政治，属于社会事件。国外发生过公交司机因为要求涨工资集体罢工，结果运营商不想为员工涨工资，双方谈判期间，所有公共交通停运，整整一个多月，地面上一辆公交车都没有，由于国外居民普遍的汽车拥有率比较高，还不受太大影响，但没有车的学生，每天靠走路去上学，住得远就更麻烦了，这就属于社会事件。经济事件就更广泛，存在更普遍，无论是由于借贷关系还是买卖交易等，都可能引起严重的事故，从而造成某一个环节运行不下去了。比如前些年还有报道，某一个省的高级别的领导资助了一个贫困学生，按照规定是每个月打资助费，后来被检查出是一个贪官，结果就不了了之了，对个人而言，这是一个经济上的事情。操作法律事件，法律上纠纷也好，或者是司法方面的处置也好，会产生操作风险。执法的过程中出现的意外纯属是法律事件，但是引起的后续的反应，可能应该远超乎当事人的预料，这是事件性操作风险。顺着这些概括4个方面，实际上日常生活、工作中广泛普遍存在着各种事件性操作风险。

6.1.3 操作风险的性质

操作风险也被国际金融界视为三大风险之一。前面已经讲了两大风险，市场风险和信用风险，操作风险位居第三。同学可能会怀疑操作风险有那么厉害吗？借着这样的一个概念，看看操作风险的背景和现状，以及全球的总体状况。

第一，操作风险的损失超过市场风险和信用风险。举一个近些年比较著名的操作风险案例，巴林银行倒闭事件，巴林银行倒闭实际上是一个中低级操作员，在新加坡为巴林银行做事，由于他伪造账户，把所有自己炒作期货发生的亏空全都打入一个隐秘的账户里去，不向上级汇报，一直隐瞒到无法挽回，使得具有这个百年以上国际声望的著名银行很快倒闭。这是由于操作风险造成的损失，超过了市场风险和信用风险。所以如果信用风险、信用欺诈、信用违约这些已经触目惊心，操作风险造成的危害更加应该有所防范。那么在一般的场景下，尤其在交通领域，由于交通事故而死亡的人几乎每秒都在发生。实际上这些交通事故绝大多数都是操作风险，或者基本上就适合归纳为操作风险。由于交通驾驶中的操作风险，每一秒都有生命在逝去，所以就可以大致揣测操作风险有多严重。尽管操作风险如此的严峻，但是金融机构一般不太重视。

第二，还拿光大乌龙事件举例，它的操作系统自动下单系统出现严重的失误，造成一分钟之内市场发生剧烈的波动，光大证券是国内鼎鼎有名的投行，出现这样的事件还不胜枚举，由这些事件就可以看出，实际上金融机构对这些事情还没有引起足够的重视。

第三，模型和工具不成熟，直到现在评价操作风险，计量操作风险没有特别精密的工具，也没有特别扎实。之后介绍计量的时候，读者会发现所有的计量方法全都是经验的，没找到特别扎实的理论根据。

第四，非模型化管理方法和控制手段居于主导地位，这也是一个现状，目前就处于这样的状况，比如蚂蚁金服事件之后，金融监管进一步加强的声音又开始热烈起来，出台新规，在注册条件、监管严厉的程度全都升格，所以这也是未来要研究的一个重点和热点，即怎么能够把操作风险用更为科学的，甚至是模型化的管理方法，有效的而且是高效地管理起来。读者去看一看新规，就会发现它实际上就是加重了相关的企业的运营成本，资本金提高了，然后办理各种的手续更困难了，也就是门槛普遍提高，但实际上对于老百姓或是想投资的人来讲，这不是件正向的作用，顶多是更加审慎了。如果坐上一个公交车或者坐上地铁，仅仅为了谨慎开得很慢，乘客会受不了。所以金融领域也一样，金融的价值就在于提供尽可能活跃的资金融通。金融的发迹之地是北欧，尤其是荷兰，大量与海外国家之间的进出口贸易，催生了现代金融的不断成长。金融的价值实际上是为了整个经济实体服务，为老百姓服务的。所以现在国际上一再强调普惠金融，什么称为普惠金融？让所有的人，尤其是能够让弱势群体也能够享受到现代金融服务很重要，所以像些民营非银行金融机构，他们开办的各种的支付业务是极大地便利老百姓。所以监管怎么才能够既能够防风险，同时还要提效率，这是学问，也是热点。

国内风险控制的形势比较严峻，主要原因之一，就是公众的金融素质、金融素养低，金融知识匮乏。这些年来，各种民间融资出现违约的情况急剧地攀升，违约的数额越来越大。现在所采取的手段就是不断升级监管，不断越管越严，但是越管越严过度了就会越管越死，这就不好了。那么另外操作风险现在也越来越成为监管的重点，如果没有一个好的监管的体系体制和机制，没有一个正确的理论指导，就等于说普通的金融机构的手被另一只更强有力的政府的手给卡住了，让怎么做就怎么做，那还哪有什么活力，企业的活力就在于给他更多的自由的自主的权利，在这之间怎么权衡是个问题，现在的一些手段相对滞后，基本就是以行程指令为手段，尤其是这几年一直以防范系统性风险作为全国的重点攻坚战之一，因此，下猛药出重拳，基本就是现在的手段。

6.2 操作风险的识别

风险识别是进行操作风险管理的第一步，是指对潜在的操作风险进行确定、筛选、排序的过程，操作风险识别就像制作一幅风险图，在图中详细说明每项业务、流程或每个部门面临操作风险事件的频率和严重性。[18]

6.2.1 识别原理

操作风险的识别原理是指在各种工作和活动中，对潜在风险进行识别和评估的方法和原则。为了确保安全和有效的工作环境，必须识别和评估这些潜在风险，并采取适当的措施进行管理和控制。在操作风险的识别中，需要关注以下几个关键要点：首先，了解操作的具体过程是识别操作风险的关键。这涉及对工作流程、任务步骤和相关操作的深入了解。通过详细了解操作的步骤和相互关系，可以更好地发现潜在的风险点。其次，识别操作风险的第二步是准确定义和描述潜在的风险。风险可以是物理的、化学的、生物的、机械的、人为的等。在定义风险时，需要考虑可能导致事故或损失的潜在因素，如不安全的工作条件、不当的操作方法、设备故障、人为错误等。然后，在操作环境中，可能存在多种潜在的危险源，如尖锐的工具、高温表面、有害化学物质等。通过对操作场所进行细致观察和检查，可以识别这些潜在的危险源。此外，还应该考虑环境因素，如气候条件、光线状况、噪声水平等。下一步，在识别潜在的风险点时，需要对操作过程进行逐步分析。这包括识别可能导致事故或损失的关键步骤和活动。通过对每个步骤进行详细分析，可以发现操作风险的来源和可能的后果。一旦潜在的风险被识别出来，就需要进行风险评估。这包括评估风险的概率和严重程度。通过评估可能性和后果的组合，可以确定每个潜在风险的风险级别，并确定哪些风险需要优先处理。在识别和评估风险后，需要采取适当的控制措施来降低风险发生的可能性和后果。这可能包括修改工作程序、提供个人防护装备、改善工作环境、加强培训等。控制措施应该根据风险级别的不同而有所区别。操作风险识别是一个持续的过程。定期监测和审查风险控制措施的有效性是非常重要的。随着时间的推移，操作过程和环境可能会发生变化，因此需要定期评估和更新操作风险的识别。

6.2.2 识别方法

在了解了操作原理的识别之后，我们可以在日常生活中应用，比如说一般在我们教室或者是一些重要的房间，都设有防火栓或者是灭火器，这实际上就是安全防火流程上的一个分析的结果。因为火灾很可能在不经意的时候发生，尤其是在像工科大学里化工系化学系这些地方，特别容易出现这种类似的情况，不仅是着火，有时候还有可能出现爆炸，那么如果你梳理流程，对各个环节和部位进行排查，就能够相当大的程度上缓解操作风险。那么识别操作风险也是一样，我们对每一个流程和环节和部位进行排查之后，就可以基本上识别出整个工程所涉及的操作风险，它的风险点以及可能的成因都可以识别出来，这是流程分析法。其次是因果分析法，二者之间有一定的交叉，但是也有着本质的区别。因果分析法就是从因果关系上推演，是你要防范的操作风险，或者你要识别的操作风险可能的成因。若在你所关注的事项上，这就是一个风险点，是因果分析法。图 6-6 总结了这两种方法。

图 6-6 识别方法

此处要引出的两种识别方法：

其一，是流程分析法。梳理一下整个你所关注、你所研究、你所需要应对的每一个环节，把它流程梳理清楚，去探究在什么环节存在操作风险的隐患。流程分析法是一种系统性的方法，用于确定工作过程中可能存在的潜在风险。这种方法通过逐步分析操作流程，识别和评估各个步骤中可能导致事故、损失或不利事件的因素。该法的一般步骤有：第一步，需要明确所要分析的操作流程，清楚了解操作流程的不同步骤和活动是进行风险分析的基础。第二步，将操作流程以图表形式绘制出来，可以帮助更清晰地理解和可视化每个步骤的关系和依赖性。操作流程图可以包括各个步骤的名称、操作者、时间顺序以及可能的输入和输出。第三步，对操作流程进行逐步分解，识别和记录每个具体的操作步骤，以便后续的分析和评估。第四步，对于每个操作步骤，识别可能导致风险的潜在因素。这些因素可能包括不安全的工作条件、人为错误、设备故障、化学品暴露、物体移动等。通过仔细观察和分析，确定每个步骤可能涉及的风险因素。第五步，对于每个识别出的潜在风险因素，评估其发生的概率。这可以基于历史数据、统计信息、专业知识和经验进行判断。例如，可以考虑相似操作过程中过去发生的事故频率来评估风险的概率。第六步，对于每个潜在风险因素，评估其发生后可能导致的严重程度。这可以涉及人身伤害、财产损失、环境影响等方面的考虑。根据风险的严重程度，将其分为不同的等级，以便后续的优先级设置和管理。第七步，根据风险的概率和严重程度，确定每个潜在风险的风险级别。

常见的风险级别分为低风险、中风险和高风险。这有助于识别哪些风险需要更重点关注和处理。第八步，根据风险评估的结果，采取适当的控制措施来减少风险的发生。这可能涉及修改工作程序、提供个人防护装备、改善工作环境、加强培训等。控制措施应根据风险级别和特定情况的要求来确定。最后，由于操作风险识别和管理是一个持续的过程。因此，定期复审和更新风险分析是至关重要的。随着时间的推移，操作流程、工作环境和风险因素可能会发生变化，因此需要定期评估和更新操作风险的识别。

通过使用识别操作风险的流程分析法，可以全面、系统地识别和评估潜在的风险，从而采取适当的措施进行管理和控制。这种方法帮助组织更好地了解工作过程中的风险，并采取预防措施来确保员工和环境的安全。

其二，是因果分析法。因果分析法就是对风险诱因、风险指标和损失事件进行历史统计，并形成相互关联的多元分布。该模型可以确定哪一种或哪些因素与风险具有最高的关联度，从而为操作风险管理指明方向。因果分析法的一般步骤如下：首先，需要收集与操作过程相关的数据。这可以包括过去的事故报告、损失记录、员工意见反馈、相关统计数据等。收集的数据应该涵盖广泛的信息，以便全面了解潜在风险。然后，在因果分析中，需要明确要分析的目标事件。这可能是一个已发生的事故、损失事件，或是已知的不良情况。定义目标事件有助于限定分析的范围，并使分析更具针对性。下一步，由于因果图是因果分析的核心工具之一，制定因果图是为了厘清导致目标事件的各种因果关系。因果图以目标事件为中心，分析并绘制与其相关的可能的直接和间接原因。这些原因可以是人的行为、工作环境、设备故障等。接下来，根据制定的因果图，首先分析并识别导致目标事件的直接原因。直接原因通常是最接近目标事件的触发因素，例如人的错误、设备故障、材料缺陷等。这些因素直接导致了目标事件的发生。对于每个直接原因，进一步追溯其根本原因。根本原因是导致直接原因出现的深层次问题或系统缺陷。在追溯根本原因时，可以使用各种分析工具来帮助识别和理解根本原因。常用的工具包括鱼骨图（因果图）、5W1H 分析（谁、什么、何时、何地、为什么、如何）、逻辑树等。然后，对于确定的根本原因，评估其对风险的影响程度。这可以根据风险的概率和严重程度来评估。一些根本原因可能具有更高的风险影响，因此需要更重点关注和处理。根据分析结果，制定相应的控制措施来减少风险的发生。控制措施应针对根本原因，并采取适当的预防和纠正措施。这可能涉及改进培训计划、调整工作程序、改善工作环境、加强监督等。最后依旧需要定期复审和更新分析结果。

6.2.3 识别实例分析

假设我们有一个电子商务公司，负责在线销售产品。我们注意到最近订单处理时间延长和客户投诉增多的问题，我们希望使用流程分析法来确定潜在的操作风险。首先，我们明确问题是订单处理时间延长和客户投诉增多。我们的目标是找出导致这些问题的流程问题或瓶颈。我们确定涉及订单处理的关键流程。这包括从接收订单到订单处理、库存管理、包装和配送的整个流程。绘制一个详细的流程图，描述涉及订单处理的各个步骤、部门和人员之间的交互。这个流程图将帮助我们理解整个流程，并确定可能的风险点。我们收集与订单处理相关的数据，包括订单接收时间、处理时间、包装和配送时间，以及客户投诉的内容和数量。这些数据将提供有关流程效率和客户满意度的线索。基于收集到的数据，我们对订单处理流程进行分析。我们关注每个步骤的时间消耗、资源利用、信息传递和协调等方面。我们还可以使用时间研究、价值流分析或其他流程分析工具来帮助识别潜在的瓶颈和问题。最重要的一步，识别风险点：根据流程分析的结果，我们确定可能的风险点和潜在的操作风险。这可能涉及处理时间过长、信息传递不及时、人员配合不当、库存管理不准确等问题。对于每个风险点，我们评估其潜在影响和发生概率。这里可以使用定性和定量方法进行评估，例如根据历史数据和专家意见来估计风险发生的可能性和影响程度。基于风险评估的结果，我们制定相应的改进措施来减少操作风险。这可能包括优化流程步骤、改进信息传递和沟通、提供员工培训、优化库存管理系统等。实施和监控：我们将实施改进措施，并监控其效果。这可能涉及流程调整、培训计划、数据收集和分析等。

当使用因果分析法来识别操作风险时，以下是一个实际的例子：假设我们有一个制造公司，负责生产家电产品。在生产线上，我们发现产品的质量问题，导致退货率上升和客户投诉增多。我们想使用因果分析法来确定潜在的操作风险因素。首先，确定问题，明确问题是产品质量问题，导致退货率上升和客户投诉增多。我们的目标是找出导致这些问题的根本原因。然后，收集数据，我们收集相关数据，包括退货记录、客户投诉记录、生产线数据、质检数据等。这些数据将提供有关产品质量问题和可能的风险因素的线索。下一步，制定因果关系图：根据收集到的数据，我们制定一个因果关系图，将各个因素进行连接和归因。例如，可能的因素包括原材料质量、生产设备状态、操作员培训水平、工艺流程等。这个图将帮助我们更清楚地理解各个因素之间的关系，并确定可能的关键因素。然后，数据分析，使用统计分析和数据挖掘技术，我们对收集到的数据进行分析，寻找与产品质量问题相关的因素。例如，我们可以使用回归分析来确定与退货率和客户投诉率相关的因素。我们还可以使用数据挖掘技术，如关联规则挖掘或决策树分析，来发现隐藏在数据中的模式和关联。下一步进行假设验证，在数据分析的基础上，我们提出一些假设来解释产品质量问题的原因。例如，我们可能认为原材料质量不稳定是一个关键因素。然后，我们使用实验设计或其他方法来验证这些假设。例如，我们可以进行原材料质量的抽样检测，以确定其是否与产品质量问题相关。最后，结果解释和根本原因确定：基于数据分析和假设验证的结果，我们解释产品质量问题的原因，并确定根本原因。例如，我们发现原材料质量不稳定确实与产品质量问题相关，而其他因素的影响相对较小。因此，我们确定原材料质量不稳定是导致产品质量问题的根本原因。通过以上因果分析的实例，我们能够识别操作风险的潜在因素，并确定根本原因，以便采取相应的改进措施。这种方法有助于我们理解复杂系统中的因果关系，并指导我们优化操作过程、改善质量控制措施以减少风险。

6.3 操作风险的计量

本节内容涉及操作风险相关的计量问题，计量不是直接计量，而是为应对操作风险应该作出多少的事先安排。因为前面已经讲过，操作风险本身就非常难以量化，它太个性化了，比一般的信用风险更难以量化，所以通常不是去计量一个操作风险能够发生的概率是多大，虽然也可以计量，但是这不是重点。重点在于万一发生了操作风险，事先应该作出什么样的一个准备。以平常的眼光看，操作风险没有规律可言，但是如果将已经发生过的操作风险事件放在较长的时间段内、用较大数量的同类型数据来进行统计，我们就会发觉操作风险常常会以稳定的概率出现，接近于服从正态分布的统计原理，这就是商业银行对操作风险进行计量的基础。[20]那么计量就给它分成两大部分，第一部分是初级计量方法，第二部分是高级计量方法。

6.3.1 初级计量方法

初级计量方法主要有两种：一种称为基本指标法；另一种称为标准法。无论是基本指标法还是标准法，都是经验公式。

首先介绍基本指标法。所谓的基本指标法就是粗略地评估用于控制操作风险的资本量。对企业来讲，考察连续三年收入问题，如果三年之中有若干年的净收入为正，处于盈利状态就计入，收入不为正就不计入。将三年中正的净收益加总，乘以一个系数再除以出现正收益年份的次数，将结果作为操作风险而预留的对冲资金，这就是所谓的基本指标法。如果把它写成一个公式：

$$K_b = GI \cdot \alpha \tag{6-1}$$

用 K 来代表为了应对操作风险而需要预留的资本或者资金，下标 b 代表基本指标，考察连续三年的 α，GI 代表净收入，包括净利息收入和非利息收入。净利息收入是得自借贷产生的利息扣除相应的成本，非利息收入包括出售证券保险的收入，这是针对金融企业。如果是一个非金融企业，就不仅仅是出售证券保险的收入，还有营业收入，其他的营业收入，所以这个公式在对金融企业和非金融企业时有所区别。通常对于金融机构来讲，阿尔法通常设为15%，也就是平均总收入的15%用来对抗操作风险，确实是十分可观的。

基本指标法比较简单，但正因为其简单过度，使用基本指标法算出的监管资本往往较高。这种方法对操作风险的计量缺少敏感性，也很难将单个商业银行的操作风险与别的银行和整个银行体系的操作风险进行比较，因此，巴塞尔委员会认为，基本指标法并不具备广泛的适用意义，仅仅适用于那些规模较小、业务范围相对单一的商业银行。[21]

第二种方法称为标准法。标准法实际上是在基本指标法基础上稍微细化了那么一点点，把原来的笼统的总收入为正这个条件细化为 8 个产品线，这 8 个产品线也都是针对金融机构而言的。从金融企业的角度来讲，所谓的标准法就是分类汇总地评估用于控制总体操作风险的资本量。对一般的企业来讲，也要做一些修正。对于金融企业可以把它的业务化成公司金融交易和销售，零售银行业务、商业银行业务支付和结算、代理业务、资产管理、零售经纪这 8 个产品线，也就是 8 个业务部门。把原来的笼统的总收入划分成了 8 类业务，再统计每类业务本身为正的总收入，而不是算全部企业的正的总收入，是每一项业务为大于 0 的总收入，依然是通常考察三年。实际上应该改成 $n+3$，因为为正的年数不总是三年，所以 n 最大就是 3，但是出现正数的年份，由实际情况决定：

$$K_s = \frac{1}{n+3}\left\{ \sum_{y=1}^{3} \max\left[\sum_{j=1}^{8} GI_{-y,j} * \beta_j \right],\ 0 \right\} \tag{6-2}$$

用 K 来表示需要预留的资金的数量，那么下标 s 代表基本指标法的一个细化，是从一加到总收益为正的年份数，但是不同的是把原来笼统的总收入变成了每一个业务。这里边用了一个最大的符号，实际上就是 0 和它之间取大的，如果这个数是负的，当然就取 0 了。当大于 0 时，乘以前面的是保险系数。这个 β 跟前面 α 不同，不同的业务赋值是不一样的。有些风险程度比较高的，比如公司金融交易和销售这些它的保险系数设为 18%，有些风险程度低的，比如代理业务这些就设为 15%。这些都是巴塞尔委员会给出的建议，它是一个经验公式，根据长时间的实践得出的一些结论，还有最低的像资产管理、零售经济、零售银行业务这些都可以设为 13%，所以标准法对基本指标法的直接的细化，不难理解经验公式就是有一个收入水平，收入能力的企业，应该拿出多少钱作为对抗操作风险的储备。表 6-1 展示了不同的产品线所对应的 β 系数。

表 6-1 产品线及对应 β 系数

产 品 线	β 值系数/%
公司金融	18
交易和销售	18
零售银行业务	12
商业银行业务	15
支付和结算	18
代理业务	15
资产管理	12
零售经纪	12
操作风险资本	$\sum_{i=1}^{8} x_i \beta_i$

相较于基本指标法，标准法对业务类型进行了划分，反映了不同业务类型风险特征的区别。然而，就算是在同一业务中，类别不同的事故类型所导致的操作风险损失也是完全不一样的，但是标准法并没有对不同的事故类别加以区分。此外，与基本指标法一样，使用标准法监管资本的计算并不直接与损失数据相联系，而且也不能反映各个商业银行自身的操作风险损失特征，因此具有较大的局限性。[21]

6.3.2 中高级计量方法

那么现在来看一看高级方法，所谓高级方法也并不是非经验的理论推演公式，也是经验公式，无非考虑得更周密一些。本节分别讲述内在衡量法、损失分布法、极值法和记分卡法。首先看内在衡量法，它是根据巴塞尔新资本协议所列风险类别和产品线类别，形成产品线类别和风险类别的组合。不同的产品涉及不同的风险，当把风险划分成7个风险类别，产品线还是前面的8类产品线，也就8大业务，两两配对之后就形成56个组合，那么测量每个组合的操作风险事件发生的概率、风险事件损失率和风险暴露规模，得出控制风险所需的资本数量，这就是内在衡量法。有些书将其翻译成内部衡量法不妥，它不是只有内部来衡量的事情，实际上外部机构更多的是用这种方法来衡量，因此它不是企业和企业外部的关系，而是从业务内在的规律出发而形成的一种计量方法，因此应该称为内在衡量法，不能称为内部衡量法。可以把它写成如下的公式：

$$K = \sum_{i=1}^{8}\sum_{j=1}^{7}\gamma_{ij} EL_{ij} = \sum_{i=1}^{8}\sum_{j=1}^{7}\gamma_{ij} EI_{ij} \cdot PE_{ij} \cdot LGE_{ij} \tag{6-3}$$

还用K来表示预留的资金的数量，用i来表示internal，因为有产品线，还有风险种类，所以有两个求和符号，依然沿用前面划定的8大产品线，所以一个是从风险的角度看是有7种风险，从产品的角度看一共有8类产品，对他们进行配置求和，依然要有一个相当于保险系数，这里边能用γ来表示，EL代表预期的损失，EI代表风险暴露，PE表示发生风险的概率，LGE表示发生风险的平均损失比率。8大产品线前面有提到，分别是公司金融交易和销售，零售银行业务、商业银行业务支付和结算代理业务、资产管理、零售经纪。7个风险类别包括内部欺诈、外部欺诈、雇佣合同及工作状况带来的风险，客户产品与业务活动带来的风险，有形资产损失风险、经营中断和系统错误风险，涉及执行交割和流程管理的风险。7大风险，8大产品形成56个组合，分公式表达出来，这是内在衡量法。

下一种高级方法称为损失分布法。损失分布法的核心是计算单个风险VaR，然后加总损失分布法，实际上是对内在衡量法的一个改进，它的本质是估计每个风险单元，进而估计整个金融机构因操作风险导致的损失。依然是把风险划分为7类，产品划分为8类，计算每个单个风险的VaR，然后加总。那么分布这个词在这里边实际指的是什么呢？是指损失。频率通常要采取一个概率分布来加以处理。常用的损失分布包括泊松分布，二项分布、对数分布、正态分布、指数分布，韦伯分布。一般来讲，最常用的损失频率，如果不严格地讲，也可以把它理解或当作概率来看待。损失频率常用的是泊松分布或者两项分布。从技术处理上稍微有些难度，但是从原理上来讲并不是很困难，这是损失分布法。

还有一个方法称为极值法，极值法实际上是计算一个临界水平下的VaR。所以几乎所有具体的风险管理中，都普遍地运用VaR来估算控制操作风险的资本量，这就是极值法。那么具体做的时候实际上是核心是要选择一个临界值，而实际上这个临界值是计算VaR值所需要找的临界点，找到发生操作风险的一个临界值，来计算VaR一个机制。目前，主要的操作风险极值理论模型是POT（Peak Over Threshold）模型，该模型通过对样本中超过某一充分大的阈值（threshold）的数据进行建模，能有效地利用有限的观察数据。当阈值趋于极大时，对于超过确定阈值的随机变量的分布近似为广义帕累托分布。广义帕累托分布可以很好地描述操作风险损失分布的“厚尾”特征。运用数据分析可以得到合适的阈值，并可以计算出一定置信水平下的操作风险 *VaR* 值。

最后一种方法称为记分卡法，这个方法其实是比较需要经验的，但是巴塞尔委员会把它列为高级方法，所以这里也只能作为高级方法来介绍，从原理上来讲主要是经验。该法是把操作风险从以下这些方面进行打分，然后汇总，形成一个最终结论，这些方面包含风险事件、风险拥有者、风险发生的可能性、风险的严重程度、管事风险的控制措施、控制实施者、控制设计、控制影响，这是一个指标体系。每一个指标下边包含具体的内容，比如风险事件在考察的一个事项里边，描述一下这个风险事件到底有多少，来决定或者请一个专家来给打个分。根据具体的情况，从这一个角度看，操作风险的程度有多大，以此类推。每一个方面都可以细化成若干个具体的内容，然后根据具体内容的描述来给出分值，每一个方面所占的权重不一样。这就如同给学生进行评价，德、智、体、美、劳 5 大方面，每个同学的情况都具体要列出来，最后根据这些具体的事项进行经验性的打分，可能打 90 分，也可能 70 分。按照这个原理，就可以把所列举的这几大方面内容全都给出分值，所以记分卡方法相对来讲理解上比较容易，但使用上受经验的影响比较大，有的时候能列举出很详细的一些内容支撑，有些时候如果经验不够，甚至都不知道每一项它应该包含哪些内容，所以它的核心在于丰富的经验，能够对这些评估指标作出非常具体的描述，以便给出比较准确的分值，这就是记分卡法。

6.3.3 计量实例分析

6.3.3.1 估计损失强度分布

在这一步中，需要收集样本数据来估计损失强度的分布。假设损失强度服从对数正态分布，使用极大似然法来计算样本数据的均值（μ）和标准差（σ），作为分布的参数估计值。对数正态分布在描述许多自然现象和金融领域中的损失分布时经常使用收集样本数据。例如，假设有一个操作活动是物品运输，我们收集了过去一年的运输损失数据。根据这些数据，可以计算出损失强度的对数正态分布的参数估计值 μ 和 σ，这将用于后续的模拟计算。

6.3.3.2 估计损失频率分布

在这一步中，需要收集样本数据来估计损失发生的频率分布。假设损失频率服从泊松分布，使用极大似然法来计算样本数据的均值，作为分布的参数估计值。泊松分布通常在描述事件发生次数的分布时使用，例如事故发生次数或损失发生次数。继续以上面的例子，假设我们收集了过去一年内发生的运输事故次数数据。根据这些数据，可以计算出损失频率的泊松分布的参数估计值，这将用于后续的模拟计算。

6.3.3.3 蒙特卡洛模拟

通过蒙特卡洛模拟来模拟损失的发生情况。假设进行 n 次模拟，在每次模拟中，根据损失强度分布产生一个随机数 a，表示该期的损失次数。然后，根据损失频率分布，生成 a 次损失的损失程度，对应于样本中的元素 b。在我们的示例中，假设进行 1000 次蒙特卡洛模拟，对于每一次模拟，根据损失强度分布（对数正态分布）生成一个随机数 a，表示该期的损失次数。然后，根据损失频率分布（泊松分布），生成 a 次损失的损失程度，这些损失程度与我们的样本数据中的元素相关联。通过蒙特卡洛模拟，我们可以获得模拟的损失数据，以更好地了解可能的损失情况，并进行后续的分析和计量。

6.3.3.4 按照实际状况，按照正态分布计算 *VaR*

在这一步中，根据实际状况，按照正态分布计算 *VaR*（Value at Risk），以评估操作风险的严重程度。*VaR* 是一个度量风险的指标，表示在一定置信水平下，可能的损失范围。根据模拟得到的损失数据，可以计算出其分布的统计特征，例如均值和标准差。然后，假设损失符合正态分布，根据所选的置信水平（例如 95%），计算 *VaR* 值。*VaR* 值表示在给定置信水平下，可能的最大损失金额。示例中，假设我们计算出模拟损失数据的均值和标准差，并假设损失符合正态分布。然后，我们可以根据所选的置信水平（例如 95%）计算 *VaR* 值，以确定可能的最大损失金额。

6.4 操作风险的管理

操作风险管理能力的提高，不仅仅取决于计量技术水平的提升，更依赖于不断深化对操作风险本质认识基础之上的操作风险管理框架构建和流程制定工作，这一点对仍处于操作风险管理初级阶段的我国银行业更如此。[22]

6.4.1 风险预防

操作风险从管理策略上来讲，主要是三大方面，每一个方面还可以再细分各种亚类更小的种类，但大的方面就这三个。管理措施和策略是两个层面，策略更带有目的性、目标性，而措施是直接实施的手段和方法，那么措施主要有：

（1）买保险。这是实际上外化策略的一个具体措施，无论是航空企业也好，交通运输业也好，各国在外化策略上都可以使用买保险的方式。

（2）外包。这也是外化策略的一个具体的实现方法。外包，这个事情自己做不好，包出去委托给其他机构去做。

（3）备份。重要的文件、数据，不要只有一份，图书馆重要的书籍都不只有一本，更何况本来就是容易出故障的电脑磁盘，如果重要的数据信息只有一份很危险。参赛人员也一样，比如参加奥运会比赛、世界杯足球，除了正式的上场队员以外，还有替补队员，这都属于备份策略。

（4）监控是作为一种具体的措施或者手段，无论是入口驾驶的摄像头，还是比如一楼保卫室都有监控室，这都属于具体的监控手段或者措施设施。

（5）最后一个管理措施，处理或者称为处置，有了操作风险，通过监控也发现了操作风险，还是要处理一下。要达到真正的控制，对风险有所控制，必须得有处理，包括怎么消除，怎么善后，怎么追责，这称为处理。比如在监控室发现了违规的情况，应该有相应的部门或者人员及时作出反应，制止这样的一种违规情况，如果马上制止，那么事后如何去追责，等等。再比如马路上开车的人都知道，很多路口是有摄像头，那么无论是压线还是闯灯，当事人无法消除违法记录，而且事后会接到一张罚单，某年、某月、某日、某时、某分、甚至某一秒，在某某路口闯红灯，罚二百元，记两分，那么这就是一个操作风险的处理的手段。

6.4.2 风险监测

每一种风险都有特殊的地方，但是大的方面又都相同，所以不断重复讲意义也不大。在市场风险和信用风险里边已经涉及管理体制的问题，操作风险也是一样，由于它的特殊性，在整个的应对各种风险的通用风险的管理体制框架内，对于操作风险再作出一点点针对性的安排就够了。执行与监督也是一样，制定的相关的规则，还有程序以及办法等，这些都要通过一定的执行和监督程序来确保操作风险的管理能落到实处。执行与监督流程如图 6-7 所示。

图 6-7 执行与监督流程

情况汇报：情况汇报是一个关键的执行和监督程序，它确保管理层能够及时了解操作风险管理的进展情况并做出相应的决策。情况汇报应该包括关键的操作风险指标、风险事件的发生与处理情况、风险控制措施的执行情况等信息。定期的情况汇报会促使管理层关注操作风险管理的重要性，并提供指导和支持来解决问题和优化控制措施。

定期考核：定期考核是确保操作风险管理得以有效执行和监督的重要程序。通过定期的绩效评估和考核，可以评估风险管理措施的有效性，并发现任何存在的问题或改进的机会。定期考核应基于事先设定的关键绩效指标和标准，以量化和客观的方式评估操作风险管理的成效。考核结果应及时通知相关责任人，并根据需要采取纠正措施或调整风险管理策略。

现场检查：现场检查是确保操作风险管理得以有效执行和监督的另一个重要程序。通过定期进行现场检查，管理层和风险管理团队可以直接观察和评估操作过程、风险控制措施的执行情况以及风险点的存在。现场检查可以帮助发现潜在的风险和问题，并及时采取纠正措施。检查结果应及时记录并通知相关责任人，以促使他们采取适当的行动来解决问题。

这三个程序的扩充有助于确保操作风险管理的有效执行和监督。情况汇报使管理层了解操作风险管理的进展情况，并为决策提供信息支持。定期考核通过定量评估操作风险管理的绩效，发现问题并采取纠正措施。现场检查则通过实地观察和评估，发现潜在的风险和问题，并及时采取措施加以解决。这些程序的结合使用可以提高操作风险管理的效果，并确保风险控制措施能够得到有效的执行和监督。

后边有两个案例，一个是光大证券交易过程中出现的操作风险这样的一个案例，这个案例发生在 2013 年 8 月 16 日 11:05，这个案例重点的信息就是这几条，时间上一分钟造成整个市场期货市场的价格上涨了 5%，造成市值增加了 3400 亿元，一分钟造成的结果是它本身涉及的金额是不到 73 亿元。起因是程序错误，由于它的一个程序设置出现问题，造成意外地提交了大量的买入订单指令，所以市场上一下子就出现了求大于供的局面。因此价格瞬间上涨，感兴趣的读者可以回去再找一找相关的材料自己细细梳理。

那么还有一个成功的案例，就是三菱的操作风险管理的经验，三菱银行实际上也是世界上著名的大银行，曾经是世界十大银行之一，但是近些年来，因为中国的银行借助中国经济不断的强势增长，以及市场庞大和人口众多，中国的几大银行跻身前位，所以三菱银行现在就在 10 名左右了，实际上它是久负盛名的国际知名的大银行，至今也是成功的银行范例，它的经验值得借鉴。概括起来有以下几点内容：

第一是制度化，如图 6-8 所示，一个操作风险把它制度化会涉及很多具体内容。三菱通过制度化建立制度建设委员会、制度检测委员会、进行专家立规测试和修改完善，使得其制度具有统一性、前瞻性和可操作性。制度的前瞻性表现在新业务上线前 6 个月，新产品出台前半个月，在后台的充分保障和支持下，该行新产品推出的步伐不断加快，市场竞争能力不断增强。制度的易操作性表现在制度细化成员工手册或岗位手册，表格列示使得员工可以快速明白。

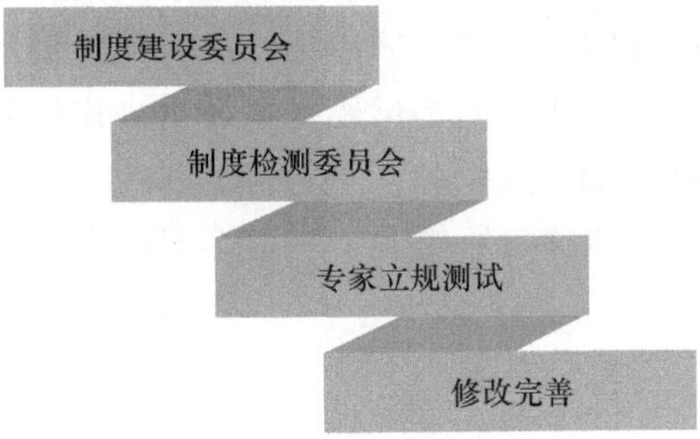

图 6-8 制度的统一性

第二大方面的经验就是程序化，对于操作风险，它不断的改进完善，形成了一套近乎完美的管理程序，运用有效的计算机系统控制再开发系统，在对系统进行升级过程中，不断地将管理和控制的原则与要求以程序的方式融入，减少人为的操作风险。

第三组织化，建立了相应的组织结构，采取合理的组织结构，使得操作风险的管理能够真正地落到实处，其中包括独立的稽核监督体系，如图 6-9 所示，在该体系中：(1) 直接向董事会报告；（2）分设检查部和监督部；（3）特派监查员；（4）表格式汇报；（5）抽查。并且将合规检查和内部检查相结合。

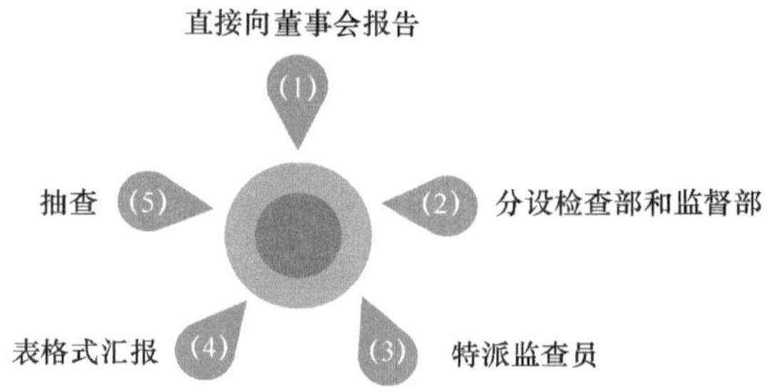

图 6-9 独立的稽核监督体系

总行内部设立行内检查部门，对总行内部进行检查。这种内部检查与合规检查相结合的检查组织体系，能够在银行内部形成风险防控的有力保障。最后，设立特殊的支援机制，总行内设事务指导部，职能包括：（1）推进银行制度和操作规程贯彻落实；（2）纠正并预防检查报告中的问题；（3）对分支行经营提出建设性意见；（4）推广分支行的好经验和好做法；（5）培训业务人员。

此外，事务指导部对分支行的一些突发、重大事件提供紧急救援机制，帮助分支行克服困难。由此证明，组织化的内容也是很扎实的，而不是一个空洞的口号。

最后，透明化，概括了几大方面的经验。（1）员工的辅导与培训，操作风险的产生很大程度上与“人”的因素有关，员工对操作过程的熟练程度、对关键控制环节的重视程度都影响着操作风险的控制与防范。每年都有针对不同层次、不同内容的大量培训。尤其值得一提的是新行员辅导和案例简报两种培训方式。新行员的辅导有师傅指导和流程研修。（2）案例简报制度，定期发送案例简报，将部分分支行发生的案件、失误以及突出问题等进行摘要分析，指出问题发生的经过、原因、应当采取的措施等。这种方式有助于员工了解风险产生的环节、防范风险的方法和具体措施，具有风险警示和业务指导的双重作用。

操作风险的管理虽然难以量化，但是想要真正懂得操作风险的重要性和价值，就应该充分地重视和挖掘操作风险管理。从操作风险的角度来讲，可以作出最深刻的理论剖析。所以在控制操作风险时，如果能够有所提升，一定会对读者的工作和学习生活产生非常重要的积极的作用。

6.4.3 风险处置

风险处置有以下几点：（1）首先外化是一种风险处置策略，它意味着将风险转移给外部的实体或机构。这种转移可以通过购买保险、签订合同、外包服务等方式实现。通过外化风险，组织可以减轻自身承担的风险责任和负担，将一部分风险转移到专业机构或合作伙伴身上。然而，外化风险并不意味着完全摆脱责任，组织仍然需要评估风险转移的成本和可行性，并确保外部实体具备足够的能力和信誉来承担转移后的风险。（2）对风险进行加固，这也是一种策略。旨在通过加强组织内部的防范措施和安全性来减少或消除潜在的风险。这包括改进操作流程、加强监控和审核、提升员工培训和意识、增加安全设备和技术等。通过加固风险，组织可以降低风险事件发生的概率或减少其影响程度。加固措施需要根据具体的风险特征和组织需求来制定，同时也需要不断监测和评估其有效性，并及时调整和改进。举个实际的例子，比如说教学楼里有些房间摆放灭火器，这个显然就说明这个房间它的用途本身，有可能是存储了一些什么重要资料等。再比如，城市的主要路口全都安装摄像头，这都属于加固措施，防止操作风险。过去一个路口上出了事故以后经常出现到底谁负主要责任难以厘清的情况，进而引起纠纷，闹到司法部门也不知道应该怎么来进行断案，架设了摄像头之后，一般来说要赖的这种动机也就大为减少，像交通事故，尤其在十字路口发生剐蹭甚至碰撞，这些事情都属于操作风险，很难避免，但是我们可以通过加装摄像头来对这样的风险实施一定的管控和缓解。一方面有了摄像头之后，司机会比较认真谨慎，另一方面万一出现了事故，摄像头就能够告诉你责任在谁。这个措施近些年来连奥运会上都使用了，过去如果裁判判球判完了，因为没有摄像头跟踪，所以也就只能说判错了就判错了。比如说像足球，以马拉多纳的“上帝之手”事件为例，尽管裁判判定这个进球有效，但判罚失去了精准性。实际上，奥运会和其他国际赛事的真正价值在于其公正性和透明性。如果这些要素缺失，就会与徇私舞弊没有太大区别。近年来，几乎所有的奥运会比赛都采取了加强措施，如有争议情况立即向主席台反映，并通过回放来判定球是否越位。这种做法是一个良好的示范，为维护比赛的公正性和透明性树立了榜样。(3) 管控，就是对于操作风险进行直接的干预和控制。这种方法过去用得比较多，现在至少在某些领域有所淡化。早些年在北京主要路口都有交通警察的，现在由于自动化程度比较高了，采取了一些加固措施之后，在管控这方面会有所忽略。到底是不是需要改进？我认为是需要。几乎现在整个北京市的交通路口都没有常规的交通警察，实际上就把责任全都推给了摄像头了，因此两者之间怎么权衡是一个问题。摄像头的加固也最多叫监控，而管控是直接告诉你往哪走，这叫管控，直接进行干预和控制，对于操作风险是有必要的。就像考驾照的时候，刚刚练车时，教练一定坐在你的副驾驶的位置上，他除了直接告诉你指令，甚至有时候会直接替学员操作，这就属于管控，这是管理策略。

6.5 本章小结

本章首先讲述了操作风险的概念，对其进行了定义。操作风险的定义为：不完善或有问题的内部程序、人员及系统或外部事件造成操作故障的可能性。并讲述了操作风险的类型及成因的第一个角度就是人为操作风险，也道出了基本的成因之所在。具体来讲，人为类型的成因包括疏忽、违规、作弊、偷盗、破坏、欺诈。第二类是自然因素操作风险，由于老化、恶劣天气、地质灾害、环境污染构成的操作风险。第三是技术因素操作风险，包括安全性、稳定性、可靠性、兼容性。第四类是流程操作风险，引起流程操作风险的因素主要有以下几个：(1) 信息流失；(2) 引起争议；(3) 组织脱节；(4) 责任主体缺位；(5) 功能不全；(6) 运转失灵。最后一类是事件性操作风险，事件性操作风险就是由于一个具体的事件而引起了操作风险，其中包括：(1) 政治事件；(2) 经济事件；(3) 社会事件；（4）法律事件。并且要认识到以下几点性质，包括：操作风险的损失超过市场风险和信用风险、金融机构重视不够、模型和工具不成熟、非模型化管理方法和控制手段居主导地位。在第二节中，对操作风险的识别进行了讲述，识别方法主要分为两类，其一是流程分析法，其二是因果分析法。第三节中，对操作风险的计量方法进行了介绍，分别有初级计量方法和高级计量方法。初级计量方法主要有两种，一种称为基本指标法，另一种称为标准法。中高级计量方法有内在衡量法、损失分布法、极值法、记分卡法。第四节中，重点阐述了操作风险的管理。管理体制分为：（1）管理程序；（2）管理机构；（3）管理机制。在风险预防时的主要策略有保险、外包、备份、监控、处置。风险监测时有情况汇报、定期考核、现场检查。风险处置有外化、加固和管控。

思考与练习

（1）简述操作风险内涵。
（2）为什么不把策略风险、声誉风险和法律风险作为操作风险？
（3）简述全球操作风险基本状况。
（4）简述我国操作风险管理的基本状况。
（5）简述自然因素操作风险的成因。
（6）简述技术因素操作风险的成因。
（7）简述流程操作风险的成因。
（8）简述事件性操作风险的成因。
（9）简述人为操作风险的类别。
（10）简述操作风险的识别原理。
（11）简述在操作风险的识别中需要关注的关键要点。
（12）简述初级计量方法。
（13）简述中高级计量方法。
（14）简述操作风险的流程分析法原理。
（15）简述操作风险的因果分析法原理。
（16）举一个实际案例论述操作风险的形成过程。
（17）简述三菱银行操作风险管理的主要经验。
（18）简述如何对操作风险进行预防。
（19）简述如何对操作风险进行风险监测。
（20）简述如何处置操作风险。

7 流动性风险管理

流动性风险是指企业或组织面临的资产或负债无法及时变现或偿还的风险，从而可能导致现金流问题或其他财务风险。一些情况下，企业可能无法及时偿还债务，或适应市场变化，从而导致财务问题甚至破产。因此，有效的流动性风险管理至关重要。流动性风险不仅会影响银行和企业的正常运营，还会影响企业的声誉和信用评级。

因此本章节主要围绕流动性风险概念、流动性风险原理、流动性风险计量、流动性风险管理沿四个方面进行阐述，最后对整个章节做出思考总结，进而引出本章思考问题，让读者对流动性风险管理章节有个更为系统的认识。

7.1 流动性风险的概念

7.1.1 流动性风险的定义与规范描述

流动性原则要求经济主体拥有的资金、资产具有即时变现能力，或者能够及时从外部获得资金。[27]流动性内涵可以从两个方面来理解：（1）融资流动性风险是指无力为减少负债或增加资产提供融资的可能性；（2）市场流动性风险是指市场交易困难或市场中断的可能性。流动性风险可能会导致无法及时获得所需的资金或无法顺利变卖资产，从而造成财务损失。[24]为了管理流动性风险，我们可以参照自然界中流动性的概念来理解资金筹集方面应具备的能力。无论是液体还是气体都具有流动性，所以在风险管理里面，参照自然界这样的一种状态，把企业乃至国家在筹措资金方面所具有的这种能力称为流动性。从宏观层面来看，国家需要保持流动性，以确保经济运行的平稳和稳定。为此，中央银行需要印发充足的货币，并进行定向投放，以维护货币市场的流动性。

从企业的层面来看，流动性管理涉及到企业如何筹集资金和管理资产。企业需要充分评估其现有资产和负债情况，确定所需资金的来源和用途，并制订相应的财务计划。如果企业需要融资，可以选择银行贷款、发行债券或股票等方式来融资。此外，企业还可以通过变卖资产、优化资产配置和管理流动资金等方式来管理流动性。流动性风险可以从两个方面来加以认识。第一方面是融资流动性风险，从融资的角度来看，流动性可以体现在能否顺利地获得所需的资金，如果能够快速而顺利地完成融资，就说明具有良好的流动性；反之，如果融资困难或缓慢，就说明流动性较差。因此，融资流动性风险就是指无力为负债的减少或资产增加提供融资的可能性。如果企业或国家有充分的能力获得所需的资金，就说明其具有良好的流动性，反之则说明其流动性较差。第二方面是市场流动性风险，这是指在市场上变卖资产变得困难的情况。当一笔交易的头寸相对于正常交易头寸而言交易量很大，以至于不能以当前的市场价格来完成交易，会降低资产价值，从而造成损失。也就是说市场流动性风险还可能涉及市场交易的时间和成本。如果市场上卖方数量大于买方数量，或者市场上出现了大量的卖单，而买单却相对较少，则可能会导致交易的时间变长，成交成本上升。这种情况下，如果需要及时变卖资产以满足资金需求，就会降低资产的价值，导致财务损失。比如中国持有美国的国债数额庞大，达上万亿美元纸币，但是如果想把买的美国国债在很短时间内都卖出去，就会引起这个债券价格严重下跌以至于损害自身利益，所以市场流动性风险也不容忽视。尽管流动性风险有着不同的认识角度和内涵，但本质上都涉及资产和负债的快速变现或交易的顺畅程度。在企业和金融机构中，流动性风险是作为一种结构性风险来考虑的，它涉及企业和机构的现金流和流动性管理能力，对其金融稳定性和财务健康程度都有着重要影响。概括来讲，流动性风险主要从两个角度加以认识。第一是从筹资融资的角度来认识，第二是从市场交易的角度来认识。

7.1.2 流动性风险的类型及成因

流动性风险主要有负债过高、资产损失、收入减少、资产流动性下降四大成因。流动性风险的产生途径需要深入思考，同时必须认识到这一风险带来的严重危害，流动性风险的主要危害是增加违约风险、增加破产风险、降低利润、增加成本、影响正常运营和损失声誉等。

在研究流动性风险之前，需要对企业做一个类型上的划分。对于非金融的一般性的企业来讲它的流动性风险的成因主要有四个方面。

第一，由于筹资能力存在问题而产生流动性风险。对于一般性的实体企业，非金融类的企业会由于自身筹资能力不足而引起的流动性风险，这是一种成因。

第二，由于资产的流动性不足而产生的流动性风险，这主要是由于企业所持有的资产结构不太合理而造成流动性高的资产过少，流动性低的资产过多而引起流动性风险。比如一个房企，如果企业所有的资产都是房子这种固定资产，一旦房产市场出现房子滞销的情况，这一企业就会陷入困境。尤其当房价出现下跌趋势时，就更可能引发资金链断裂的风险。这种风险实际上是一种流动性风险，因为企业手头没有太多其他可用于保证流动性的资产，而房产价格下跌时，就会增加企业的流动性压力，导致资金链短缺问题。

第三，对于一般企业，还有表外资产所造成的流动性风险。所谓的表外就是不列入资产负债表，但是在企业的实际生产经营过程中，它是实实在在发生并且对企业当期净利润或者亏损额产生影响。表外的资产负债的结构不合理也会给企业造成很大的流动性冲击，这也是风险。还有一种类型或者成因，就是对于企业来讲由上述三种情况综合在一起形成的流动性风险，并非某一种类型直接触发了流动性风险，而是这些成因每一个似乎都不太大，但是结合在一起的时候，就足以使企业面临非常窘迫的状态。

那么对于金融行业尤其是银行类的企业，在分析它的流动性风险成因的时候，本质上和一般企业也没有太大差别，但是从称谓上或者概念上就有一些区分。因为银行它是经营流动性的一种企业，它本身经营的就是流动性。所以它的资产和负债具有一定的特殊性。对于大多数银行而言，流动性需求基本上来自以下两个方面：（1）与负债有关的原因是顾客提取其存款；（2）与资产有关的原因是客户的贷款需求。[25]银行是以负债来经营的一种金融机构，银行必须通过以较低成本获取负债，然后通过资产转换的过程将负债转化为高收益的资产，以此获得盈利。如果银行失去了负债，就会无法正常经营。银行主要以较低的成本负债，然后通过资产转换这样的一个工序，把低成本的负债转换成高收益资产的方式获得盈利。举例来说，银行吸收的定期存款往往只有不到2%的年利率，但银行发放贷款的利率要远高于此，因此，银行能够通过贷款利率与存款利率的差距来赚取更多的利润，这就是银行盈利的秘密。所以银行流动性风险就可以从资产和负债两个方面来加以考察。首先就是资产流动性，与资产的结构关系甚大。如果持有的都是长期资产，那么一旦面临资金需求的时候，有可能拿不出，或者不能以合理的价格变卖资产来应对流动性的需求，这就是来自资产的流动性风险。其次负债的流动性风险，银行如果没有能力覆盖那是极其危险的，它跟一般的企业不同，一般的企业如果没有负债至少是一件好事。但是银行不同，银行必须有负债。负债规模越大，这个银行才越健康。所以如果一旦银行不能吸收存款、吸收储户资金，这个对银行的流动性而言是致命的一个打击，是不可承受的一种流动性风险，所以银行总是不遗余力地吸收存款。在近年来的金融市场中，银行业竞争异常激烈，甚至出现了一些无序的竞争现象。在我国加入 WTO 后，外资银行大举进入市场，使得各大银行为了吸引更多客户，采取了各种方式来提供更好的服务。据传，有些银行甚至将行长调入大客户团队，亲自担任负责的客户经理。这种情况主要发生在企业集团等大客户身上，一次业务可能牵涉到上亿元的资金，因此银行行长为了显示对这些大客户的重视，愿意屈尊担任他们的客户经理。

然而，随着互联网等技术的普及，银行业的服务方式也在不断改变。现在，银行业不仅仅只是通过担任大客户的客户经理来吸引客户，同时也在通过发行各种金融产品来吸纳存款。银行职员也积极地推荐理财产品，以此来吸引更多的储户资金。因此，对于银行企业来说，负债的结构能力至关重要。一旦出现问题或者存在隐患，就会给银行业带来严重的流动性风险。

7.1.3　流动性风险的性质

流动性风险是银行面临的一种重要风险，具有四大特点：其一，该风险与资产负债状况直接相关，当负债结构出现问题时，就容易引发流动性风险；其二，与资产结构和资本结构有密切联系，银行需要注意其负债结构和资本充足性的合理性；其三，受经营状况的显著影响，银行需要密切关注自身经营状况，及时调整策略；其四，易受市场风险和信用风险牵连。市场风险是什么特点？信用风险是什么特点？操作风险是什么特点？下面对流动性风险的四大特点逐一加以说明。

第一，它与资产负债状况直接相关。这是很显然的，流动性风险跟信用风险、市场风险、操作风险又有着非常鲜明的区别。后三种风险并不与资产负债表的资产负债状况有特别紧密的联系。尤其对于操作风险而言，与资产负债状况关系不大。市场风险也不是直接由资产负债状况造成的，而是由市场波动导致的资产价值变化所致。虽然信用风险的关系稍微大了一点，但也不能与流动性风险这种与资产负债状况具有直接关联的风险相提并论。很显然流动性风险，要么指为了减少负债或者增加盈利筹资的匮乏能力，要么指出售或者交易某种资产的时候受市场的约束，不能够获得应有的价值这种情况。这种情况往往直接关系到资产负债状况，尤其涉及负债结构和资本充足性的问题。当负债结构较重时，银行的流动性往往较差，因为银行需要不断寻找融资渠道以解决偿债问题。即使银行有比较多的融资渠道，也需要尽快解决偿债事项，因此银行的流动性问题本身就是一种风险。这种风险直接关系到资产负债状况，尤其是涉及负债结构和资本充足性的问题。银行需要通过提高融资能力、健全资产负债管理等措施来应对流动性风险，以确保银行业的稳健运营。所以，与资产负债状况直接相关。

第二，与资产结构和资本结构有密切联系，这也是流动性风险非常突出的一个特点。所谓的资产的结构指的就是各种资产所占的比例。有流动性高一点的资产，也有流动性低一点的资产。如果银行持有过多流动性很差的资产。那么，流动性风险就相对高，同理，资本结构对流动性风险也有显著的影响。所谓资本结构，本身它是分为好多种类，最重要的是核心资本占的比重。如果核心资本占的比重比较高，那么流动性风险就相对微低一些。如果其他次级资本占的比重比较高，那流动性风险也就相应的上升。

第三，流动性风险受经营状况的影响显著，这也是很容易理解的，一个企业如果经营状况不好，那么就意味着它的现金流很不稳定，甚至是逆转的，本来应该是收入正的现金流有可能出现负的限制。假设一家企业购买了大量的原材料，计划生产一种产品，为了获得稳定的正现金流，他们需要尽快销售产品以获得销售收入。然而，在市场需求不稳定的情况下，这个计划可能会面临积压存货和销售不畅的问题，从而导致企业现金流不足，甚至影响企业的日常运营，这就是经营状况，如果出现这样的经济状况，那显然它的流动性风险就很高。如果一家企业持续亏损，那么其流动性面临严重风险，值得人们关注和担忧。

第四，流动性风险易受市场风险和信用风险的牵连，这是因为市场波动和信用环境的变化都可能导致银行面临流动性压力，进而引发流动性风险。在市场波动较大的时期，银行持有的有价证券价值可能会迅速下跌，导致银行资产结构出现问题，进而影响银行的流动性。比如说本来这个企业持有了有价证券，当按照原来的市价计算时觉得自己盈余可能还很高。但如果受到疫情的影响，变得非常的不稳定，美国道琼斯、纳斯达克股指都经历过一日之内下跌百分之几的情形。这样一来，原来认为还有盈余或者还有净资产的企业，由于这样的一个暴跌，就有可能变成是一个负资产的企业。同样，信用环境的恶化也可能导致银行面临流动性压力，例如大量的坏账可能导致银行无法回收贷款，进而影响银行的流动性。如果一个银行贷出去的款项，尤其是比较大宗的一个款项被宣布为坏账，一下子有可能造成银行面临严峻的流动性风险，应收账款收不回来或者不能如期收回来，这都是信用风险引起的。因此，在分析和识别流动性风险时，需要综合考虑市场风险和信用风险对流动性风险的影响，并采取相应的风险管理措施，以控制和降低银行面临的流动性风险。

7.2 流动性风险的识别

7.2.1 识别原理

流动性风险是一种重要的风险类型，其涉及资产和负债的流动性问题。流动性风险主要有以下三种分析方法。(1) 流程分析：这种方法主要分析机构内部业务流程，通过对业务流程的分析，确定影响流动性风险的环节和因素，以便制定相应的措施。例如，可以分析各项资产负债业务的流动性特征，识别敏感期、敏感时点等。(2) 因果分析：这种方法主要分析不同因素对流动性风险的影响程度及作用机制，以确定关键因素和最终影响。例如，可以分析市场利率波动与机构资产负债表变动之间的因果关系，从而确定流动性管理的重点。(3) 情景分析：这种方法主要是针对不同情景下流动性风险的变化进行分析，以进行风险预警和控制。例如，可以对不同市场状态下机构的流动性状况进行模拟和测试，以分析各项业务的流动性风险，以便制定相应的应对措施和管理策略。其中，流程分析是一种重要的方法，其侧重于识别和分析面临的具体流动性风险来源，并制定相应的应对措施。

前面我们说过流动性风险的主要成因，一般企业的流动性风险主要来源于筹资、资产流动性和资产表外三个方面。(1) 筹资风险：企业获取资金的方式有很多种，如债券发行、股权融资等。如果企业的筹资渠道受阻，就会导致资金紧缺，从而影响企业的正常经营和资金流动性。(2) 资产流动性风险：企业经营活动中的各种资产，如存货、应收账款、预付款项等，都会影响企业的资金流动和现金回笼速度。(3) 资产表外风险：企业除了资产负债表上列出的资产负债外，还存在一些未列出的资产和负债，如信用担保、衍生品等，这些资产和负债可能会对企业的流动性产生影响，需要注意进行监测和风险管理。银行企业面临的流动性风险则主要集中在资产和资产负债两个方面：(1) 资产端风险：银行业务主要包括贷款投资等资产，这些资产的流动和回笼直接影响银行的资金流动性。如果贷款借款人出现还款延迟、借贷极度膨胀或资金链断裂等情况，会导致资产无法流动，从而影响银行的资金流动性。(2) 资产负债匹配风险：银行的资金主要来自于存款和债券等，其余资金需求主要用于贷款等方面。如果存款额度下降、债券发行出现违约等情况，银行的资产负债匹配就会受到影响，从而导致资金流动性风险的加剧。

具体来说，在流程分析方法中，需要着重关注三种流动性风险，分别是资金流动性风险、资产流动性风险和结构性流动风险。首先，资金流动性风险是指银行资金在流动性方面的不确定性，包括存款、贷款、债券和资本市场融资等方面的问题，其中尤其以资金来源的不确定性和现金流量变化的不可预知性为主。通常情况下，银行或者企业会通过有效的资金管理和资金流动预测等措施应对资金流动性风险。其次，资产流动性风险是指银行或者企业在持有和管理资产方面的不确定性，包括各种固定收益证券、股票、不良贷款和信用风险等方面的问题。由于这些资产存在着价格波动、流动性不足和信用风险等因素的影响，因此可能对银行流动性产生影响，引发资产流动性风险的发生。银行应当通过资产负债管理和风险管理措施来应对资产流动性风险。最后，结构性流动风险是指银行或者企业在资产和负债结构上的不平衡及其对流动性的冲击，主要由于银行的资产和负债结构不平衡，或者由于市场因素和信用风险等因素转变时而导致的流动性风险。因此，在识别和应对结构性流动风险时，银行应当采取积极的资产负债管理措施，确保资产和负债的稳健平衡。

总之，流动性风险是银行业面临的一个重要的挑战。只有通过充分的风险识别和有效的风险管理措施，才能够降低银行业面临的流动性风险，确保银行业的平稳运营。因此，在分析和应对流动性风险时，需要从多个维度出发，综合考虑各种因素对流动性的影响，并采取相应的风险控制措施以规避流动性风险的影响。

7.2.2 识别方法

接下来进行详细的解释。第一，看资金的流动性风险。资金的流动性风险是企业所面临的关键风险之一。从流程的角度，可以对企业的资金使用进行细致分析。企业日常经营、资金管理、偿还、购买、融资等环节都需要资金的支持。因此，企业可以画出一个清晰的资金流程图，明确在不同阶段、事项上需要使用资金。并结合实际情况，分析企业资金需求状况以及潜在的不确定性因素。这种基于流程的分析方法可以快速识别企业的流动性风险，并有针对性地制定相应的风险管理策略，避免流动性风险对企业经营的不利影响。这就是从资金的流动性这个角度，使用流程这种分析方法来识别流动性风险。第二，资产的流动性风险，资产的流动性风险是企业所面临的另一个重要风险。以制造业企业为例，企业可以在年初规划中确定需要的原材料以及半成品的种类和数量，并采取相应措施保障其流通性，以满足生产和销售的需要。如果企业资产配置不当，存在不必要的资产流动性风险，则可能面临无法正常生产的风险，进而影响企业的经营状况。而对于金融企业而言，资产流动性风险主要源于不同类型的金融产品之间的不匹配。比如说长期债券、短期债券、公司债券、企业债、市政债等，以及其有价证券它们之间是如何匹配才能符合所面临的实际情况，这是资产的流动性风险。这涉及金融产品的期限、现金流量以及风险特征等多个方面，需要建立合理的资产配置方法和流动性监测模型，以有效管理企业所面临的资产流动性风险。同时，金融企业还需要提高流动性管理的灵活性，以应对金融市场的快速变化和突发事件。因此，企业需要将其资产分类并按照一定规则进行流程化管理，制定合理的流动性管理策略来应对资产流动性风险。通过这种流程化管理的方法，企业能够发现潜在的流动性隐患，避免资产流通受到严重影响，从而实现流动性风险的有效控制。第三，结构性流动风险，结构性流动性风险是企业面临的一个关键风险。它主要指的是企业资产和负债之间的匹配情况，即长期资产和长期负债、流动性资产和流动性负债的匹配情况。在制定流动性管理策略时，企业需要基于周期性的考虑，从计划初期开始到计划完成，不同的时点上都有不同的要求，如果不能很好地匹配就会产生流动性风险。因此需要不断监测并匹配资产和负债之间的关系，以有效管理企业的流动性风险。为了应对流动性风险，企业需要采用因果分析方法，这种方法可以帮助企业分析不同风险因素之间的因果关系，从而更好地识别和管理企业所面临的风险。不同的环节往往需要采用不同的方法和工具来加强分析和管理，这包括基于历史数据的分析、数据挖掘、大数据分析以及著名机构的研究和预测等多种手段。比如说，真正的风险管理的行家高手在新冠疫情初始的时候，就能够预见得到未来若干时间内可能面临的流动性风险，根据历史的经验和大数据的分析可以得出每个节点的状况，对于重大事件的影响和趋势的研究，国际上许多著名的机构都会采用因果分析等方法，并发布权威报道。例如世界银行和国际货币基金组织 IMF 都会实时发布各种报告，对于疫情等重大事件的影响和趋势进行预测和分析。这些著名的媒体和智库机构也会发布类似的报告，让公众能够更客观地了解事件的影响。因果分析是一种比较科学的分析方法，它可以通过对因果关系的探究来理解重大事件的原因和影响，因此在许多领域中都受到广泛应用。以疫情期间的流动性风险应对为例，通过因果分析方法，企业可以预判疫情可能对资产和负债匹配带来的影响，及时采取相应措施，减少风险的影响。同时，企业也可以借鉴世界银行、国际货币基金组织等机构的研究结果，加强对市场的监测和预警，以更好地应对流动性风险。总之，企业需要在流动性风险管理方面采用因果分析方法，可以不断优化管理策略，加强对资产和负债之间匹配关系的监测和管理，从而降低流动性风险的影响，保障企业的资金流动性和经营稳定性。

在进行流动性风险识别和管理的过程中，通常需要综合运用多种方法，比如流程法、因果分析、情景分析等方法。这些方法虽然看似有些重叠，但它们都从不同的角度和维度展开，能够更好地帮助企业全面地识别和管理流动性风险。具体来说：在应用流程分析方法时，可以通过对企业的流程和操作进行分析，识别出潜在的流动性风险点。同时，也可以借助因果分析方法，深入探寻产生该风险的原因，防患于未然。而在使用因果分析方法时，我们可以从流程中找到涉及到流动性风险的因素，并将其拆分成更小的因果链条，以便更好地识别并解决问题。此时，可以再次结合流程分析方法，进一步探究流程中可能存在的风险。此外，情景分析方法也是重要的工具之一。通过不同情景下的测试和分析，可以评估企业在不同的市场环境和经济条件下面临的流动性风险。结合上述方法的分析结果，可以更加全面地理解企业的风险承受能力，并制定出更加全面和有针对性的风险管理策略。因此，在具体进行流动性风险识别和管理时，多种方法需要齐头并进，多管齐下，综合运用。

7.2.3 识别实例分析

随着时代的变迁，流动性风险管理变得越来越重要。在现代社会，个人和企业的经营活动不断复杂化，流动性风险面临的挑战也越来越严峻。因此，对于自身的流动性风险进行有效的管理和控制，是我们每个人都需要思考和关注的问题。

就拿学生这一学期的情况来说，如果想要准确评估自己的流动性风险，需要考虑多个方面。首先是开学初期的课本购买。对于大部分学生来说，购买课本是花费最大的一笔，如果没做好预算规划，就会导致资金上的紧张，甚至出现流动性风险。因此，在开学之前，我们需要对自己的经济状况进行考虑和分析，做好预算，并确保拥有足够的资金来购买所需的教材。

此外，还需要考虑生活费用。同样是一个月的时间，不同的学生生活费用可能存在很大的差异，这也就需要我们对自己的生活方式进行全面的规划和分析。比如，我们需要考虑到自己的饮食习惯和交通费用，以便更好地制定个人的预算方案。如果在日常生活中没有做好经济规划，无法控制好支出，也容易遇到流动性风险的问题。

除了上述问题外，还需要考虑其他可能的不时之需。比如，在某个月份可能需要额外支出，这里我们可以考虑通过控制平时的消费来避免出现流动性风险。当然，如果遇到特殊情况，需要变更预算，我们也需要可以随时地调整自己的经济计划。

对于流动性风险的管理，需要进行多维度的分析和控制。如果没有做好预算规划和紧密监控资金流动，就会出现类似于回家买火车票的钱没有了等问题。在现代社会，虽然支付方式更加便捷、快速，但是仍然需要保持足够的警惕，避免出现不必要的流动性风险。

在过去的年代，支付方式的不同也会导致流动性风险的出现。如果回到二十年以前，直接使用移动支付并不是一件容易的事情。这时候，人们更倾向于使用银行卡和现金支付，但是在某些情况下，这种支付方式并不是最为合适的。比如，在寒假还没有到来的时候，这个学生需要回家购买火车票，但是钱包里的钱已经不够了。这时候，他需要向家里借钱，但是由于支付方式的限制，交易可能需要一定的时间才能完成。如果是 30 年甚至更早的年代，银行卡可能还没有普及，这时候支付就变得更加困难。人们可能需要通过使用电报等方式来完成支付，这样就可能会出现资金迟迟无法到账，从而导致流动性风险的出现。因此，流动性风险控制是人类社会发展进程中不可或缺的一个环节，在不同的历史时期，它所要解决的问题也会不同，但是其本质是一致的。

总之，对于个人和企业来说，流动性风险的管理是一项非常重要的任务。只有通过综合使用各种方法，开展多维度的分析和控制，才能做好流动性风险的管理工作。无论是在现代社会还是过去的历史时期，流动性风险管理都是不可或缺的。如果我们能够综合运用流程分析、因果分析、情景分析等多种方法，从不同的角度和维度了解流动性风险，就能更好地制定出相应的风险管理策略，并在生活和工作中避免出现流动性风险的问题。

7.3 流动性风险的计量

流动性风险是企业面临的重要风险之一。为了更好地管理和控制这种风险，需要采取合适的量化分析方法。在进行这种分析之前，需要熟悉流动性测量的指标，这些指标可以从常态能力、运营能力、盈利能力等多个角度对流动性本身做一个评估。比如，常见的指标有流动比率、速动比率、资产周转率、现金周转率、资产负债率等。这些指标反映了企业的短期偿债能力、流动性、运营效率和盈利能力等方面的情况，有助于评估企业的流动性风险。

除了以上基础指标的评估外，流动性风险管理还可以采用更加复杂的分析方法，包括但不限于以下六种方法：

（1）资金结构法：资金结构法是通过分析存贷款资金结构及其变化趋势来预测未来的流动性需求。这种方法是通过分析企业的资金结构，比如现金、银行存款、短期借款以及长期借款等，来评估企业的流动性风险水平。通过对不同资产类别的分析，可以判断资产和负债的偿付期限，从而确定企业可能面临的流动性问题。

（2）财务指标法：这种方法则是从财务报表中提取一些比较特殊的指标，如流动比率、速动比率，以及财务杠杆比率等，来评估企业的短期和长期流动性状况，并确定企业的抗冲击能力。

（3）缺口分析法：缺口分析法就是利用资产负债缺口来度量面临的利率风险的分析方法。这种方法是通过比较企业的流入和流出资金之间的差异，来确定企业的流动性风险状况。如果企业的流入资金比流出资金多，那么它的流动性状况会更加稳定。

（4）久期分析法：也称为持续期分析或期限弹性分析，是衡量利率变动对银行经济价值影响的一种方法。这种方法可以根据投资组合的时间结构来评估流动性风险。通过计算每个资产的久期，可以评估资产的敏感性和企业可能面临的流动性风险水平。

（5）交易模型法：这种方法是通过交易模型来评估企业的流动性风险水平。这个模型可以考虑到各种因素，比如流动性需求、市场流动性、市场变动等。通过这种方法，企业可以更好地评估自身的流动性风险问题。

（6）压力测试和情景分析法：压力测试是根据不同的假设情况（可量化的极端范围）进行流动性测算，以确保商业银行储备足够的流动性来应对可能出现的各种极端状况。[23]这种方法是通过对不同市场环境和经济条件下的压力测试，来预测企业可能面临的流动性风险状况。情景分析法通过模拟不同情景，可以更好地预测未来可能出现的流动性风险。

综上所述，对于企业而言，评估流动性风险、采取相应的风险管理措施，是保障企业正常运营、稳健发展的关键之一。能够合理地运用各种流动性分析方法，既可以提高企业的决策水平，还可以有效控制风险，为企业的长远发展保驾护航。

7.3.1 初级计量方法

先看资金结构法，资金结构法是一种用来分析企业资金流动性特点的方法，它的主要目的是评估企业的资金结构是否符合要求。该方法通过考虑不同资金的流动性特点以及资金比例关系，确定与之相关的事项。具体而言，就是把资金按照其流动性强弱进行划分和分析，包括：

（1）游资，指利率敏感性极高或是银行认为在近期内一定会被提走以及必定要归还的那部分资金来源；

（2）易变动资金，指根据统计规律或经验判断，在近期内有一个基本比例流出银行的那部分资金来源；

（3）稳定性资金来源（核心负债），指银行内稳定性最高的那部分资金来源。下面进行详细解释。

第一，游资，是利率敏感性极高的，那国际上游资很多尤其像国际上由对冲基金公司掌握的那些资金，基本上都属于游资。它完全是逐利性、投机性的，在利益驱动下，随时都有可能流进来也随时有可能流出去这就是游资。

第二，易变动资金，比游资的流动性要弱一些，那么通常是指对利率或者收益率比较敏感，但是还不至于像游资那样毫无定力。相对能够稳定一点的资金称为易变动资金，是根据统计规律或者经验判断。对银行而言，短期的存款都属于易变动资金。

第三，稳定性资金或者核心负债，稳定性比较高的资金通常是指长期定额存款、三年、五年或更长期的定期存款等资金来源。这些资金的流动性相对较差，而且稳定性较高，因此更容易被银行等企业视为核心负债来看待。与之相比，三个月定期存款等易变动资金的流动性较强，更容易受到外部因素的影响。银行企业普遍愿意吸引长期稳定性资金以维护其稳健的资产负债结构。资金结构法是一种分析企业资金结构的方法，主要是通过分配不同比例的资金来源，储备流动性，以达到针对不同资金结构的流动性准备水平。比如私人银行作为一种服务，开设门槛通常为 1000 万元人民币，或更低至 500 万元或 300 万元，持有该账户的客户可以得到银行专门人员提供的全方位服务。这种服务的目的在于吸引长期和稳定的资金来源，银行对这个稳定性资金的来源非常重视，如果银行全靠游资运转，过不了几天就会出事。也就是说银行的管理者对于其他企业也一样，企业为了周转资金需要借高利息的债务，就像游资一样，这种资金来源不够稳定并且成本较高，在资金结构中占比应该适当，而不是全部采用这种资金来源。企业的资金结构需要考虑盈利和风险的平衡，因此需要匹配一定的流动性和易变动性资金。如果全部采用稳定性资金来源，虽然可以保证资金稳定，但成本相对较高。因此，应该在不同资金来源之间进行合理搭配，以达到合理的资金结构配置。这就是资金结构法。为了维持资金的充裕和应对不同类型的资金结构，公司会按照不同的比例将资金分为三类，并对它们分别进行流动性储备。如此一来，我们可以为不同类型的资金结构确定不同的流动性准备水平，这是一种基本的做法。

再看财务指标法，大体上可以分为四大方面，实际上在使用中还可以根据自己的需要去构建新的财务指标，只要能够确实捕捉到流动风险某一方面的特征就可以。

（1）偿债能力指标；流动比率=流动资产/流动负债；速动比率=(流动资产-存货-待摊费用)/流动负债；现金比率=现金及等价物期末余额/流动负债；资产负债率=总负债/总资产；营运资金=流动资产-流动负债；营运资金比率=营运资金/总资产；

（2）现金流量能力指标；现金流/负债比率=现金净流量/流动负债；现金流/到期债务比率=现金净流量/到期债务；

（3）营运能力指标；总资产周转率=营业收入/期末总资产；

（4）盈利能力指标；资产收益率=净利润/总资产。

第一，偿债能力指标。对于企业，对于个人，甚至于国家偿债能力都非常重要。债务危机使国家债务偿还不起，金融经济领域存在着很多层面的斗争。西方国家为了扩大自己的影响力，曾经通过贷款等方式向拉美国家输送资金。但是到了 20 世纪 90 年代初期，很多拉美国家集体无法还清债务，造成了拉美债务危机。这种情况非常严重，但后来发达国家为了维持大局，采取了豁免国家债务的措施。但是，各个国家也在之后吸取了教训，不再轻易向经济状况特别不好的国家放贷。因此，偿债能力对于企业、个人和国家来说都非常重要。那么，我们如何衡量偿债能力呢？以企业为例，以下是主要指标：流动比率是一个指标。流动比率就是流动资产和流动负债的比值。流动比率越高，就说明短期偿债能力相对来说会强。流动资产，包括现金、自由现金流，还有可以短期进行交易的有价证券，比如说企业持有的股票，还有可交易的国债等，这些都属于流动性很高的资产。那么它的比例相对来说比较高，偿债能力就比较强，万一需要偿债，这些资产可以很快变现。速动比率是一种评估企业流动性的财务比率。它除去流动资产中的存货和待摊费用后，再除以流动负债。这种方法比流动比率更加严格，因为存货虽然属于流动资产，但其变现速度相对较慢，不如现金、应收账款等流动资产具有高度流动性。再加上待摊费用的存在，容易导致企业面临流动性压力。因此，快速计算速动比率并及时监控其水平，对于企业有效管理资金流动性至关重要。现金比率、资产负债率、营运资金，这些指标都刻画公司的偿债能力，越是大型的企业，越要重视这些指标，甚至去构建更全面、细致的偿债能力指标，以便更好地去管控自己的偿债能力。因为偿债能力对于一个企业来说非常重要。流动性风险里边最需要担心的就是偿债能力被侵蚀的问题，偿债能力一旦枯竭就有可能造成公司倒闭破产。

第二，现金流量能力指标。现金流量能力指标实际上是自由现金流。因为经营公司企业运转，它需要一定的现金即现金流量能力，就如同人们身体里的血液一样时刻供整个身体的周身循环。即使企业没有负债，或者债务不高，但也有可能出现问题导致自身的现金流不够。企业在管理中需要重视现金流的指标，特别是现金流与负债的比例和现金流与到期债务的比例，这两个指标能够帮助企业评估自身风险和经济状况，确保企业的正常运转。

首先，现金流和负债比例是一个重要的指标，它指的是企业现金净流量与流动负债之间的比例。现金净流量指的是企业马上可以用于生产和运营的现金，因此这个指标关注的是企业可以马上使用的资金。如果企业的现金净流量不足以维持正常经营，企业的能力受到严重挑战。因此，这个比例的高低对企业正常运转非常重要。其次，现金流和到期债务比例同样是一个重要的指标，它反映了企业现金流和到期债务之间的关系。这个比例也对企业正常经营和风险管理至关重要。企业需要评估自身的现金流和到期债务，以保证到期债务的还款能力，确保企业处于安全区域。如果企业的到期债务过大，且现金流不足以偿还，那么企业将面临严重的经济风险和资金问题。

第三，营运能力指标。营运能力主要的是总资产周转率也就是营业收入和期末总资产之间的比例。营运能力测量的是用总资产能够创造多少收入的问题。如果用很多的资产创造不了多少收入，企业很有问题，就说明企业营运得不好造成资产呆滞问题。这是营运能力。从另一个角度去刻画了流动性，一般来讲，这个指标中转率越高代表企业越健康，也就是企业经营运转还比较不错。

第四，盈利能力指标，实际上财务指标里强调了四个能力。盈利能力是资产收益率等于净利润除以总资产，利润实际上就来自营业收入，但是营业收入不代表利润，因为要扣除成本才是利润，这里边要强调的是净利润。所以虽然营业收入很高，但如果经营的成本也很高，导致净利润很低，这样即使营运的能力还不错，但是并没有真正赚多少钱，因为扣除成本，各种支出之后导致净利润降低，这就会出现盈利能力不足。比如世界 500 强排名的时候，总资产是一个榜单，盈利能力是一个榜单，但是盈利最能反映赚钱能力。但如果按照净利润榜单，有些中国企业很尴尬，因为虽然有些企业总资产排名能排到前十名，但是按盈利能力排名的时候发现连前 50 名都进不了，甚至有可能就垫底。这是财务指标法的基本的四个维度，实际上就是偿债能力、现金流能力、营运能力和盈利能力这四个能力考察。

7.3.2 中高级计量方法

缺口分析法，缺口这个概念在流动性风险章节提到较多，在量化分析中缺口分析用下面的公式表达：

$$\Delta G = \Delta L - \Delta D \tag{7-1}$$

式中，ΔG 表示预测期内的流动性缺口；ΔD 表示资金来源变动额预期值；ΔL 表示资金运用需求变动预期值。需求变动一个预期值等于 ΔL 减去 ΔD，所谓的流动性缺口是指从流动性的角度去计算的缺口。之前学到的缺口是指的是资产和负债之间的缺口，在这里指的是流动性的缺口，那么企业的决策者应该提前做好一定的准备，比如投资一个新能源项目是一个庞大的计划，需要投入大量的资金。然而，在资金使用过程中，需要对现有资金进行有效的运用和管理。预期资金运用是其中的一个关键点，它涉及投资者对于项目未来发展的预测和期望，以及所需资金的具体运用方式。假如企业想要投资一个规模为 100 亿元的风电场项目，首先需要考虑的是资金来源是否足够。如果前期投产运营，开始产生盈利，那么在一定的周期内，将能够收回 10 亿元的资金。同时，应收账款也是需要考虑的因素，如果之前的应收账款能够在这期间尽快收回，那么可以额外获得 30 亿元的资金。综合来看，总共可以获得 40 亿元的资金来源。然而，仍然存在着 60 亿元的资金缺口，需要规划如何弥补。这时，可以考虑从银行贷款或者增发股票等方式来规划资金，以达到相应的流动性和稳妥性。对于非上市公司而言，也可以申请 IPO 来补充资金。因此，缺口分析法是一种很好的方法，能够帮助企业对资金缺口进行全面、长远的规划。

下一个方法是久期分析法，久期缺口＝资产加权平均久期－(总负债/总资产)×负债加权平均久期，在流动性风险里边是久期和缺口联合起来的使用。这个缺口是资产加权的平均久期减去负债加权平均久期，前面乘以系数算出的一个缺口，两个久期相减形成的一个差称为久期缺口。那么，这个系数通常用总负债除以总资产，其也被称为负债系数。久期是个持续期，持续期实际上是一个时间长短的概念，那么久期长就代表该资产的期限长，久期短就代表这个资产的期限短，期限短就意味它的流动性是高的，期限长就代表它的流动性是相对低的。从偿债的原理来讲资产如果久期或者期限长就意味灵活性更大，也就是如果是缺口大，就代表着负债相对更具流动性、更短期化，而资产更长期化。这样就造成一个结果是需要偿债的时候可能拿不出那么多资产来变现。之所以用久期计算，是因为每个资产的投送不一样，想办法给它加在一块。所谓的资产加权平均就是久期，那么久期越长，实际上它的流动性越弱，久期越短，它的流动性越强，那流动性弱的减去一个流动性强的，如果差越大就代表它流动性越弱，也就是资产的流动性越弱，偿债的能力各方面就会受到影响且负面的影响大。所以这个值如果高，总体上来讲，就意味着流动性的风险也会高。

再下面看交易模型法，相对属于高级方法。前面那些方法相对都属于初级或者中级方法，交易模型法属于高级的方法，以下是它的公式：

$$R_L = A(I - r) \cdot F + B \cdot L_P \tag{7-2}$$

公式中字母所代表的含义见表 7-1。

表 7-1　公式中各字母所代表的含义

	含　义
R_L	流动性准备水平
A	各类负债的流动性准备系数矩阵（$1 \cdot m$）
I	单位矩阵（$m \cdot m$）
r	各类负债法定准备率的对角矩阵（$m \cdot m$）
F	各类负债存量矩阵（$m \cdot 1$）
B	银行对各类贷款满足度矩阵（$1 \cdot n$）
L_P	贷款需求的预期值（$n \cdot 1$）

在对企业进行风险分析和管理时，情景分析和压力测试是非常重要的手段。在进行情景分析时，通常需要对企业所处的环境进行假想，以从整体上评估企业的风险性。比如，针对流动性的情景分析，可以将疫情分为几种不同的情况，而企业在不同情况下的资金流动情况也不同。如果疫情比较轻微，资金应收账款可以及时回收，那么企业的风险性就较低；而如果疫情比较严重，资金应收账款无法及时回收，50%或者 70%的资金无法回收，那么企业的风险性就会相应地增加。此外，在压力测试时，还需要利用敏感性分析来对单个变量做出冲击，以评估变量对企业的影响程度。比如，央行最近实施的无差别放宽存款准备金率，就是一种压力测试，是为了对抗疫情造成的紧缩收缩。此外，对于货币政策的选择也是决定企业风险性的重要因素之一，假如央行采取更为激进的宽松货币政策，那么在这种情况下，企业面临的风险会有什么不同？又假如央行采取相对中性温和的货币政策，又会造成怎样的影响？除了央行政策以外，还需要考虑财政政策有可能的影响，比如政府会采取什么样的调整。此外，还可以将情景分析分为 A、B、C 三种情形，或者根据财政支出的高低将情景分析划分为低中高三种情形，以全面评估企业的风险性。综上，情景分析和压力测试都是评估企业风险性的基本方法，可以帮助企业有效应对各种变化和风

险。还有其他的配套措施，这些措施能够辅助情景分析和压力测试。比如，在进行情景分析时，需要考虑到人口政策产生的连锁反应和社会反应，大家对三孩政策是否会得到积极响应或许持有疑问，因此，正确做好情景分析就是要尽可能全面地评估企业、个人以及国家所处的环境，制定合理的假设和风险应对措施，以及针对可能出现的情况进行推演，最终明确流动性是否充裕，采取何种措施以防范风险，这就是压力测试和情景分析的基本目标。

同时，情景分析和压力测试的重点在于对外部环境的分析，涉及的因素非常广泛。比如，在运营投资企业时，需要考虑各种政治、经济、文化等因素所产生的影响，这些因素可能会对企业面临的风险带来诸多影响。因此，在进行压力测试和情景分析时，所选择的假设和分析对象都需要尽可能细致和全面，这样才能准确评估风险和制定对应的风险控制措施，保障企业和个人的资产安全。综上，情景分析和压力测试是帮助企业和个人进行风险管理的重要工具，可以从多方面评估风险因素，减少风险带来的影响和损失。

7.3.3 计量实例分析

前面给出的特例性公式，也可以去拓展应用于其他不同的企业，该模型是针对银行类金融企业建立的流动性准备矩阵函数模型，接下来对其模型（如式（7-2）所示）进行一个详细的解释：其中，R_L 是流动性准备水平（reserve level），它由后边的计算式来决定。$A_{1\cdot m}$ 为各类负债的流动性准备系数矩阵，它是一个 $1\cdot m$ 阶矩阵，也就是 1 行 m 列的行向量。I 为单位阵，是为了矩阵运算得出的结果能够符合矩阵运算的条件。$r_{m\cdot m}$ 为各类负债的法定准备金率的对角矩阵，是只在主对角线上有法定准备率的数字，其他都是零。$F_{m\cdot l}$ 为各类负债的存量矩阵，它是一个 m 行 1 列的行向量。$B_{L\cdot n}$ 为各类需求满足度矩阵，$B_{p(1\cdot n)}$ 为贷款需求的预期值。它针对的是商业银行的流动性准备水平。这样就可以回想一下货币银行学，很多商业银行除法定准备金以外，还通常会保留一定比例的超额准备金，这个超额准备金怎么算出来呢？就是由这个总的流动性准备水平减掉法定准备水平之后，剩下那块就应该是自己留的，这个就是交易模型法。

7.4 流动性风险的管理

流动性风险是企业面临的重要风险之一，建立健全的流动性风险管理体系对于企业稳健经营十分必要。在通常的风险管理中有两个层面的定义：从宏观层面上讲，风险管理是指企业用于管理和控制其风险的一种政策程序；从微观层面上讲，风险管理是指为所面临的风险状况而采取的一系列的管理行为。[26] 为实现全面的流动性管理，需要完善的组织架构、有效的流动性管理工具和信息系统的支持，以提供科学合理的决策依据和支持。其中，策略和措施主要分为：（1）预防：通过拨备和优化等方式，预先防范可能出现的流动性风险；（2）检查：通过盘点、调查、测试等途径，对企业的流动性状况进行全面检查；（3）控制：通过排除、缓解、转移、对冲等手段，控制流动性风险的发生和影响。

流动性风险管理的管理体制具有以下特征：首先，最高决策者需要对流动性风险进行牵头管理，以贯彻全面流动性管理的理念；其次，流动性管理应纳入日常管理体系，同时需要具备全员参与的特点，实行全面管理；最后，需要建立专门的流动性风险管理职责与分工，且明确相应的人员负责，提高管理工作的效率和水平。

流动性风险管理机制分为决策机制、监控机制和应对机制。其中，决策机制包括流动性策略的确定、流动性管理规则的制定等；监控机制包括流动性监控体系的建立、流动性指标的测算等；应对机制包括流动性风险事件的应对预案、流动性风险事件的处置等。这些管理机制和机制间的相互配合和协调，可以提高企业的流动性风险管理能力，保护企业资产安全，维护经营稳定。

7.4.1 风险预防

先介绍策略，前面介绍过操作风险，它的策略之一是外包，这事情不行咱们自己干风险比较大，比如不会开车，那可以坐出租车。所以按这样的逻辑来考察一下流动性风险策略有哪些。

对于流动性风险的管理，一个周密的计划非常重要，因为它与操作风险有所不同。操作风险可能是突破计划形成的，流动性风险不太一样，计划很周密这个非常重要。但计划却可以在一定程度上降低流动性风险。在制定计划时，需要考虑资产覆盖结构，并且制定具体的措施和手段，以便及时地进行流动性风险防控。一笔糊涂账可能会带来很大的流动性风险，因为在需要资金时才发现账户原来没钱。而企业中有人故意造假账，这也会带来流动性风险。巴黎银行的倒闭就是一个例子，坏账被隐藏起来，直到最后才暴露出来，导致无法挽回的后果。前面曾经讲过的例子就是巴林银行的倒闭就是因为出现坏账，然而交易员里森藏匿了这个现象。坏账等到暴露的时候已经到了无可挽回的地步，所以一个周密的计划非常重要，这是管控流动性风险的根本策略之一。因此，管理流动性风险需要充分考虑风险发生的可能性，并且采取适当的措施和策略来降低风险。这可以是通过紧密监控账户余额，控制财务流程的真实性和准确性，以及规避可能的风险敞口等手段来实现。

拨备是防范流动性风险的一种方法，其核心是要预留一定的资金或者保持一定的资本的充足性，这在银行企业是一个非常明确的要求。在《巴塞尔协议》里边一直是重点强调的一个方面。为了防范流动性风险，企业需要保持足够的资本和流动性资产。一般来讲，资本充足率可以作为防范流动性风险的标准。根据国际惯例或历史数据，企业可以确定合适的资本充足率。那么在商业银行里就称为最低资本充足率标准，简称资本充足率。很早以前资本充足率定为4%。后来经过不断调整，到现在基本上认为普通的商业银行应该保持8%以上的资本充足率。否则，对于抵抗流动性风险就存在明显的不足。对于一般企业资本充足率因行业不同而不同，越是对流动性依赖比较大的行业，就应该保持更高的资本充足率，以便出现流动性风险的时候能够加以抵御。那么，作为拨备策略这个的具体的手段和措施也是有多种的。前面所说的保持资本充足是一种办法，预留一定量的现金也是一种办法，还可以持有一些高流动性的资产，这些方法对于各种类型的企业来讲，都是适用的。当出现流动性要求的时候，能够迅速及时地拿出资金来，这是最主要的策略。其次，从理论上讲还有一些其他情形，例如扩大融资渠道这是一种办法，具体来讲就是一个银行平时就应该尽可能多地跟优质客户建立起亲密信任的关系，这实际上就是从渠道上对流动性风险进行管控。所以拨备手段包括融资的渠道，还有筹资渠道，比如变卖、资产转让、转账还有资产证券化 ABS 等，这些都是具体的手段。

7.4.2 风险监测

在流动性风险管理中，检查是一个非常关键的环节。检查是指在实时或定期的基础上对流动性状况进行评估，并根据评估结果及时调整，以提高风险监控的效果。对于个人而言，要防范个人资产出现流动性风险，就需要定期检查自己的资产情况，例如现金、存款等资金，以及自己的支出和收入情况，从而了解自己的资金动向和流向。这样可以帮助个人了解自己的财务状况、及时发现问题并加以处理。如果个人不经常检查自己的资产情况，就很容易出现资产流动性不足的情况，给个人带来很大的经济风险。在企业中，对于流动性风险的检查也非常重要。资产负债结构和现金流都是需要被检查的关键点。在过去的商业网点中，为了确保财务数据的准确性，它们经常会在特定的时间进行盘点或清点。过去的记账工具不够先进，只能在纸上完成记账，时间长了后，难以清楚记录商品的卖出数量、销售金额、花费以及剩余流动资产等情况。如果不及时盘点，库存就会积压，商品进货出货不平衡等问题也会随之产生。另外一个原因是预计的盈利可能与实际盈利存在差距，导致商家在经营过程中出现了一些不确定性和风险。

当今不同于过去，已经进入了大数据时代，但这并不意味着检查已经失去了作用。相反，流动性风险管理中的检查仍然是非常关键的一环，但是检查的方式已经不同了。现在普遍使用的是自动化系统和数字化平台，可以实时地进行监控，并及时发现问题和风险。以银行为例，现在银行在普及使用在线银行、手机银行和支付宝等移动支付方式的同时，也在加强自身数字化建设，建立流动性风险监测和管理平台，来保障资金安全。

总之，检查是流动性风险管理的一个非常重要的环节，无论是个人还是企业，都需要在财务管理中更加重视流动性风险的检查，及时发现问题并采取相应措施。在大数据时代，数字化平台和自动化系统的出现，使得风险的检测效率和准确度大大提高，这也为流动性风险管理提供了新的方式和手段。

7.4.3 风险处置

流动性风险处置过程中，将由行领导协调有关部门，对各项工作进行协调，具体事项有：

（1）积极组织存款，协调存入资金，规定辖属部门和单位对在本行的存款除正常的支取外一律不得提取，并协同做好稳定其他存款大户的工作；

（2）积极协调本行有关债权人延期追偿债务；

（3）协调税务部门按照上级有关规定给予发生风险的本行减免有关税费等；

（4）联系协调公、检、法等部门，处置可能引起的各类突发群体性事件；

(5) 严厉打击各类逃废债行为，协助本行大力清收盘活不良贷款，提高资产变现能力。

风险自救的途径有以下几点：

(1) 立即收回存放同业款项；立即卖出持有的国债或其他债券；对拆放同业的资金不论到期与否，力求全部收回。对员工（股东）、理事、监事、内部管理人员及其关系人发放的贷款，以及向上述人员投资或者担任高级管理职务的经济组织发放的贷款，不论是否到期，一律予以清收，对未到期的债权进行转让或清收；

(2) 停止发放除小额农户贷款以外的其他贷款，组织回收资金，保持一定数量的现金库存；

(3) 切实改进服务，与到期债务的债权人妥善协商，如实向债权人披露解决流动性风险的决心与措施，力求达成延期或分期流动性的协议。

在本行自救尚难以化解流动性风险的情况下，通过以下途径开展应急资金的组织与救助：

(1) 向发起行申请调剂资金，或由发起行协调在各村镇银行间进行资金拆借；

(2) 向人民银行申请动用存款准备金，人民银行按规定批准其动用存款准备金；

(3) 通过发起行向省政府申请动用风险准备金进行救助。

7.5 本章小结

本章7.1节首先讲述了流动性风险的内涵，流动性风险可以从两个方面来加以认识，一个是融资流动性风险就是指无力为负债的减少或资产增加提供融资的可能性；另一个是市场流动性风险是指一笔交易它的头寸相对于正常交易量而言很大，使这笔交易不能以当前的市场价格来完成，从而降低资产价值。其次对流动性风险的主要成因进行阐述，流动性风险主要由负债过高、资产损失、收入减少和资产流动性下降四大成因；然后讲述了流动性风险的特点分别为：

(1) 与资产负债状况直接相关；

(2) 与资产结构和资本结构有密切联系；

(3) 受经营状况的显著影响；

(4) 易受市场风险和信用风险牵连。

本章7.2节流动性风险的识别主要讲述具体识别流动性风险的方法有三种，分别是资金流动性风险、资产流动性风险和结构性流动风险。借助流程分析、因果分析和情景分析可以对流动性风险的识别提供帮助。

本章7.3节流动性风险的计量，首先对计量方法进行了分类，分为初级计量方法和中高级计量方法。初级计量方法包括资金结构法和财务指标法；中高级计量方法包括缺口分析法、久期分析法、交易模型法、压力测试和情景分析法，最后对流动性风险计量进行了实例分析。

本章 7.4 节流动性风险的管理中首先讲述风险预防、风险监测、风险处置。其中风险预防有做计划和拨备两种方法；风险监测就是实时地或者定期地对自己的流动性状况作出评估而且根据评估的结果及时进行调整；流动性风险处置过程中，将由行领导协调有关部门，对各项工作进行协调，并且描述了风险自救的途径和当本行自救尚难以化解流动性风险的情况下，可以通过哪几种途径开展应急资金的组织与救助。

思考与练习

（1）简述流动性风险的内涵。
（2）简述非金融的一般性的企业流动性风险的主要成因。
（3）简述金融行业流动性风险的主要成因。
（4）简述流动性风险的主要危害。
（5）简述流动性风险的因果分析方法。
（6）简述流动性风险的特点。
（7）简述流动性风险的流程分析方法。
（8）简述资金结构法计算流动性风险所需资金量的基本原理。
（9）写出以下偿债能力指标的计算式：流动比率、速动比率、现金比率、资产负债率、营运资金比率。
（10）举一个现金流量能力指标并说明其度量原理。
（11）举一个营运能力指标并说明其度量原理。
（12）举一个盈利能力指标并说明其度量原理。
（13）简述缺口分析法计算流动性风险的基本原理。
（14）简述久期分析法计算流动性风险的基本原理。
（15）简述交易模型法计算流动性风险的基本原理。
（16）简述流动性风险压力测试的基本原理。
（17）简述流动性风险情景分析的基本原理。
（18）如何有效预防流动性风险。
（19）如何监测流动性风险。
（20）如何对流动性风险进行处置。

8 法律风险管理

法律风险无论对企业、对个人乃至对国家都具有重要影响。本章主要包括 4 个方面的内容，分别是法律风险的概念、法律风险的识别、法律风险的计量以及法律风险的管理。

8.1 法律风险的概念

8.1.1 法律风险的定义与规范描述

此前多章内容对风险的定义、规范性描述都有了清晰的界定，并研究了各类具体的风险，本章将特别分析法律领域的风险，以此建立起对法律风险的清晰认识。21 世纪以来，法律风险在企业发展中广为流行。在开始对法律风险作出定义时，需要对《巴塞尔新资本协议》的背景作出回顾。1974 年，巴塞尔委员会由十国集团中央银行行长倡议建立。《巴塞尔协议》的出台源于著名的国际性银行联邦德国 Herstalt 银行和美国富兰克林国民银行（Franklin National Bank）的倒闭。它们的倒闭使银行监管问题的重要性得到凸显，监管机构开始全面审视银行的监管问题。1975 年 9 月，《巴塞尔协议》出台，该协议首次确立了全球统一的银行风险管理标准，强调国家风险对银行信用风险的重要影响，该协议的国际影响力不断扩大，巴塞尔委员会后续又根据市场环境变化对该协议进行了调整、补充和完善。1996 年 1 月，推出的《资本协议关于市场风险的补充规定》突出强调了银行面临的市场风险。1997 年，东南亚金融风暴引发委员会对全面风险管理的重视，确立全面风险管理的理念。2001 年，《巴塞尔新资本协议》的框架继续延续了 1988 年的协议，以信用风险控制为重点，突出强调国家风险的监管思路，2004 年 6 月通过的《巴塞尔新资本协议》代表了金融风险管理最新发展趋势，首次将与银行内部控制密切相关的操作风险、流动性风险、法律风险和名誉风险都纳入其中，但对其如何进行量化分析还是一个亟待解决的问题。

回顾完《巴塞尔协议》的背景，再对其他教材中的定义作出分析，不难看出，有的书中借助巴塞尔委员会在 1994 年发布的《衍生工具风险管理指南》，将金融衍生工具交易中的“法律风险”定义为交易合同无法依法执行或者合同内容不合法、不合规的风险。而 2004 年 6 月巴塞尔委员会出台的《巴塞尔新资本协议》将法律风险定义为一种特殊的操作风险，首次将法律风险纳入资本监管框架。还有的教材借助国际律师协会（IBA）对法律协议的狭义定义，将法律风险定义为企业法律风险，企业法律风险是由于企业外部的法律环境变化或自身经营行为不符合法律规定而引致法律后果的可能性。由此可见，法律风险广泛存在社会活动和主体发展的各个阶段中。横向看，公司治理、战略规划、企业决策以及市场开发等社会活动中隐含着不可忽视的法律风险；纵向看，法律风险也存在于企业发展的各个阶段，例如，公司设立时的虚假出资行为风险、企业运营阶段时经济合同存在的法律风险、市场竞争时的财务或税收的法律风险等，包括企业关闭阶段仍然存在法律风险，例如虚假破产带来的风险。要想识别、管理法律风险，需要对法律风险的内涵有深刻的认识。

随着世界经济一体化的发展进程，法律风险将成为企业最需关注的风险之一，构建法律风险防范机制是极为迫切的需求。一方面，2014 年中国银监会出台了银行业法律工作的意见，提出了银行业金融机构涉诉案件数量大幅上升，涉案金额也是逐年增加，要稳妥处理大量的涉诉案件，并能及时上报重大案件，需要构建法律风险防范机制，这是制定法律风险防控机制的制度背景。另一方面，中国处于急剧变化的转型阶段，使得社会形式和模式错综复杂，各行各业都承受着不同的法律性风险和非法律性风险，这是构建系统的法律风险防范机制的社会背景。[29]那么，在了解了法律风险产生的基本背景后，需要对法律风险给出严格的定义和说明，以此作为法律风险管控的具象化理论基础。

从狭义角度分析，法律风险可以被定义为由于合同内容在法律上无效或由于合同缔结不正确而无法履行的风险。这种定义主要是将法律风险固定于金融机构所签署的各类合同的有效性和执行情况。还有的书中扩展了上述狭义的定义范围，将法律风险定义为企业处理法律事务中发生潜在经济损失或其他损失的可能性。[29]

因此，我们在了解上述背景下，对法律风险的来源、狭义和广义内涵都有了清晰的认知，这时就需要对法律风险做出严格的定义。法律风险是指由于企业缺乏专业的法务人员，企业的经营活动疏于法律审查，或者企业为利益逃避法律监管，导致违反国家法律法规或者其他规章制度，进而承担法律责任或者受到法律制裁的风险。这个定义详细涵盖了产生法律风险的原因，以及风险承担主体等。这个定义也说明法律风险的后果是严重的，因为一旦发生，企业难以掌控风险后果，有时甚至给企业带来灾难性的危险，因此建立健全法律风险防范机制，是加强企业风险管理最基本的要求。定义给出了导致企业法律风险的原因，本书进一步梳理出了风险具体的来源途径。

大体看，法律风险主要来源于三个方面：（1）法律和政策环境发生变化。法律政策的变化和调整可能导致企业未来经营活动的法律法规发生变化，从而增加企业不确定性的法律风险。例如，新旧法的颁布、废除和修改，使得污染环境的项目，如数字货币的挖矿项目，都已被强制关停。在海外投资和国际贸易中，企业若不了解当地法律法规，可能会面临经济和法律责任风险。（2）他人违法或违约。企业与他人签订的合同条款如果因为解释，或执行不当，可能会给企业带来法律风险和经济风险。（3）公司自己违法或违约。如企业在经营活动中侵犯了他人的知识产权，可能会面临知识产权权利人的起诉、赔偿等法律风险，或者企业在市场竞争中如采取不正当竞争手段，例如欺诈、虚假宣传等，也会面临法律制裁的风险。公司的经营行为都是法律行为，如果公司的经营行为违法，就会面临法律制裁。同样，公司违约也会面临承担违约责任或赔偿等不利的后果。法律风险一旦发生，后果肯定会很严重，轻则给企业造成重大损失，重则甚至是毁灭性的，会导致企业破产。

通过对法律风险来源的准确认识，大家可以将其扩展到我们日常生活中，我们生活中的法律风险也不外乎是这三个方面，所以不仅是企业需要加强风险识别和防范，完善风险管理机制，健全内部控制制度，提高员工的法律意识和法律素养，我们作为个体在社会生活中，也要加强法律意识，规范自身行为，避免陷入法律问题的威胁。

8.1.2 法律风险的类型及成因

接下来，按照我们给出的定义，需要对法律风险的类型和成因做出细致而具体的分解，这样可以帮助企业更加深入地了解法律风险特点和发展趋势，有助于企业在事前预防风险，加强对风险的认知和理解，提高企业领导和管理层对法律风险的识别和评估能力，能够更好地开展风险管理，提高管理水平，最大限度地避免和减少损失，也有助于个体参考。因此，了解法律风险的类型及成因是非常重要的一项任务，我们需要对法律风险的类型和成因做到心中有数。

8.1.2.1 法律风险的类型

根据法律风险的定义，可以从不同的角度对其加以分类。比如有的教材关注到了商业银行等金融机构主体的法律风险，并将其分为内部操作法律风险和外部环境法律风险。尽管从引发法律风险的环境角度对风险进行划分，但划分的角度的逻辑性和严密性还不够，缺乏从整体构建法律风险的类型框架。[29] 为此，需要从分类角度作出梳理和总结并尽可能加以规范化。综合理论和实践两方面的因素，从以下四个角度对法律风险做出严谨而科学的分类。

（1）按法律风险的来源划分，一种角度是将其划分为合规风险和监管风险。合规风险指的是商业银行等经济主体，由于违反法律规定而遭受法律诉讼、监管处罚，进而产生不利于企业形象、盈利和发展的风险。监管风险是指由于法律、监管规定的变化，商业银行等经济主体反应具有滞后性，由此影响企业正常运营、削弱竞争能力和发展能力的风险。另一种角度是将其划分为内部法律风险、外部法律风险、自然灾害法律风险以及技术法律风险。其中，内部法律风险来源于企业内部在经营活动过程中未能遵守相关法律法规、合同或承诺等产生的风险；外部法律风险源于企业与外部环境的关系，包括企业与政府、客户、供应商、竞争对手等的相关法律关系，如未能遵守安全规定、地方政府不能在预定时间内提供帮助等导致的法律风险。自然灾害法律风险源于企业经营地区的自然灾害，这种灾害可能导致企业财产损失、信用损失、个人伤亡等潜在风险和损失。技术法律风险涉及到企业使用的技术或技术产品，如未能满足技术标准、不维护或未指定责任方等产生的风险。

（2）按法律风险的成因划分，通常可以分为违规风险、侵权风险、怠于行使权利风险和行为不当风险。违规风险指的是企业的活动违反国家法律法规而产生的风险；侵权风险指的是企业侵犯他人权利或自身权利被他人侵犯的风险；怠于行使权利风险是没有及时行使权利而产生的风险，例如未依法行使合同解除权等；行为不当风险指的是不包括以上风险中的情况且由于企业某类行为可能给企业带来负面后果的风险。[16]这种分类角度可以使主体明确法律风险发生的具体原因，可以对风险有更为清晰的认识。

（3）按法律风险发生阶段划分，可以分为决策中的法律风险、业务操作中的法律风险、风险处置过程中的法律风险等。[30]顾名思义，这种划分很明确表述了法律风险存在于企业活动的各个阶段中，定义也很直观。还可以按合同签署时期划分风险类型。其中，前期风险一般指在签订合同前出现的风险，例如企业合作伙伴的资信状况不良、合同交易的相关法规政策、合同是否存在漏洞等；履约风险是指在合同签订之后，合同各方在履行合同时产生问题引起的法律风险，例如违反合同约定、无法履行合同、违反法律规定等；纠纷风险是在履约过程中或合同期满后，由于各种原因导致纠纷产生带来的法律风险，例如合同违约、商品质量问题等；后期风险是指在合同期满之后，例如双方未能达成续约，合同违约带来的损失等。了解法律风险发生的不同阶段，有利于企业针对不同时期的特征制定相应的风险管理措施。

（4）按法律风险可能带来的不利后果划分，通常可以分为刑事责任风险、行政处罚风险、民事责任风险以及单方权益丧失风险。刑事责任风险指的是企业单位犯罪、法人和直接责任人被追究刑事责任的风险；行政处罚风险指的是企业经营活动违反行政法规、地方性法规和规章等的风险；民事责任风险包括企业违约风险、侵权风险等，民事责任风险是比行政处罚风险更常见的风险；单方权益丧失风险是指企业既没有违反法律法规，也没有违约的情况下，仅仅由于自身的原因导致部分或全部权益丧失的风险，例如，某科技公司在技术研发阶段，本来可以接受政府的资金支持，但是由于该企业不熟悉相关法律法规，导致失去了被扶持的机会。

8.1.2.2 法律风险的成因

我们已从多个分类角度了解了法律风险的类型，这从侧面说明了法律风险的成因复杂，涉及的维度和因素也较多，因素之间存在相互影响的问题，为了将法律风险的系统性成因分解为具体的维度，本节运用风险分解的原理，主要从法律法规的特征、主体行为因素、主体认知因素、主体机构设置和外部监管问责机制设置五大维度入手，抽丝剥茧来细化法律风险的成因，这样对于真正理解法律风险，并制定有效的预防措施而言至关重要。

（1）法律法规特征。法律法规存在不确定性，不仅条例的变化和调整会给企业经营带来风险，而且条规的统一规范或涉及的内容较为复杂、专业性强，给企业经营带来一定的不确定性和风险。企业在经营活动中，难免会遇到法律法规的制定和实施存在时效性和局限性问题，以及随着社会发展和政策调整发生变化的问题，如果企业的对外交易人员缺乏法律的相关素养，对相关知识了解不清，不能及时适应相关法律法规的变化，不能识别经营行为中蕴含的法律风险，就难以做到依法维权。

（2）主体行为因素。这里的主体是指企业和个人，在日常社会活动中，主体行为会引致诉讼风险、合同风险以及知识产权风险等。企业经营和个人生活中，可能会出现各种纠纷和诉讼，如果不能妥善处理好，就可能会面临诉讼风险，影响企业或个人的正常运营和生活。合同是企业或个人进行商务活动的重要方式，如果签订的合同条款存在不合法、不公平或不完整的问题，就会增加企业或个人面临法律风险的可能性。在现代社会中，对知识产权的保护尤为重要，如果企业或个人侵犯了他人的知识产权，就会面临法律风险和商业的双重风险。

（3）主体认知因素。企业的负责人有时为了企业的发展目标，会罔顾法律法规的约束，产生凌驾于法律之上的违法行为。一般情况下，法律对等保护双方的合法权益，但当法律不能适应经济发展时，在一定程度上反而会限制企业发展的需求，但由于各地方的执法尺度不同，当部分事实的违法行为得不到应有的追究，在指标压力与侥幸利益的双驱动下，违法企业会忽略法律的规制，法律的实体安全被“边缘化”。

（4）主体机构设置。企业内部的法律控制、监督机制以及专业化管理体系未能建立。不难看出，法律风险最终酿成实质的损害，大多是因为没有法律机制监控的保障。当法律手段作为企业管理体系的重要组成要素，必须要有机构及制度来保证，使法律的监控成为每一次经营行为的必经环节。由于法律具有较强的职业性和专业性，不具有专业知识背景者难以胜任。法律风险发生较多的单位往往没有聘用专业的从事法律的人员，从而难以实现法律的专业化管理。

（5）外部监管及社会环境监督机制。任何企业不能从过错行为中获益，这是法律的基本道理。当企业由于特定法律风险受损时，企业的直接责任人员的过错行为如果不能受到对应的代价制约，外部监管机构对类似法律风险的防控不能正确评价，那么难以起到法律风险管理的作用。除此之外，舆论和社会环境的变化和影响会导致企业经营的不稳定性和风险性。总之，法律风险的成因十分复杂，更准确地认识法律风险成因，有多方面的好处。一则有助于企业在经营过程中预判潜在的法律风险，及时采取相应的应对措施，规避风险，进而降低经营成本；二则有助于企业在设计业务流程和决策制定时，避免不合规的行为；三则有助于企业在合同签订、合作伙伴选择等方面更加注意，避免合同漏洞和违约风险；四则有助于企业制定更加科学的经营策略，更好地适应市场需求，提高企业竞争力和经济效益。因此，不管大家未来是否真正从事法律风险领域，必要的了解也会让我们更加明白风险管理在各领域应用的重要性。

8.1.3　法律风险的性质

由于法律风险成因复杂，涉及众多因素，表现出高度的不确定性、多样性以及动态性。而且从前述的论断中，我们不难看出法律风险存在于企业经营活动的各个阶段中，若风险发生则会波及企业的多个部门，由此法律风险具有综合伴生性。随着法律法规的动态调整而变动，具有显著的动态性。当法律风险发生时，会强制企业承担法律责任，因此法律风险通常具有强制性。这些法律风险性质需要我们进一步展开分析。

8.1.3.1 法律风险的不确定性

法律风险的不确定性是指法律风险的产生和发展受到多种因素的影响，并且难以预测和控制[28]具体展开，这种不确定充斥在各个方面。一是法律规定的不确定性。对法律本身的解读会存在一定的歧义，不同的法律解释会导致不同的结果，这使得企业很难准确地预测法律风险的发生概率和影响程度。二是法律环境的不确定性。法律环境受政策、经济、社会等多种因素的影响，企业需要密切关注法律环境的变化，及时进行调整，但是具体的变化和调整方案也存在不确定性。三是相关法律法规的不确定性。企业的经营活动会涉及多条法律法规，法律法规的关系错综复杂。当一项法律出现问题时，相关法律法规的解释和适用也会出现变化，这进一步增加了法律风险的不确定性。四是相关合同的不确定性。在商业活动中，合同起到了规范各方行为的重要作用。但是合同涉及到众多的条款和解释，一旦出现争议，合同的效力和约束力也会受到挑战，进而增加了法律风险的不确定性。由此可见，法律风险的不确定性在很大程度上增加了企业解读、应用法律的难度和复杂度，因此，企业必须适应性调整学习和研究法律法规的进程，积极应对法律风险的发生，有效降低风险的不确定性，从而保护企业的合法权益。

8.1.3.2 法律风险的多样性

法律风险的多样性是指法律风险的种类、产生原因、严重程度以及应对方式多样化，企业需要针对性采取防控措施。[29]具体包括三个方面，一是法律风险的类型多样。这一点我们在前面已经多番论述。不同类型的法律风险所涉及的法律法规、制度和实务等方面都不尽相同。二是法律风险的产生原因多样。类似地，这一点也毋庸置疑。例如，企业窃取商业机密，侵犯他人知识产权，就会面临侵权诉讼风险等。三是法律风险的严重程度多样。同一类型的法律风险在不同的企业中，严重程度有所不同。有些企业可能只是面临轻微的法律风险，有些企业可能会面临较为严峻的法律风险，甚至威胁到企业的生存和发展。四是法律风险的应对方式多样。对于程度轻微的法律风险，企业可以依法履行相关规定；当严重程度较为严重时，企业需要积极采取法律措施进行应对，包括采取纠正措施和赔偿损失等。因此，企业需要判断法律风险的类型、成因和严重程度，进而根据实际情况采取不同的应对方式，从而避免法律风险对企业的生存和发展造成不良影响。

8.1.3.3 法律风险的动态性

法律风险的动态性是指企业要时刻关注和适应法律法规的变化和社会环境的改变，以此把握住法律风险相应的变化和演化。具体包括四个方面，一是不断变化的法律法规。各项法律法规都也不断地在修订和完善中，这使得企业面临的法律风险随时可能发生变化。二是市场环境的变化。市场环境的变化也会对法律风险产生直接的影响。例如，市场竞争加剧、产品竞争加剧等都可能导致企业在合同纠纷、商业诽谤等面临更强的法律风险。三是企业运营的变化。企业在拓展市场、开展新业务、并购重组等方面，可能面临不同程度的法律风险。同时，企业运营的变化也会影响其在合规方面的风险管理，需要及时跟进和调整。四是人员管理的变化。人员动态的变化也是企业法律风险动态变化的因素之一。不少战略调整或濒临破产的企业可能会面临员工欠薪、员工离职等问题，这些问题都可能要求企业采取法律措施予以解决。因此，企业在管理法律风险时需要关注其动态性，不断更新和优化法律风险管理策略，并建立起完善的法律风险预警机制，以应对潜在的法律风险。

8.1.3.4 法律风险的综合伴生性

法律风险的综合伴生性是指法律风险始终伴随着企业的活动而产生，企业的商业风险、战略风险、财务风险和管理风险等也伴随着法律风险。具体包括四个方面，一是与商业风险的关系。企业面临的市场风险、竞争风险等都可能涉及法律风险，例如商业合同的违约、商业诽谤等。二是与战略风险的关系。企业的战略规划、重组并购活动等都会涉及法律风险，例如合并重组过程中的业务转移、资产评估等问题。三是与财务风险的关系。例如企业的税务纳税问题、资金筹集等都可能涉及法律风险。四是与管理风险的关系。法律风险也会有影响企业风险管理的综合伴生性。例如企业的内部管理存在欠缺，可能会导致合同纠纷、人员管理问题等风险的发生。因此，企业要在经营中需要全面考虑法律风险的伴生性，将其纳入到整个风险管理框架中，采取综合措施管理法律风险。这需要全面了解企业涉及的法律风险、风险责任、风险评估等方面的内容，及时进行风险预防、审慎决策、加强内部控制等一系列的措施。

8.1.3.5 法律风险的强制性

法律风险的强制性是指一旦企业的违法行为被坐实，企业就会被强制承担相应的责任，包括但不限于民事责任、行政处罚、刑事责任等。因此，企业应当严格遵守法律法规，以避免违法风险的发生，保护自身的合法权益。具体包括三个方面，一是法律法规的强制性。法律法规规定了企业、个人在各种活动中的行为规范和要求，例如劳动法、民商法、环保法等。二是合同的强制性。企业自愿订立合同约定，一旦企业违反或违约，将面临约定的违约责任和法律制裁。三是行政法规的强制性。除了法律法规外，企业还要遵守各种行政规章等，企业若违反了这些规定，同样会面临法律风险甚至被行政机关责令停业、罚款等制裁。因此，企业必须认真遵守法律法规和合同的规定，加强内部管理，建立健全制度和流程，规范经营和管理行为，以降低法律风险的发生概率和程度。

综上所述，法律风险是一种复杂多样的风险，企业不能完全预见或避免法律风险的发生，但可以通过认识和了解风险的性质，帮助企业在商业活动中更合理地配置资源，采用风险适度管理策略，通过风险识别和评估、合规管理以及法律咨询等手段，提高对法律风险的认识和控制能力，以保障自身的合法权益和长期发展，以最小化风险并获得最大程度的利益。

8.2 法律风险的识别

由于法律风险的后果重大，法律风险的识别尤其重要。值得庆幸的是，虽然法律风险具备伴生性和强制性的性质，但是它仍是可预见的，这就需要企业具备识别风险的意识和能力，并做到尽早识别，对诱发法律风险的因素和流程加以预防和控制，做到未雨绸缪、防患于未然。其中，风险识别是法律风险管理的最基础环节，这与企业经营活动中的合规性风险区别开来，从而确定企业所面临风险的法律属性与内容，这是进一步分析、监控和防范风险的前提条件。

8.2.1 识别原理

法律风险的识别目的在于准确找出企业潜在的法律风险点和法律风险源。法律风险的识别不取决于企业决策者的个人意志，也不取决于企业自身状况以及企业经营收益的权衡，而是完全依照现行的、确定的以及公开的法律法规。法律风险的识别实际上是一种决策分析过程，可以应用数学的分析原理。一般来说，常用的数学原理是概率论原理、统计学原理以及决策分析原理等。

8.2.1.1 通过概率论原理识别法律风险

通过概率论原理来识别法律风险较常使用的方法是风险概率分析、风险事件的决策树分析、风险事件的期望值分析以及事件的不确定性分析。[29]我们需要具体展开来详细阐述各方法。法律风险的概率分析是从概率的角度对历史案例的梳理，人们可以了解到各种案例发生的概率，从而更好地估测出风险概率。同时，也可以利用各种概率理论模型对风险概率进行预测和分析，从而更好地了解风险事件对决策的影响。风险事件的期望值分析是对风险事件发生的概率进行估计，可以计算出风险事件的期望值，从而更好地指导决策。风险事件的不确定性分析通过各种概率理论模型来对不确定性进行分析，例如蒙特卡罗模拟、灰色系统模型等。

8.2.1.2 通过统计学原理识别法律风险

通过统计学原理来识别法律风险较常使用的步骤是数据收集和分析、风险因素的识别和分析、概率分析、建立风险模型以及不确定性分析。[29]我们需要具体展开来详细阐述各步骤。首先，数据收集和分析。在识别法律风险时，需要收集和整理相关数据，这些数据可以帮助企业确定现有的法律下可能出现的未知的法律风险；其次，风险因素的识别和分析。针对收集的数据，识别可能导致风险的因素。再次，概率分析。利用回归分析预测特定因素对合同或经营活动成功的贡献，以此来评估风险，最后，建立风险评估模型。通过将数据和结果结合，建立风险模型，模型可以根据不同的风险指标和数据，采用不同的方法，以准确地估测风险，进而确定法律风险的概率和影响力。

8.2.1.3 通过决策分析原理识别法律风险

通过决策分析原理来识别法律风险较常使用的步骤是定义决策目标、收集必要信息、评估决策的风险、制定决策方案以及实施和监督决策。我们需要具体展开来详细阐述各步骤。首先，定义决策目标。企业需要明确能从决策的目标中获得什么结果。[29]在法律领域，决策目标可能包括尽量避免诉讼或其他法律风险，降低法律成本，保护公司的利益等。其次，收集必要信息。在法律领域，这可能包括合同、诉讼记录、诉讼趋势、法律规定等。再次，评估决策的风险。在获得必要信息之后，通过多种方法进行，例如，统计分析、模拟、风险评估、情境分析等。最后，制定决策方案后实施监督决策。在评估决策的风险之后，需要制定最佳的决策方案，实施决策并进行监督，以确保决策的有效性和适用性。

8.2.2 识别方法

虽然我们可以应用数学思维逻辑来阐述法律风险识别原理，但是具体的识别方法还需要依托成熟的方法，应以科学、理性和专业的理念为指引，这样识别才最准确。法律风险的识别方法就是识别企业法律风险时应遵循的思路、原理和步骤。企业法律风险的具体识别方法包括流程分析法、历史事件分析法、德尔菲法、情景分析法等方法，这些方法各具特色，优势互补，共同形成系统性的法律风险识别方法体系，如图 8-1 所示。在错综复杂的现代经济社会中，企业管理者应从全局的不同视角全面探知法律风险，将风险识别贯穿流程管理之中，同时，及时更新、细化法律风险识别方法，使得方法体系追踪企业发展，使得识别方法科学化和准确化，以便形成稳固长效的法律风险识别机制。

8.2.2.1 流程分析法

流程分析法（Process Analysis，PA）是指以现行的法律为依据，以企业的生产经营活动为主线，对企业活动的全部流程、环节和结构，例如原材料采购和仓储、产品制造和销售以及投资、人力管理等，进行全面的分析，找出潜在的风险因素。流程分析法的主要流程包括流程识别、流程分析和改进建议。

（1）流程识别是指企业需要全面掌握流程的具体内容和各个节点，识别出业务流程主要环节。应重点关注关键环节、重要业务流程以及可能带来风险的环节等。该流程的具体工作是：1）明确业务流程、流程相关人员以及工作职责和权利；2）梳理流程，并编制业务流程图；3）与流程相关方进行沟通，了解业务流程的现状、故障点、主要风险点等信息；4）对业务流程进行分类归纳。

（2）流程分析是指在流程识别的基础上，进行流程分析，识别可能的问题或风险。该步骤的具体工作是：1）确定流程中所有环节和节点，找出可能的问题点等；2）对问题点进行量化评估，分析问题发生概率和风险程度等；3）通过对各个环节的数据收集、分析和处理，确定问题原因，提出解决方案；4）确定适当的风险控制措施。

（3）改进建议是分析最后的一步，需要依据前面两个步骤，提出相应的改进措施和建议。该步骤的具体工作是：1）针对可能存在的风险点，提出相应的解决方案；2）确定改进的优先级，对重要的改进项目进行规划和组织；3）制订改进计划，确定具体实施步骤和时间；4）对改进位置进行监控和跟踪，确保改进方案有效实施。

流程分析法是相对完整、成熟的流程管理模式，具有直观、形象的特点，在法律风险管理中得到了非常普遍的应用。该方法将企业面临的风险细化，并以图解的形式逐层分解，使得管理者对风险的认知更具象化，可以清晰地传递企业生产经营和管理链条中的控制薄弱环节点和不合规点，利于管理者迅速认知并判断风险环境并作出科学的决策。

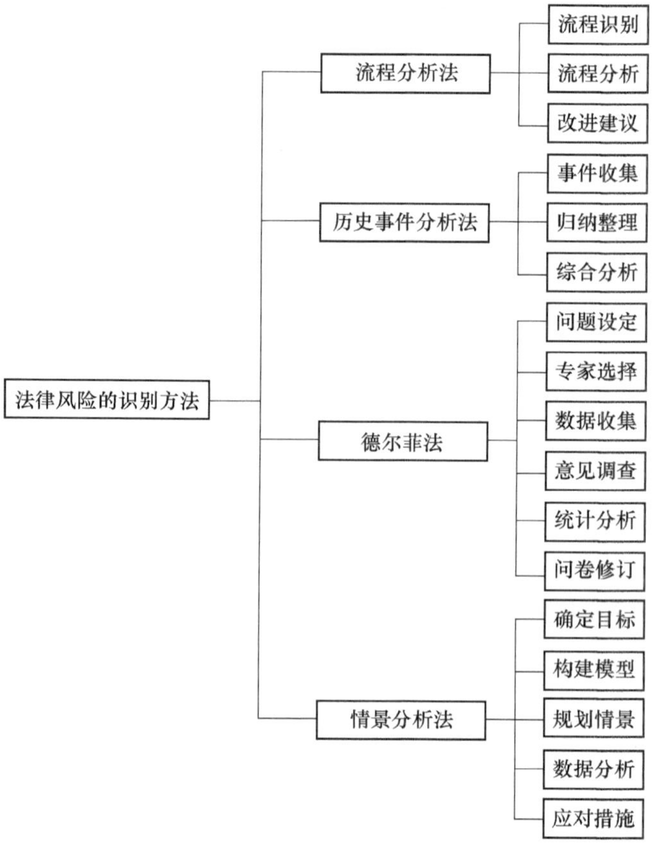

图 8-1 法律风险识别方法

8.2.2.2 历史事件分析法

历史事件分析法指的是着眼于企业内外部已经发生的、给企业带来严重损失的法律风险案件，包括内外部法律纠纷、诉讼等，通过剖析其成因、探索其规律、总结反思其经验教训，达到“吃一堑长一智、不在同一个地方摔倒”的目的，避免企业重蹈覆辙。历史事件分析法是一种重要的研究工具和管理方法，各大组织和政府机构都会定期使用这一方法进行研究和决策。历史事件分析方法的主要流程包括历史事件的收集、归纳整理和综合分析。

（1）历史事件的收集。具体步骤是：1）明确相关法律风险研究的主题；2）通过相关数据库和文献资料中筛选出相关的历史事件；3）收集历史事件的数据，包含诸如时间、地点、用途、影响等方面的信息；4）对收集的数据进行分类归纳，便于后续分析和总结。

（2）历史事件的归纳整理。具体步骤是：1）对风险事件的数据进行归类，包括时间、地点、人物、事件内容等；2）结合不同事件间的联系，形成一个完整的历史事件框架；3）分析风险事件的影响因素，比如政治、经济、文化等方面的因素，以及不同因素之间的相互影响；4）整合数据，找出其中的规律性和趋势性。

（3）历史事件的综合分析。具体步骤是：1）将之前归纳整理的数据进行进一步的筛选，挑选出真正重要的风险事件；2）对选定的事件进行比较和分类，找出其中的共性和特殊性；3）总结得出对风险管控的建议；4）制订具体的研究计划和指引，以便未来更好地把握历史事件的指导意义。

历史事件分析法一直被中小企业广泛使用，它的优点在于针对性强、时效性明显，通过清晰地解释并展现风险发生的逻辑，对企业有风险警示作用。但是，历史事件分析法的作用有限，只能局部识别部分法律风险，具有片面性，不仅容易导致企业只见“树木不见森林”，更容易忽视新型风险。另外，对于新成立的企业而言，法律风险事件可能不多，那么该方法就失效了。因此，历史事件分析法应该与其他的法律风险识别方法结合起来搭配使用。

8.2.2.3 德尔菲法

德尔菲法又被称为专家意见法，20世纪40年代，美国咨询机构兰德公司为应对复杂难题，首次使用该方法进行事件预测。德尔菲法的产生是为了克服专家权威专断等专家会议的缺点，真正做到了集思广益和取长补短。该方法主要是采用多轮循环的专家意见收集、整合和分析，通过专家之间的交流和意见的反馈，最终得出一个最有可能发生的结果，以对未来的情况和变化进行预测。在法律风险中，德尔菲法可以帮助企业预测潜在的法律风险，并采取相应的措施来预防或降低风险。法律风险识别中的步骤如下：1）问题设定：需要明确风险的范围和对象。2）专家选择：企业需要选取具有相关领域经验和知识的专家，包括律师、行业专家、管理人员等，以确保专家组成具有广泛性和代表性。3）数据收集：需要针对性地去分析法律文件、案例、法规和政策等，对于潜在的风险因素进行挖掘和解释，以获得质量更好的问题和意见。4）专家意见调查：通过问卷、电话、网络等方式向专家征求意见。在进行意见调查时，需要指导专家清晰和准确地表达意见，以避免产生偏见和过度关注某一个方面的情况。5）结果统计与分析：通过分析专家提供的意见，对其进行统计和分析，消除偏见和无效信息以及获得当前合理的意见。分析结果需在会议或工作坊中与专家进行讨论和反馈。6）问卷调查循环和修订：在上一轮意见的处理后，征求专家的反馈意见，再次修改意见调查问卷，以不断完善专家意见调查的可靠性和有效性。

综上所述，德尔菲法具有专业调查性强，数据收集方式灵活，结论客观可靠广泛等优点，但该方法也受限于专家质量，具有耗费时间和精力较多，收集的数据质量需要保证等问题，但总体说是一种非常适用于预测和管理法律风险的方法，能够有效地预测和分析法律风险，从而保护企业合法权益。

8.2.2.4 情景分析法

情景分析法是站在企业现行发展阶段上，以前瞻性的眼光，预测未来发展趋势，识别在该趋势下，企业可能面临的法律风险，并提前进行考量和分析，从而予以规避。情景分析法（Scenario Analysis）是通过预测未来事件来评估风险和机会的概率。在法律风险中，情景分析法识别法律风险的步骤如下：1）确定目标法律风险。目标法律风险包括涉及的交易或活动、相关法规和政策、涉及的法律法规和约束条件等。2）构建预测模型。预测模型包括要预测的事项、数据分析和统计方法、分析技术应用以及人员和资源投入等。3）规划情景分析。明确要预测的目标法律风险后，需要对可能发生的情景进行规划。4）数据分析和情景评估。在规划完情景分析后，进行数据分析和评估。评估过程中需要详细分析每个情景下的相关法律风险，对于可能存在的风险进行判断和量化，以确定风险出现的概率和影响。5）制定应对措施。如果可能存在的法律风险非常高，应该制定相应的应对措施，以尽可能避免风险的出现或减少风险的影响。

综上所述，情景分析法能够帮助企业全面评估未来可能存在的法律风险，制定相应的应对措施，对于企业依据需求的风险分析可有效评估潜在的风险，提前预警风险的出现，从而为企业的风险管理和应对措施提供有力支持。但企业需要注意，情景分析法仍然存在风险和不确定性，仅依靠分析结果做决策是有风险的，应当根据实际情况制定相应的应对措施。

8.2.3 识别实例分析

国际金融市场上发生过很多严重的法律风险事件，其中最著名的就是英国的巴林银行事件。巴林银行是一家著名的商业银行，该银行创建于 1763 年，在巴林事件之前一直被经营得很好，但由于交易员李森的违规操作以及公司内部监管的失责，导致该银行亏损达到了 13.6 亿美元，远远高于当时银行的全部资金储备，最终李森出逃、巴林银行宣告倒闭。以此作为风险识别的案例，法律风险可以被识别为环境风险和控制风险。环境风险需要识别的因素包括司法管辖、企业形式、行业类别、企业经营活动等。司法管辖方面，银行在不同的司法管辖区域活动面临的法律是不一样的，与此类似的是，与非上市公司相比，上市公司有着更严格的披露要求，若触碰法律底线，则其受到的惩罚也比非上市公司要深。企业经营活动方面，银行与储蓄方构建的法律关系也会产生法律风险。其他方面，例如国家法律修订和内部制度更改也会给银行的经营带来新的风险。

控制风险需要识别的因素包括法务投资、法务机构设置和执行情况、法务人力资源、法务内控制度等。法务投资方面，银行若没有聘请专业的律师团队，甚至公司内部没有法务部门，这种情况对于银行具有很大的法律风险隐患。法务机构设置方面，银行法务机构的设置情况直接反映了银行处置风险的能力。另外，法务部门与其他部门的配合情况，其他部门执行政策的力度等，也是识别控制风险的重要因素。法务人员的专业素养也是识别法律风险的重要方面，法务人员若选择漠视银行的法律风险，失去了内部消防员，那么将面临更大“森林火灾”。法务内控制度主要指的是合同管理制度，作为风险的防火墙，内控制度的建设对于预防各种风险十分重要，对于具有伴生性特征的法律风险的重要程度更是不言而喻。

目前，我国大力发展“一带一路”战略，推进我国全面对外开放，深化地区合作，促进经济发展，与此同时又面临着各种挑战。“一带一路”沿线国家众多，所属法系、政策、风俗习惯等差异很大，我国企业在“走出去”时，很容易受到贸易保护、环境保护、贸易交易、投资、知识产权、劳工合同等各种因素引发法律风险，若真触发则企业损失巨大。[30]因此，正确识别、评估和应对“一带一路”建设中的法律风险十分重要。

8.3 法律风险的计量

法律风险的计量指的是以一定方式将法律风险进行量化。参考巴塞尔委员会发布的《新资本协议》将法律风险确定为操作风险的一种特殊风险，首次将包括法律风险在内的操作风险纳入风险管理框架，要求金融机构为操作风险配置相应的资本金水平。目前，商业银行等金融机构在计量的时候都将法律风险归纳为操作风险进行统一计量。操作风险的计量主要采取基本指标法、标准法和内部度量法，法律风险的计量主要涵盖在操作风险的计量体系中计算资本金的要求。

8.3.1 初级计量方法

初级计量法主要包括基本指标法和标准法。基本指标法指的是通过以过去三年的总收入作为风险暴露，通过一定的比例，计算企业资本金要求。这个方法采用单一的指标量化金融机构为操作风险（包括法律风险）配置的资本，比较简单易行。标准法同基本指标法类似，也是将过去三年的总收入作为风险暴露，不同之处在于，它将业务划分为九条线，分线条提取一定比例的资本金要求。除此之外，选择定性分析方法和固有损失和剩余风险评估方法也是较常使用的方法。由于法律具有“以事实为根据，以法律为准绳”的准则，缺乏定量分析的数据，这决定更多地使用定性的方法对法律风险进行评估。定性法律风险评估需要使用主观术语或客观一些的术语，评估的准确性取决于评估者的知识和判断能力，以及对各种法律条文的了解和熟悉程度。固有损失和剩余风险评估方法中，固有风险是指企业没有采取任何策略来改变风险，即企业经营过程中必然存在的风险。剩余风险是指当企业采取法律风险管理行为后所残留的风险。企业应当先从固有风险着手，然后采用一般评估技术或特殊的法律方法，评估剩余法律风险。

8.3.2 中高级计量方法

中高级计量方法是内部度量法，内部度量法是指将金融机构的业务划分为若干类型，根据业务类型确定一系列操作损失的事件，然后根据某类业务下的某类风险事件下的风险发生的概率、风险暴露的规模、损失程度等，计算该类业务下的操作风险，根据监管当局规定的风险转换系数计算出对应的资本要求。高级计量法复杂程度最高，但是风险敏感度也最高，新协议中规定，企业在风险管理中，复杂的方法一经确定，若想再改用简单的方法，必须经过监管当局的批准。除此之外，风险衡量是指对企业风险发生的可能性以及风险损失的程度进行计量。法律风险的排序技术是指使用顺序计量尺度进行定性评估的方法，有利于企业确定应对风险优先次序。风险排序技术通常是使用不同颜色对法律风险事件的可能性影响程度进行排序。标杆管理法是有系统、持续性的评估过程，通过不断地将企业流程与世界企业相比较，以协助企业改善绩效。通过对流程和企业员工进行考核和评估，以此发现法律风险隐患，以便制定风险管理的应对措施。

8.3.3 计量实例分析

法律风险的计量指标包括风险发生的可能性、风险损失程度以及风险水平等，其中，风险水平是前两者的综合考虑指标，简单来讲，法律风险水平 = 法律风险发生概率 × 法律风险损失程度。首先，都要对每个可以触碰法律风险的风险行为的发生概率、损失程度进行计量；其次，根据各个风险行为的可能性、损失度和风险水平，计算法律风险发生的可能性、损失程度和风险水平。

8.4 法律风险的管理

法律风险的管理是指风险预防、风险监管以及风险处置的全过程，以达到事先防范、事中控制、事后补救的目的。[30] 法律风险存在于企业经营管理全过程中，法律风险与自然、商业风险不同，它可以被预防并加以防范的。关于法律风险管理的概念还没有得到明确的界定，但在法律界中，认为企业法律风险管理，就是把法律作为一种资源，用管理的视角来帮助企业以最小的成本支出，实现利益的最大化。基本的步骤是：（1）收集风险管理的基本初始信息；（2）开始进行风险评估，包括风险辨识、风险分析、风险评价三个步骤；（3）制定风险管理策略；（4）提出并实施管理解决方案；（5）制定监督与改进的策略。

8.4.1 风险预防

对于企业而言，法律风险的管理最重要的不是事后“灭火”，而是事前预警。法律风险防范已成为企业运营和发展过程中的重大课题，是企业风险管理中重要且基本的要求。魏文王问扁鹊：“你们家兄弟三人，都精于医术，到底哪一位最好呢？”扁鹊回答：“长兄最好，中兄次之，我最差。”文王再问：“那为什么你最出名呢？”扁鹊回答：“我长兄治病，是治病于病情发作之前。由于一般人不知道他事先能铲除病因，所以他的名气无法传出去。我中兄治病，是治病于病情初起之时。一般人以为他只能治轻微的小病，所以他的名气只及于本乡里。而我治病，是治病最严重的时候，因此才会以为我的医术高明。”所以，法律风险管理的事后控制不如事中控制，事中控制不如事前控制。随着信息化、全球化的经济模式兴起，企业的风险变得越来越复杂，由于法律风险具有伴生性，在现代社会中，对于法律风险的预防也越发摆在突出位置。

作为法律风险管理的第一步，企业内部要构建完善的组织体系，组织体系示意图如图8-2所示。

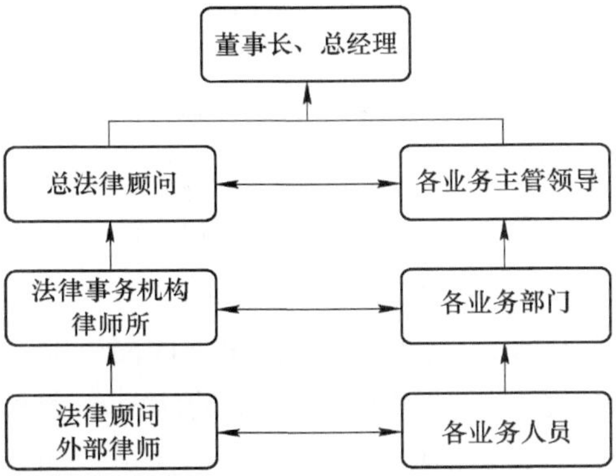

图 8-2　组织体系

第二步，建立健全一套完善的风险防范机制。首先，经济主体内部管理人员需要具备且不断能强化法律风险意识、树立风险防范理念，认知到法律风险点、风险范围、风险可控程度以及严重性，注重培育守法的企业文化，积极组织普法教育和法律案例教育的企业活动。其次，经济主体需完善内部控制体系，建立健全法律风险防范机制，尤其强调合同管理制度建设，加强合同管理是企业内部控制、防范法律风险的基础性工作，从而为法律风险的防范提供有力的内部环境。

第三步，企业应尽快建设企业法律顾问制度。我国企业法律顾问制度建设与发达国家相比还有较大的差距，相关人才也相对欠缺，因此，应积极借鉴国外的发展经验，弥补企业法律建设的漏洞。

8.4.2　风险监测

法律风险的监测指的是对企业活动的风险因素的变化和发展趋势进行监管和测量，并及时形成文案进行报告分析。[20]法律风险监测的关键在于识别出企业存在的法律风险点，法律风险点一般包括以下内容。

首先，外聘律师（律师事务所）的风险点。律师（或律师事务所）的执业信誉和操守、工作能力和经验、服务水平和素质，以及律师（或律师事务所）收费情况、是否与本公司存在利益冲突等属于业务层面的风险点。制度层面的风险点主要包括内控制度不完备、执行制度不严格、制度监管不到位等。

其次，法律诉讼风险点。业务层面风险点主要包括对法律问题不理解的风险、不能充分掌握诉讼证据的风险、法官错误判断的风险以及法律未明确规定的风险。制度层面的风险点主要包括公司现有的制度、现有评审人员缺乏客观、准确的意见，导致企业诉讼事项遭受损失的风险，以及诉讼结果执行风险等。在识别出风险点后，需要对企业存在的风险隐患进行全流程动态监测。

8.4.3 风险处置

随着公司商业化的推进，公司应形成比较完善的案件管理机制，实现及时掌握、分析、沟通、解决问题和案件的工作机制，及时采用诉讼或仲裁的方式维护公司利益。企业在经营中难免会面临法律问题和法律风险，如果不能及时和妥善处理，将会给企业带来严重的后果，包括财务损失、声誉受损、企业生存危机等。因此，企业需要从在前面讲述的法律风险的认识、识别、评估等流程下，形成应对和监测等法律风险处置措施。

法律风险处置的核心是应对。企业应制定有效的应对措施并切实执行，应对的策略可以针对风险进行分类应对。比如，涉及合同或竞争方面的风险，可以制定法律文书如“排除竞争条款”或“不可分割条款”，明确法律风险的防范程度和实施方案。应对措施要包括以下几类。一是合规措施。企业需要认真遵守法律法规，加强内部合规管理，降低违法风险。二是风险转移。企业可以通过保险等方式将风险转移给外部，并及时向责任方追究赔偿责任。三是风险规避。企业可以避免直接涉及可能存在的法律风险，避免陷入被动处置风险的态势。四是风险应对。企业通过内部法务角色设置及切实履行完整的法务管控机制，通过积极制定处理方案，及时准确反馈企业法律风险状况，规避和处理出现的风险。

法律风险的最后环节是监测，企业需要对应对措施进行监测和调整，以确保措施的有效性和可持续性。监测过程中可以采用以下方式。一是定期检查。企业应该定期检查和评估已经实施的应对措施的效果，并根据评估结果对措施进行调整和改进。二是风险管理制度。企业要建立完善的内部风险管理制度，确保风险管理工作的连续性和持续性。三是情况汇报。企业应该及时向管理层报告法律风险的状况和应对情况，以获取管理层的支持和指导。

总之，企业在处置法律风险时，应不断完善和优化识别、评估、应对和监测等方面的过程，以最大限度地降低法律风险带来的损失。此外，在处理法律风险的过程中，企业应该注重法律合规意识、内部专业技术力量的加强、与律师沟通协调以及和政府部门沟通无缝对接等多个方面。我们只有学习了解法律风险的相关知识，才能有的放矢，做到真正的风险管理。

8.5 本章小结

本章针对法律风险这一特定概念，以法律风险的概念、识别、计量与管理作为主要脉络，阐述了法律风险的具体内涵，从根本上建立了法律风险的分析思路。

本章重要的知识点概括如下：

(1) 法律风险的概念。本章以企业运营中的法律风险为对象，从法律风险的基本概念出发，规范了法律风险的定义、类型、成因和性质。

(2) 法律风险的识别和计量。本章详细阐述了风险识别的原理，以及计量的理论，构建了分析法律风险的基本框架。

(3) 法律风险的管理路径。本章以风险预防、风险监测和风险处置为路径，阐述了法律风险管理的重要性和可行方法，为实现高效益、高效率的企业发展目标提供基本保证。

思考与练习

(1) 简述法律风险的含义。

(2) 法律风险从何而来？请简述法律风险成因。

(3) 请简述企业中常见的法律风险。

(4) 从法律风险的性质出发，试述法律风险管理的重要性。

(5) 法律风险的识别原理有哪些？

(6) 请结合实际，应用法律风险识别方法举出实例。

(7) 请简述法律风险的计量方法。

(8) 简述计量法律风险的过程，并举出一个实例。

(9) 企业如何做好风险预防？请简述流程。

(10) 如何监测法律风险？

(11) 如何处置法律风险？

(12) 阐述法律风险防范的要点。

(13) 如何建立法律风险管理体系？

(14) 法律风险管理部门应承担的职责有哪些？

(15) 如何确保企业的商标、专利和版权得到充分的法律保护？其中有哪些法律风险？

(16) 当企业进行合同谈判和签订时，应该注意哪些法律风险？

(17) 在互联网和社交媒体时代，企业应该如何管理与隐私保护相关的法律风险？

(18) 在国际商务中，跨国公司面临哪些法律风险？

(19) 如何建立和实施有效的合规程序，以减少企业面临的法律风险？

(20) 在公司治理方面，有哪些法律风险需要关注？

9 工程风险管理

工程风险在工程项目中普遍存在，对项目的成功与否有着重要影响。本章旨在提供一个全面而实用的工程风险管理知识体系。

9.1 工程风险的概念

作为工业化、城市化发展进程快速的工业大国，我国很多地区都在大力推进工程建设项目。伴随着各个工程的产生和发展，项目中越来越多的不确定因素暴露在大众的视野。为了降低不确定因素对工程建设的不利影响、提升经济效益和效率，科学的工程风险管理是工程建设中必不可少的一环。

目前，工程风险管理正在从传统粗放型的管理模式朝着精细化的管理模式转变，对管理人员的专业素养和能力也提出了更高的要求。尤其是针对规模大、周期长、技术复杂、涉及主体多的工程来讲，其风险的管理更为艰巨。那么，到底什么是工程风险呢？工程风险从哪里产生呢？工程风险都包括什么呢？只有回答了这些基本的问题，才能更科学地进行下一步的工程风险管理工作。换句话说，要想避免风险的发生，首先应对工程风险的概念、产生的原因等内容有清晰的认知。此处我们重点介绍的是对工程建设产生不利影响的风险点的管理。

9.1.1 工程风险的定义与规范描述

工程建设作为集合社会经济、政治、文化、技术、管理等各方面因素的综合性社会活动，在工程建设过程的各个方面都存在很多不确定性，有的不确定性对工程产生好的影响，有的不确定性会对工程产生致命的打击。

定义 9-1：工程风险指的是工程项目运行中因为受到内外部因素的干扰，从而影响工程目标实现，使得实际结果偏离预期目标，对工程项目的目标、进度、成本、质量等方面造成损失的不确定性。

定义 9-2：我们可以将工程风险定义为一个随机变量，表示工程项目实施过程中可能发生的不利事件或结果。这个随机变量可以用概率分布来描述其可能的取值和发生概率。换句话说，工程风险是一个随机现象 R，它可以取多个不同的取值 r_1，r_2，…，r_n，每个取值对应着一个不利事件或结果。虽然其取值不确定，但可以用概率分布来描述，概率分布 $P(R=r_i)$ 表示了工程风险取值为 r_i 的可能性大小。此外，可以使用一些统计量来度量工程风险的特征。例如，可以计算工程风险的均值、方差、标准差等统计量，来描述工程风险的集中趋势和变异程度。这些统计量可以帮助分析工程风险的分布和特征，为风险管理提供参考。

工程风险的定义涉及以下几个要素。(1) 随机变量 R。工程风险被定义为一个随机变量 R，表示可能发生的不确定事件或情况。随机变量 R 的取值范围为一组可能的风险事件组 $\{r_1, r_2, \cdots, r_n\}$。(2) 风险事件 r_i。每个风险事件 r_i 代表第 i 个具体的风险情况，如自然灾害、技术故障、人为错误等。不同的风险事件可能对工程项目产生不同的影响。(3) 概率分布 $P(R=r_i)$。每个风险事件 r_i 都有一个对应的概率 $P(R=r_i)$，表示工程风险取值为 r_i 的概率。概率分布可以用来描述工程风险的可能性大小。通过对概率分布进行分析，可以了解不同风险事件发生的概率，从而有针对性地制定风险管理策略。

在实际应用中，粗略地讲，工程风险的数学化定义可以通过以下步骤来实现。(1) 工程风险识别。识别工程项目中可能发生的风险事件，并对其进行分类和描述。这是确定随机变量 R 的取值范围的基础。(2) 概率分析。对每个风险事件进行概率分析，确定其发生的概率分布。可以使用历史数据、专家判断、模型模拟等方法来估计概率分布。(3) 统计分析。计算工程风险的统计量，如均值、方差、标准差等。这些统计量可以帮助了解工程风险的分布和特征。(4) 工程风险计量。综合考虑概率分布和统计分析结果，对不同工程风险事件的可能性和影响程度进行评估。(5) 工程风险管理。根据风险计量结果，制定相应的风险管理策略和措施。可以从预防、监测和处置三方面来管理工程风险。工程风险的数学化定义为工程项目的风险管理提供了科学依据。在实际应用中，可以使用概率论和统计学的方法来模拟和计算工程风险。

9.1.2 工程风险的类型及成因

9.1.2.1 工程风险的类型

根据工程风险的定义，我们可以从不同的角度对其加以分类。下面本文将从常规视角和工程承包模式视角进行工程风险类型的介绍。

A 常规视角下的工程风险

(1) 按照风险来源的主体不同，工程风险可以分为自然风险和人为风险。

工程风险中的自然风险是指由自然因素，例如地震、洪水、台风、暴雨等，引起工程项目延期、工程质量受损等不利后果的风险，主要包括气候风险以及地质风险等。例如，地震可能导致建筑物倒塌；洪水可能导致工程设施被淹；气候变暖可能导致冰川融化和海平面上升，对沿海工程项目造成影响；地质构造复杂的地区可能存在地质灾害风险，土壤性质不稳定的地区可能导致基础工程问题。自然风险以气候风险为主，这类风险一般不以人的主观因素而改变，具有很强烈的客观性，且可预测性低、影响范围广。

人为风险是指由于人的主观活动而带来的风险，来源主体广泛，包括政府部门、承包商、材料供应商、监理人员等。人为风险主要包括人为错误风险、盗窃和破坏风险、贪污和腐败风险。其中，人为错误风险指的是由于工程人员操作不当、技术能力不足等原因导致的风险。例如，施工人员在操作过程中疏忽大意导致事故发生，或者设计人员在设计过程中出现错误导致工程质量问题。盗窃和破坏的风险指工程项目遭受盗窃、破坏行为导致的风险。例如，工地上的设备、材料被盗窃，或者工程项目受到恶意破坏导致工期延误和额外损失。贪污和腐败风险是指工程项目中存在的腐败和贪污行为导致的风险。例如，工程项目中存在贿赂、受贿等行为，导致工程质量和进度受到影响。对于人为风险，企业可以通过招聘高素质风险管理人才、制定完善的内控制度等手段加以控制。

（2）按照风险来源的方向不同，工程风险可以分为外部风险和内部风险。

外部风险包括经济风险、政治风险、法律风险、社会风险、文化风险以及自然风险等，外部风险对于工程的影响具有系统性。政治风险是指政治因素对工程项目产生不利影响的风险。例如，政府政策变化、政治不稳定、政府审批程序的变化等都可能对工程项目产生不利影响。经济风险是指经济因素对工程项目产生不利影响的风险。例如，经济衰退、通货膨胀、汇率波动等都可能导致工程项目的成本增加或者市场需求下降。社会风险是指社会因素对工程项目产生不利影响的风险。例如，社会舆论、公众反对、社会不稳定等都可能对工程项目产生负面影响。外部风险对于企业来讲可控性低，且其影响往往具有致命性，因此不容忽视。

内部风险包括管理风险、工程设计风险、资金风险、材料采购风险、技术风险、合同风险以及人力资源风险等，其中，管理风险、技术风险和资金风险是内部风险的重要内容，管理风险是指项目管理过程中存在的风险。例如，项目计划不合理、项目团队沟通不畅等都可能导致工程项目的延误和成本超支。技术风险是指在工程项目的技术方面存在风险。例如，技术难题无法解决、技术设备故障、技术标准变化等都可能对工程项目的进展和质量产生影响。资金风险是指工程项目的资金方面存在的风险。例如，资金不足、资金使用不当等都可能导致工程项目无法按计划进行或者质量下降。内部风险对于工程的影响更具针对性，对于企业来讲，内部风险比外部风险的可控性更高。

（3）按照工程目标和风险载体不同，工程风险可以分为安全风险、质量风险、工期风险以及环境风险等。[32]

安全风险指的是在工程项目中发生安全事故，造成工程资金流出或工程延期等不利后果的风险。例如，高空作业时发生坠落事故、施工现场的火灾或爆炸、施工材料的不合格等都属于安全风险。安全风险一直以来是工程建筑企业重点关注的风险，一般通过投保的方式进行风险处置。

质量风险指的是工程质量不过关的风险。例如，施工材料的质量问题、施工工艺不合理、施工人员技术水平不足、质检疏漏等都可能导致工程质量下降。质量风险又可以细分为道德风险型质量风险和法律风险型质量风险，道德风险型质量风险主要指工程的建设与当地或当代的主流价值观不符合，造成资源浪费等不良后果的风险；法律性风险指的是工程不符合当地的法律规定，如质量标准等，而承担民事、行政、刑事责任的风险。

工期风险指的是由于各种原因导致工程项目无法按时交付的风险。例如，施工过程中出现重大技术难题、施工进度受到天气条件限制、施工材料供应延迟等都可能导致工程项目延期。这类风险在新冠疫情期间表现得最为显著，工期的延误会导致人工费用、机械费用和材料损耗费用的增加，提高企业的现金流压力。

在建设工程项目中，环境风险是指对周围环境造成不良影响的风险。例如，施工过程中产生的噪声、振动和扬尘污染、工程建设对生态环境的破坏等都属于环境风险。环境风险分为自然环境风险和社会环境风险。自然环境风险包括企业排污排废超标从而受到资金处罚的风险；社会环境风险指的是由于企业所在地或企业工程项目所在地的政策、法律变化而使得工程受损的风险。

（4）按照工程建设的阶段不同，工程风险可以分为决策风险、招投标风险、工程材料风险、合同风险。

决策风险主要发生在工程管理的初期，指的是由于决策人员对工程项目信息收集得不全面、认识得不充分，或者项目定位得模糊等原因，造成决策不合理，从而带来一定经济损失的风险。例如，如果在面对未来现金流入可观、风险低的工程项目时，企业作出了错误的计量，最终的决断是放弃项目，那么企业就面临损失未来现金流入的风险；如果面对风险隐患大的项目时，企业最终的决断是进行该工程，那么企业不仅面临损失未来现金流入的风险，还会面临丢失本金的风险。

投标是工程管理中的一项重要环节，是企业承揽工程项目的主要途径。投标中的经济风险主要包括三方面。首先，低价竞标的风险，由于我国建设行业的竞争非常激烈，在买方市场情况下，许多企业为了中标恶性压价，而为了弥补被压缩的利润空间，相关企业通过在后续工程中降低环保要求、降低安全保障等方式降低成本，不仅会造成市场紊乱，侵蚀企业经济利益，也会孕育其他风险，例如安全风险等。其次，若招标业主对招标制度认识不足，甚至没有统筹考虑前端招标与后端工程建设及管理，仅仅出于成本考虑，那么很容易导致低价竞争的企业投标成功，但其技术、管理能力的不足就会为后续工程管理埋下风险隐患。最后，如果造价与技术匹配不当，还会造成工程实施方案与报价脱离，增加工程实施的经济风险。

工程材料是影响工程建设的重要因素，是决定工程质量的关键，原材料的采购是工程管理的内容之一。工程材料风险主要是指由于没有进行材料测试和检查，选材不当，导致材料的规格、质量等没有达到工程的要求，从而没办法保证工程的质量和安全性，给企业引发负面后果的风险。另外，一些工程时间跨度很大，工程材料价格、质量波动也会很大，若材料供应商夸大自身实力且达不到质量要求，那么企业很可能面临高价购买低质材料的风险，或材料供应链断裂的风险。

合同是保障各方利益的前提，合同风险是工程风险的重要险种，合同管理贯穿工程建设环节的各个方面，很多学者对合同风险的规避做过专门的研究。一份合理、合法的合同可以有效预防一些不必要的纠纷。一方面，合同内容要考虑全面，例如天气变化因素、市场材料价格变动因素等发生变化时，具体责任由谁承担需要规定清楚。另外，从合同的条文规定上看，若一些条文界定模糊甚至矛盾，且并没有清晰罗列出双方的权责，签订人没有发现这一漏洞，那么这将是巨大的风险隐患。一旦工程产生重大问题时，合同双方将很容易陷入经济纠纷。在建筑工程中，合同风险是一个非常重要的险种，发生概率大，且对其经济效益影响较深。在制定合同时，甲方人员应根据自身的需求对合同进行合理合法的编写，各方应严格按照合同行使各自的权利和义务。[34]

B 新承包模式视角下的工程风险

随着经济社会的发展，目前承包模式包括 EPC 工程总承包、PPP 建设模式等。

在 EPC 工程总承包模式中，承包商负责项目的所有方面，包括工程设计、物资采购、施工和项目管理。这意味着承包商将负责项目的整个生命周期，从最初的设计阶段到最后的建设和交付阶段。在 EPC 工程总承包模式下，业主用于招标的工程设计和概算深度会直接影响工程实施阶段的难易程度和预算控制的难易程度。

首先，工程设计的水平对工程实施阶段的难易程度有重要影响。如果业主提供的招标设计不够详细和完善，承包商在进行施工时可能会面临设计缺陷、不明确的要求或不完整的图纸等问题。这可能导致施工过程中需要进行频繁的设计变更和调整，增加了工程实施的难度和风险。此外，设计不完善还可能导致施工过程中出现质量问题，进一步增加了质量风险。

其次，概算深度对预算控制的难易程度也具有重要影响。如果业主提供的概算不够准确和详细，承包商在进行预算控制时可能会面临预算不足或超支的问题。这可能导致施工过程中需要频繁调整和变更预算，增加了预算控制的难度和风险。此外，概算不准确还可能导致工程项目无法按时完工或无法满足质量要求，进一步增加了工期风险和质量风险。

另外，EPC 总承包模式下，对于没有中标的投标者可能会造成浪费成本的风险。由于 EPC 总承包模式需要先进行设计和初步造价测算，然后才能给出具体报价，如果投标者最终没有中标，其前期投入的设计和测算成本可能会被浪费。

因此，在 EPC 工程总承包模式下，业主在招标阶段提供的工程设计和概算深度对工程实施阶段的难易程度、预算控制的难易程度和经济损失的风险产生重要影响。项目管理团队需要在项目计划和执行过程中充分考虑和管理这些风险，以确保项目的顺利进行和成果达成。

在 PPP 建设模式中，政府与私营部门以合同的形式合作，共同承担项目的风险和回报。政府通常提供项目的土地、许可和监管等方面的支持，而私营部门则负责项目的设计、建设、运营和维护，并从项目的运营中获取收益。在 PPP 建设模式下，由于投资时间跨度长，项目可能面临市场需求变化和政策变化等风险。这些风险可能导致项目成本不可控和项目可行性降低，进而影响工程的投资回收，并可能引发经济纠纷。

首先，市场需求变化可能对 PPP 项目的投资回收产生影响。例如，某个 PPP 项目在开始时可能符合市场需求，但随着时间的推移，市场需求可能发生变化，导致项目的收益能力下降。这可能导致投资回收的时间延长或无法实现预期的投资回收，进而影响投资者的经济利益。

其次，政策变化也可能对 PPP 项目的投资回收产生影响。政府在 PPP 项目中扮演重要角色，政策的变化可能直接影响项目的可行性和经济效益。例如，政府可能调整相关行业的监管政策，导致 PPP 项目面临新的限制或要求，进而增加项目的成本或降低项目的收益。政策变化还可能导致政府对项目的补贴或支持减少，进一步影响项目的投资回收。

为了降低这些风险，项目管理团队需要密切关注市场和政策的变化，制定灵活的项目策略和计划，并与相关利益相关方进行积极的沟通和合作，以确保项目能够实现预期的投资回收和经济效益。

9.1.2.2 工程风险的成因

在工程风险管理中，需要对所有风险因素进行全面的分析和评估，弥补风控漏洞，并采取相应的措施来降低风险的发生概率和影响程度。只有通过科学的工程风险管理，才能确保工程项目的顺利进行，提高经济效益和效率。因此，工程风险管理在工程建设中具有重要的意义。而风险管理的前提是了解风险从何而来，从风险产生的原因出发，认识和管理工程风险，实现对症下药，才可药到病除。

工程项目大多具有工期长、规模大、主体繁多、施工复杂等特征，目前我国的工程风险管理机制还存在很多漏洞，工程风险的成因也五花八门，总体来说主要包括以下方面。

首先，企业风控意识不足。粗放的经济建设模式下很容易导致企业管理人员为了保交付，专注于掌控工程项目的进度，而忽视对工程风险的管理，导致工程返工、无法按时交付，最终事与愿违。

其次，企业风险控制机制的缺失。工程风险管理需要信息互通、全员参与，各个部门有机配合实现工程风险的防控。目前我国很多企业在工程建设中，缺乏主动性的风控措施来开展工程风险管理工作，更多是为了应对上级检查而采取的被动风控措施，这样的风控机制是不科学的。

再次，对合同漏洞的忽视也是工程风险产生的重要原因。合同一般规定了工程当事人的权利和义务、工程的内容和方法，以及管理的标准等，合同是工程顺利进行的基础和保障。合同的模糊性、不完整性会给工程埋下巨大的隐患，甚至会使企业面临巨额赔偿。因此，企业具备合同管理意识、拥有完备的合同管理制度是控制工程风险发生的重要前提。

最后，信息沟通不畅、风险反应不及时也是导致工程风险发生的重要原因。目前我国大部分工程企业对工程项目的数据还无法或者不愿意做到及时、有效地传递和公开，甚至没有建立项目数据库，缺乏信息档案。数据是信息的载体，数据传递的滞后性很容易导致信息无法及时沟通，进而导致工程风险不能被及时识别、计量，更无法得到有效控制。

9.1.3 工程风险的性质

工程风险具有客观性、普遍性、偶然性、可变性、多样性、多层次性和连锁性。[31]

（1）工程风险具有客观性。同其他风险一样，工程风险也是不以人的意志为转移并超越人的意志的客观存在，工程风险的客观性指的是风险存在的客观事实。例如，施工现场存在地质条件复杂的风险，这是由地质勘查报告和地质勘查数据所支持的客观事实。

（2）工程风险具有普遍性。工程风险的普遍性指的是某种风险在不同工程项目中普遍存在的特点，以及工程风险普遍存在工程项目各个阶段和方面的特点。例如，恶劣天气条件对工程进度的影响是一个普遍存在的风险。在工程的整个周期中，工程风险存在于每时每刻，它无处不在，很多时候，人们只能通过一些技术手段控制风险发生的概率和损失程度，而不能完全消除工程风险。

（3）工程风险具有偶然性。工程风险的发生往往是诸多因素共同作用的结果，是一种伴随偶然性的随机现象。例如，地震、火灾等自然灾害是导致工程风险发生的偶然性的因素。不过，虽然工程风险的发生具有偶然性，但是若统筹考虑大量工程风险，通过统计分析就会发现个别工程风险也会呈现出明显的规律。

（4）工程风险具有可变性。工程风险的可变性指的是风险的发生和影响可以随着时间、环境和条件的变化而发生变化，包括质的变化和量的变化、好的变化和不好的变化。值得一提的是，同一个工程中，每一个阶段都会产生新的风险。

（5）工程风险具有多样性。工程风险的多样性指的是不同类型的工程项目可能面临的风险种类和程度各不相同。例如，住宅建设项目和桥梁建设项目面临的风险类型和风险程度可能有所不同。住宅建设项目可能面临的风险类型主要包括建筑质量问题、设计变更、供应链中断、工期延误、成本超支等。桥梁建设项目可能面临的主要风险类型包括地质条件不利、施工技术难题、材料供应问题、环境影响等。住宅建设项目的风险程度可能相对较低，因为住宅建设通常规模较小，技术难度相对较低，风险管理相对容易。

（6）工程风险具有多层次性和连锁性。工程项目规模大、周期长、涉及主体范围广、风险因素多且繁杂，因此在整个周期中，各种风险错综复杂，加之与外界交叉的影响，使得工程风险呈现出多层次性、连锁性。多层次性指的是，工程项目不仅在整体层面上可能存在风险，如技术风险和成本风险，同时在具体工程任务层面上也可能存在风险，如施工过程中的安全风险和质量风险。另外，工程风险具有连锁性，例如，一旦工程安全事故发生，触发安全风险的同时往往会隐含合同风险，而且容易引发工期风险等。

这些特点表明工程风险是复杂多变的，需要进行全面的风险识别、计量和管理，以确保工程项目的顺利进行。

9.2　工程风险的识别

工程风险的识别是工程风险管理的关键一步，它涉及确定可能会对工程项目的进程、安全、质量、成本等方面产生负面影响的因素。通过精确的风险识别，可以帮助项目团队提前了解和预测潜在的风险，从而采取相应的措施来降低风险的发生概率和影响程度。

在风险识别过程中，项目团队需要进行全面的分析和评估，以确定可能存在的各种风险因素。这包括但不限于技术风险、市场风险、供应链风险、环境风险、政策法规风险等。通过对项目的各个方面进行细致的分析和调查，可以识别出可能对项目产生负面影响的因素，从而为后续的风险评估和控制提供基础数据和参考依据。忽视风险识别可能会导致项目面临巨大的损失。如果项目团队没有对潜在的风险进行充分的识别和评估，容易导致进程延误、质量问题、成本超支等不利后果。因此，工程风险的识别对于工程管理来说是至关重要的。

9.2.1 识别原理

工程风险识别就是认识、辨别在工程建设中，有哪些风险因素。风险具有天生的隐蔽性，想要精确地找到并把控它，需要运用大量的历史数据、科学的工作方法和手段才能确定下来。对工程风险的识别需要做到全面细致，且符合企业单位的实际情况。具体的工程风险的识别原理主要包括以下几个方面。

（1）综合性原理。工程风险识别需要综合考虑不同方面的因素，包括技术、经济、环境、法律等多个层面。通过对各个方面的综合分析，可以全面了解工程建设中潜在的风险。

（2）系统性原理。工程风险是一个系统性的问题，需要从整体的角度来识别和分析。识别风险时，不仅要考虑单个因素的影响，还要考虑不同因素之间的相互作用和影响。

（3）预见性原理。工程风险识别需要具备一定的预见性，即在项目启动和规划阶段就要对潜在的风险进行预测和识别。通过对项目的全面规划和分析，可以提前发现和预防潜在的风险。

（4）经验性原理。工程风险识别需要借鉴过往项目的经验和教训，通过对类似项目的案例分析和评估，可以识别出可能存在的风险。同时，也需要结合专业人员的经验和知识，进行风险的判断和评估。

（5）多元化原理。工程风险识别需要采用多种方法和工具，如专家访谈、会议讨论、风险矩阵分析等，以确保全面、准确地识别风险。不同的方法和工具可以互相补充，提高风险识别的效果。

综合运用以上原理，可以对工程项目中的潜在风险进行全面、准确的识别，为后续的风险评估和管理提供有力的支持。

9.2.2 识别方法

一般来讲，工程风险的识别方法主要包括专家访谈法、经验总结法、头脑风暴法、SWOT 分析、德尔菲法、故障树法和流程分析法等。

9.2.2.1 专家访谈法

专家访谈法就是通过与相关工程领域的专家进行访谈，借助他们的经验和知识来识别工程项目中的潜在风险因素。

假设我们正在进行一项新的建筑项目，需要识别可能存在的风险。我们可以邀请建筑领域的专家进行访谈，以了解他们在类似项目中遇到的风险和问题。

在专家访谈中，我们可以提出以下问题。请注意，示例回答仅供参考，实际回答可能因项目和专家经验而异。

问题示例见表 9-1。

表 9-1　问题示例

问　　题	示 例 回 答
在类似的建筑项目中，您遇到过哪些风险，它们是如何影响项目进展和成本的？	在过去的项目中，我们遇到过材料供应延迟的风险，导致工期延误和额外的成本。另外，设计变更也会对项目进展和成本产生负面影响
您认为在我们的项目中可能存在哪些特定的风险，它们可能是由什么因素引起的？	在您的项目中，可能存在地质条件不利的风险，这可能导致施工困难和额外的工程成本。此外，供应链中断也可能是一个潜在的风险因素
在您的经验中，有哪些常见的风险是容易被忽视的，我们应该如何防范这些风险？	一个常见的被忽视的风险是不充分考虑项目的环境影响和社区反应。我们应该在项目计划中充分考虑这些因素，并与相关利益相关者进行沟通和协商

专家访谈法可以帮助我们从专业的角度来识别潜在的风险，并且可以根据专家的建议和意见来制定相应的风险管理计划，提高风险识别的准确性和全面性。

9.2.2.2　经验总结法

经验总结法指的是通过回顾类似项目的经验教训，识别可能存在的风险因素，并学习如何处理这些风险。

假设我们正在进行一项新的工程项目，需要识别可能存在的风险。我们可以回顾过去类似项目的执行过程，总结其中的经验和教训，以识别潜在的风险。在经验总结中，我们可以考虑以下几个方面。

第一方面，回顾过去项目的执行过程，分析其中遇到的问题和挑战。例如，延误、成本超支、质量问题等。

第二方面，回顾过去项目中发生的风险事件，分析其原因和影响。例如，自然灾害、技术故障、人力资源问题等。这些风险事件可以帮助我们识别类似的风险，并制定相应的风险管理策略。

第三方面，回顾过去项目的管理和控制措施，分析其有效性和不足之处。例如，沟通不畅、决策失误、资源分配不当等。这些教训可以帮助我们识别可能存在的管理风险，并改进相应的管理方法。

需要注意的是，经验总结法需要结合相关的数据和信息，以确保总结的准确性和可靠性。此外，还可以与项目团队成员进行讨论和交流，以获取更多的意见和建议。

9.2.2.3　头脑风暴法

该法由美国 BBDO 广告公司的亚历克斯·奥斯本首创，包括准备阶段、思维创造阶段和整理阶段。准备阶段主要包括会议时间、地点、人物的确定，会议议题的确定等。思维创造阶段是该方法的高潮部分，主要参会人员就相关议题畅所欲言，进行思维对冲、头脑风暴。整理阶段是对思维创造阶段提出的风险因素的相关问题进行汇总、整理、分析和归纳。

假设我们正在进行一个新的工程项目，需要识别可能存在的风险。我们可以组织一个头脑风暴会议，邀请项目团队成员和相关利益相关者参与。在头脑风暴会议中，我们可以通过以下步骤来识别潜在的风险，如图 9-1 所示。

图 9-1 头脑风暴法风险识别步骤

第一步，定义问题。明确项目的目标和范围，确定需要识别的风险类型和相关方面。

第二步，生成想法。鼓励会议参与者自由发表他们的想法和观点，不加限制地提出可能存在的风险。这些想法可以是具体的案例、经验教训、技术挑战等。

第三步，分组和整理。将参与者提出的想法进行分类和整理，找出相似的风险，并将其归为一组。这有助于整理和组织风险识别结果。

第四步，评估和筛选。对每个风险进行评估和筛选，确定其潜在影响和可能性。可以使用评估矩阵或其他评估工具来帮助决策。

第五步，讨论和完善。对于被认为是重要和高风险的风险，进行深入讨论和完善。这包括确定其具体的影响和可能的应对措施。

通过头脑风暴法，我们可以充分利用团队成员的创造力和经验，从不同的角度和思维方式来识别潜在的风险。需要注意的是，在头脑风暴会议中，需要鼓励开放和尊重的氛围，确保每个参与者都能自由表达自己的想法。

9.2.2.4 SWOT 分析

通过分析项目所在环境的优势、劣势、机会和威胁，识别可能对项目产生影响的因素，如图 9-2 所示。

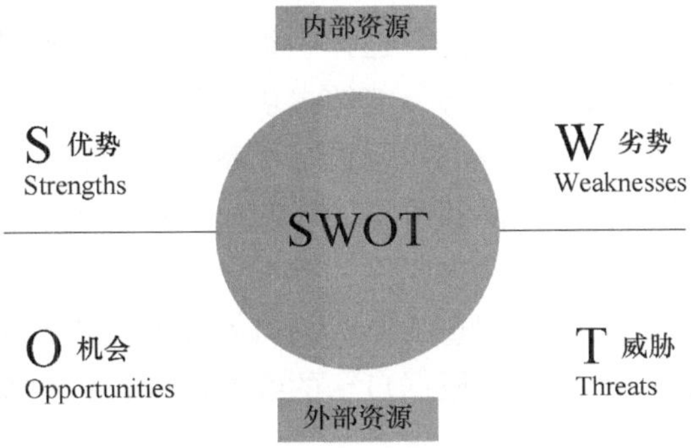

图 9-2 SWOT 分析

假设我们正在进行一个新的工程项目，需要进行 SWOT 分析来识别潜在的风险。

首先，我们可以列出项目的优势，即项目团队和资源的优势。例如，我们可能有一个经验丰富的团队，具备相关技术和专业知识，能够高效地完成工作。这些优势可以帮助我们识别潜在的风险，并制定相应的应对策略。

接下来，我们需要识别项目的劣势，即项目团队和资源的不足之处。例如，我们可能缺乏某些技术或资源，或者团队成员之间的沟通和协作存在问题。这些劣势可能会导致潜在的风险，需要我们提前识别并采取相应的措施来减轻风险。

然后，我们可以考虑项目所面临的机会，即外部环境中可能带来的积极因素。例如，市场需求的增长、新的技术创新、政策支持等。这些机会可能会带来新的风险，如竞争加剧或技术变革。通过识别这些机会，我们可以预测潜在的风险，并制定相应的应对策略。

最后，我们需要考虑项目所面临的威胁，即外部环境中可能带来的负面因素。例如，市场竞争的加剧、政策变化、自然灾害等。这些威胁可能会对项目的顺利进行产生不利影响，需要我们提前识别并制定相应的风险管理策略。

通过 SWOT 分析，我们可以全面了解项目的内外部环境，识别潜在的风险，并制定相应的风险管理策略。需要注意的是，SWOT 分析需要结合实际情况和相关数据进行，确保分析结果的准确性和可靠性。

9.2.2.5 德尔菲法

德尔菲法又称专家问询法或者是专家意见法，是专家访谈法的进一步升级，简单来讲就是向各个专家咨询工程风险问题，并将专家意见进行统计整理后，再次将问题发给各个专家，不断地进行上述流程，直到专家的意见一致为止。一般情况下，企业内部会采取头脑风暴的方法识别工程风险，再将结果进行汇总和分析后，通过德尔菲方法对识别出来的风险进行三轮打分，最后得出具体的工程风险要素。[33]

假设我们正在进行一个能源项目，我们可以使用德尔菲法来识别可能存在的风险，如图 9-3 所示。

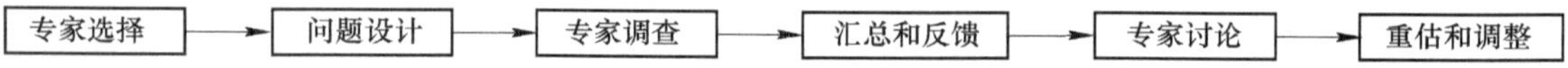

图 9-3 德尔菲法风险识别步骤

第一步，专家选择。首先，我们需要选择一组合适的专家来参与德尔菲法的过程。这些专家应该具有相关领域的知识和经验，能够提供有价值的意见和建议。

第二步，问题设计。接下来，我们需要设计一系列问题，用于收集专家意见。这些问题应该涵盖项目可能面临的各个方面和阶段的风险。例如，可能涉及的技术风险、市场风险、政策风险等。

第三步，专家调查。通过问卷调查的方式，将问题发送给选定的专家，并要求他们对每个问题进行评估和回答。专家可以根据自己的经验和知识，对每个问题的概率和影响程度进行评估。

第四步，汇总和反馈。收集专家的回答后，我们可以对其进行汇总和分析。

第五步，专家讨论。根据汇总结果，可以组织专家讨论会议，让专家们共同讨论和解释他们的意见。

第六步，重新评估和调整。根据专家讨论的结果，我们可以重新评估风险的概率和影响程度，并进行必要的调整。

需要注意的是，德尔菲法需要选择合适的专家，并确保他们提供的意见具有可靠性和权威性。同时，还需要结合实际情况和项目特点进行综合考虑和判断。

9.2.2.6 故障树法

故障树法指的是将工程中的大的风险点划分为小的风险点，通过对小风险点的详细分析，以图样的方式进行风险识别。故障树的图形就像二叉树一样，由若干节点构成，各个节点代指风险事件或风险点。这个方法有利于直观、形象、全面地展示项目风险，既利于风险管理人员进行系统分析，也利于管理人员对特定风险点进行针对性分析，从而识别出工程的潜在风险。故障树法如图 9-4 所示。

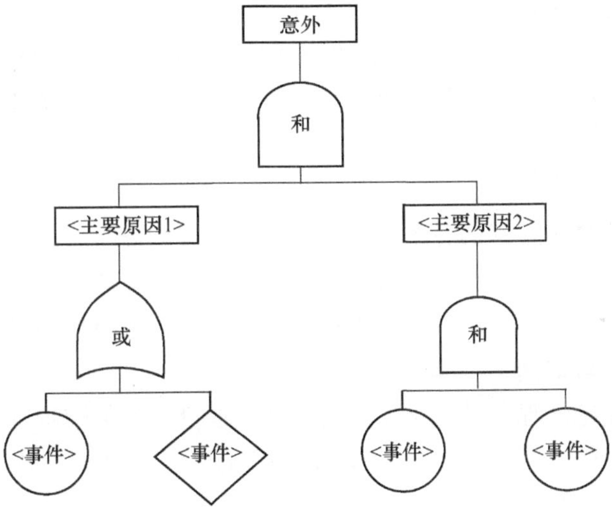

图 9-4 故障树法

假设我们正在进行一个建筑工程项目，我们可以使用故障树法来识别可能存在的风险，如图 9-5 所示。

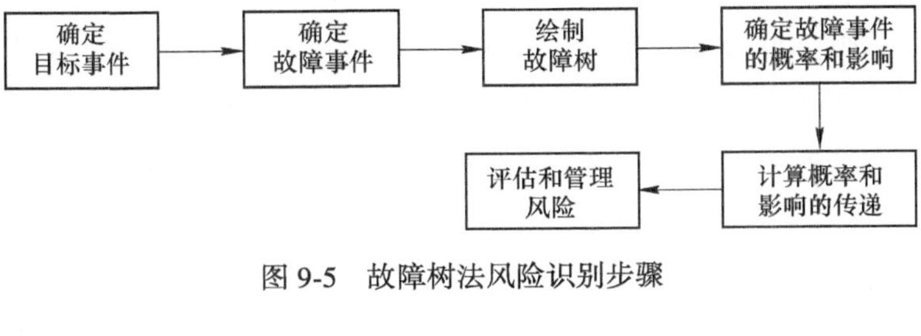

图 9-5 故障树法风险识别步骤

第一步，确定目标事件。首先，我们需要确定建筑工程项目中的目标事件，即我们希望避免的不良结果。例如，目标事件可能是建筑结构的倒塌、安全事故等。

第二步，确定故障事件。接下来，我们需要确定导致目标事件发生的故障事件。这些故障事件可以是系统中的故障、失效或错误。例如，可能的故障事件包括基础设计错误、材料质量问题、施工过程中的错误等。

第三步，绘制故障树。根据确定的目标事件和故障事件，我们可以绘制故障树。故障树是一种逻辑图，用于表示故障事件之间的关系。树的根节点是目标事件，而分支节点表示导致目标事件发生的故障事件。

第四步，确定故障事件的概率和影响。对于每个故障事件，我们需要评估其发生的概率和对目标事件的影响。这可以通过专家意见、历史数据或统计分析等方法来确定。

第五步，计算概率和影响的传递。根据故障树的逻辑关系，我们可以计算概率和影响的传递。例如，可以通过概率论和逻辑运算来计算每个节点的概率和影响。

第六步，评估和管理风险。根据计算结果，我们可以评估每个故障事件对目标事件的贡献，确定其重要性和优先级。根据评估结果，我们可以制定相应的风险管理策略，例如加强监督和控制措施、优化设计和施工过程等。

通过故障树法，我们可以分析系统故障的可能性和影响，识别和评估风险。需要注意的是，故障树法需要准确地确定目标事件和故障事件，并进行概率和影响的评估。

9.2.2.7 流程分析法

流程分析法指的是对工程的各个阶段和全部流程进行分析，从而找出可能出现的风险点。流程分析法包括列举法和流程图法。列举法是针对工程全部流程，依次列举出工程建设过程中的所有风险。流程图法是在列举法的基础上，将项目风险进行顺序化后，制作成流程图，实现工程风险识别。

第一步，确定关键流程。首先，我们需要确定项目中的关键流程，即对项目成功实施和达到目标至关重要的流程。例如，关键流程可能包括原材料采购、生产制造、质量控制等。

第二步，识别潜在风险。针对每个关键流程，我们可以识别可能存在的潜在风险。这些风险可以是流程中的错误、失误、延迟等。例如，可能的风险包括供应商延迟交货、生产设备故障、产品质量问题等。

通过流程分析法，我们可以识别和评估工程项目中关键流程的风险。需要注意的是，流程分析法需要准确地确定关键流程和潜在风险，并进行概率和影响的评估。

以上方法可以单独或结合使用，根据项目的特点和需求选择适合的识别方法。同时，识别风险的过程应该是一个持续的过程，随着项目的推进和变化，需要及时更新和调整风险识别结果。

9.2.3 识别实例分析

在一个建筑项目中，识别风险是确保项目成功完成的关键步骤之一。以下是一个关于广泛意义上的建筑工程风险识别的例子。

（1）设计变更风险。在建筑项目中，设计变更是一种常见的风险。这可能是由于客户需求的变化、设计错误或新的规范要求导致的。设计变更可能会导致额外的工作量、成本增加和项目延期。为了识别这种风险，项目团队应该进行充分的设计评审，并与客户和设计团队进行密切合作。

（2）资金不足风险。在建筑项目中，资金不足可能会导致项目延期或无法按计划完成。这可能是由于财务估计错误、预算不合理或者未能按时获得资金等原因引起的。为了识别这种风险，项目团队应该进行全面的预算规划和估算，并与财务团队紧密合作。定期进行资金追踪和预算控制，以确保项目在财务方面得到充分支持。

（3）物料供应链风险。建筑项目中的物料供应链是一个关键的环节。延迟的物料交付、物料短缺或质量问题都可能对项目进度和质量产生负面影响。为了识别这种风险，项目团队应该与供应商建立紧密的合作关系，并进行供应链的可行性评估。同时，建立备用供应商和物料库存，以应对潜在的供应链问题。

（4）人力资源风险。人力资源的不足或不合适可能对建筑项目产生风险。例如，关键团队成员的离职、技术工人的不足或不合格的劳动力都可能导致项目进度延迟或质量问题。为了识别这种风险，项目团队应该进行紧密的合作，并及时招聘专业人才。

工程中的风险远不止这些，这就需要管理人员具有敏锐的风险敏感度，而且可以运用科学的方法进行风险的识别和分析，为风险的管理奠定坚实的基础。以煤炭行业工程项目为例，煤炭行业一直是我国的能源支柱产业之一，具有工程项目多、投资额度大、事故发生概率高、项目复杂、安全和环保问题突出等特点，煤炭行业的工程风险管理难度高，该行业对工程风险的识别非常重要。煤炭行业工程分为前期准备、实施、验收三个阶段。前期准备阶段包括勘察、设计、招标、签约，主要的工程风险点包括工程设计不合理、承包商选择不合理、合同签约不合规等。工程实施阶段主要包括材料采购风险、工期风险、质量风险、财务风险、安全风险等。验收阶段主要包括质量风险、资料管理失误导致工程结算遗漏等。

9.3 工程风险的计量

工程风险的计量是对于工程风险的后果和影响进行评价和估量，包括对工程风险发生的概率、风险发生的时间、风险后果的损失程度、风险后果的影响范围的评价和估量，其目的在于通过对工程风险的计量，制定风险应对措施。

工程风险计量的内容主要有以下几个方面。

首先，风险发生可能性的计量，这是项目风险计量的首要任务。一般来讲，一个项目风险发生的概率越高，造成损失的可能性就越大，那么就需要更严格的管理措施和制度。

其次，风险发生时间的计量，即计量工程风险在某项目上的某一阶段的什么时间发生。一般来讲，风险发生时间越早的项目越应该优先控制，而后发生的项目风险可以通过监测关键指标做进一步的计量。

再次，风险后果损失程度的计量，这是风险计量工作中的主体工作，因为即使某风险发生的概率不大，但是考虑到其后果的严重程度非常大，那么依然需要管理层严格把控。

最后，工程风险后果影响范围的计量，也就是该风险可能会影响到工程的哪些方面的计量，如果某项风险的影响程度低，但是影响范围广，妨碍到了各个部门的正常工作，其损失也是非常大的，需要得到管理层的重视。

9.3.1 初级计量方法

工程风险的计量方法主要包括定性评估和定量评估。定性评估是通过主观判断和专家意见来对风险进行评估的方法。在这种方法中，风险被分为不同的等级或级别，如低、中、高，或用词语描述风险的可能性和影响程度。定量评估是使用定量数据和统计分析来量化风险的方法。目前科学的风险计量方法有损失期望值法、蒙特卡洛模拟技术（蒙特卡洛法）、专家决策法以及模糊综合评判法等。本文此处重点讲述定量评估方法。

9.3.1.1 损失期望值法

损失期望值法指的是在分析、评估项目风险发生的概率和损失大小的基础上，将概率和损失相乘可得出工程风险损失的期望值，以此计量工程风险。假设有一个能源项目，其中存在一个风险，即原材料价格的波动可能对项目利润产生不利影响的风险。我们希望利用损失期望值法来评估这一风险对项目利润的潜在损失。

第一步，确定风险事件和损失。风险事件：原材料价格的波动。损失：项目利润的损失。

第二步，收集数据和建立概率分布。收集历史数据或市场数据，以了解原材料价格的波动情况。基于数据，建立原材料价格的概率分布，可以是正态分布、均匀分布等。

第三步，量化损失。定义损失函数：将原材料价格的波动转化为项目利润的损失。例如，假设项目利润与原材料价格呈线性关系，可以使用线性函数来表示损失函数。利用概率分布和损失函数，计算每个价格波动情景下的项目利润损失。

第四步，计算损失期望值。根据概率分布和相应的损失，计算损失期望值。这是各种价格波动情景下损失的加权平均值，权重是概率分布的概率。

第五步，结果解释和风险决策。损失期望值提供了一个量化的指标，用于评估工程风险的潜在损失。根据损失期望值，可以比较不同风险事件的风险程度，从而支持风险决策。例如，如果损失期望值很高，则可能需要采取风险管理措施，如对原材料价格进行套期保值或调整项目利润目标。

通过损失期望值法，我们可以将风险转化为损失，并通过计算损失期望值来量化工程风险。这种方法能够提供一个数字化的指标，帮助项目团队更好地理解和管理风险。

9.3.1.2 蒙特卡洛模拟技术

蒙特卡洛模拟技术属于模拟仿真法。该方法是以数学中的概率统计理论为依据，通过大量的伪随机数模拟实现工程中的不确定性，对得到的足够多的虚拟样本进行统计分析，从而得到对应到现实中的各类随机事件和潜在风险可能发生的概率值。这种方法可以用来计量各种能量化的项目风险，通过改变参数，经过多次风险模拟，就可以得到统计分布结果，也就是项目风险的计量结果。蒙特卡洛法方便快捷，但是对计算机硬件有较高的要求，一直以来被广泛应用于对时效要求比较高的各类金融产品的定价中，近年来，该方法也被广泛适用于建筑的工程风险管理过程中。假设有一个建筑项目，其中存在一个风险，即施工进度受天气条件影响的可能性。我们希望利用蒙特卡洛模拟来评估这一风险对项目完成时间的影响。

第一步，确定变量和概率分布。首先，我们需要确定与风险相关的变量和它们的概率分布。在这个例子中，我们关注的变量是天气条件的不同类型（如晴天、多云、雨天等），以及它们对施工进度的影响。我们假设有三种天气类型，并为每种天气类型分配一个概率分布（如正态分布）来表示其出现的可能性。

第二步，建立模拟模型。基于确定的变量和概率分布，建立一个蒙特卡洛模拟模型来模拟天气条件对施工进度的影响。我们可以使用随机抽样的方法，从每个天气类型的概率分布中抽取一个随机数，以确定每个模拟周期中的天气类型。然后，根据天气类型和先前的施工进度数据，模拟计算出该周期的施工进度。

第三步，执行模拟。进行一系列模拟运行，通常是几千次或几万次。在每次模拟运行中，基于随机抽样的天气条件，计算出相应的施工进度。每次模拟运行都会生成一个项目完成时间的值。

第四步，分析模拟结果。收集所有模拟运行的项目完成时间数据，并进行统计分析，以获取项目完成时间的概率分布。可以计算出平均完成时间、完成时间的标准差以及完成时间的概率分布图等。

第五步，结果解释和风险决策。根据模拟结果，可以了解到项目完成时间的可能范围和概率分布。这样的信息可以帮助项目团队进行风险决策，如是否需要采取额外的时间管理措施、是否需要建立备用计划等。

通过蒙特卡洛模拟技术，我们可以基于概率分布和随机抽样来模拟不同的风险情景，并获取关于工程风险的量化评估结果。这种方法能够提供更准确的风险分析和决策。

9.3.1.3 专家决策法

专家决策法在工程风险管理中经常被使用，工程管理专家运用他们自己的专业知识和专家经验，作出风险计量，一般作为上述方法的补充方法。

专家决策法在工程风险计量中应用范围很广泛，例如，工期风险计量、质量风险计量、成本风险计量等。在精确度要求不高的情况下，专家的经验是很可靠的依据，专家经验可以从做过类似工程的专家处获得，也可以通过查阅历史项目相关经验教训等原始材料获得。

9.3.2 中高级计量方法

由于工程风险管理中，存在大量的不确定性因素，各个不确定性的边界不明确，这些不确定因素往往会构成众多的模糊因素组。因此，在实际的工程风险计量和管理中，往往将实际问题以因素组而非单个因素进行风险计量和评估，这样有利于提升工作的效率。模糊综合评价法就是在这样的背景下得到应用的。

模糊综合评判法是工程管理中常用的风险计量方法，原理是模糊数学的隶属度理论，用模糊数学对工程项目作出总体的评价的方法，该方法将定性计量转为定量计量，具有系统性强、结果清晰的优势，解决了工程风险的模糊性和难以量化的问题。

假设有一个工程项目，其中存在一个风险，即施工人员技能水平可能对项目质量产生影响。我们希望利用模糊综合评判法来评估不同施工人员的技能水平对项目质量的潜在影响。

第一步，确定评价指标。定义一组评价指标来评估施工人员的技能水平，例如专业知识、工作经验、培训记录等。

第二步，构建模糊评价集合。对于每个评价指标，建立一个模糊评价集合来描述施工人员的技能水平。例如，可以使用语言术语（如高、中、低）或模糊数值（如 0.8、0.5、0.2）来表示技能水平的模糊程度。

第三步，构建模糊评判矩阵。基于模糊评价集合，构建一个模糊评判矩阵，用于比较不同施工人员在每个评价指标上的技能水平。决策者使用语言术语或模糊数值来表示技能水平的相对程度。

第四步，模糊综合评判。根据模糊评判矩阵，利用模糊综合评判方法计算每个施工人员在各个评价指标上的技能水平的综合评分。可以使用加权平均法或其他模糊综合评判方法，根据评价指标的重要性对技能水平进行加权求和或模糊逻辑运算。

第五步，结果解释和风险决策。根据计算得到的综合评分，评估不同施工人员的技能水平对项目质量的潜在影响。根据结果，可以确定技能水平高的施工人员对项目质量的积极影响较大，从而支持风险管理和决策。例如，可以选择技能水平高的施工人员或提供额外的培训来降低风险。

通过模糊综合评判法，我们可以将多个评价指标和模糊评价集合综合考虑，以量化评估施工人员的技能水平对工程风险的影响。

无论使用哪种方法，工程风险的计量都需要基于项目特定的信息和数据，并结合专业知识和经验来进行合理的评估。同时，定期的风险评估和监控也是必要的，以便随着项目的进展和变化，及时调整风险管理策略。

9.3.3 计量实例分析

假设我们正在进行一个建筑项目，其中一个潜在的风险是施工延期。为了评估这个风险的大小，我们可以收集历史数据，并使用统计量分析来估计延期的概率和可能的延期时间。

首先，我们收集了过去类似项目的数据，包括施工延期的发生次数和延期时间。然后，我们可以计算出延期的平均值、标准差和其他统计量。例如，我们发现过去 10 个类似项目中，有 3 个项目发生了施工延期，平均延期时间为 2 周，标准差为 1 周。

然后，我们可以使用这些统计量来估计当前项目的风险大小。假设我们的项目计划为 12 周，我们可以使用正态分布假设，根据历史数据的平均值和标准差，计算出在给定时间范围内发生延期的概率。例如，我们可以使用正态分布表或统计软件，计算出在正负 1 标准差范围内的概率，即在 1 周到 3 周之间延期的概率。假设这个概率为 0.68，那么我们可以说，根据历史数据，有 68%的可能性项目会在 1 周到 3 周之间延期。

通过这样的统计量分析，我们可以量化风险的大小，并根据结果制定相应的风险管理策略。例如，如果延期的概率较高，我们可以采取措施，如增加资源、优化进度计划或与承包商进行更密切的沟通，以减少延期的风险。

需要注意的是，一种量化风险的方法并不能完全预测或控制风险的发生。因此，在进行分析时，还需要综合考虑其他因素，并与专业人员进行讨论和决策。

9.4 工程风险的管理

在工程建设过程中，各种不确定因素经常引发工程事故，这类事故通常具备非常强烈的不确定性，而且破坏性强、影响范围广，因此工程风险管理十分重要。

对于工程风险的管理，需要通过识别和评估风险、制定相应的风险管理策略和措施、监测和控制风险的变化等步骤来加以应对，以确保工程进展的可控性和可预测性。同时，工程风险管理也需要注重合规性和透明度。本文认为现代对工程风险的管理，需要做到数字化和标准化。

数字化的工程风险管理是利用先进的信息技术和数据分析方法，对工程风险进行全面、系统、实时地监测、评估和控制的过程。数字化工程风险管理的核心是建立一个实时的风险信息系统，通过收集、整理和分析各种与工程风险相关的数据和信息，实现对风险的监测、预警和控制。数字化工程风险管理还可以利用模拟和预测技术，对潜在的风险事件进行预测和评估，为决策提供科学依据。

标准化的工程风险管理是指依据一系列规范和标准，对工程风险进行统一的定义、分类、评估和处理的过程。通过标准化的方法，可以提高工程风险管理的效率和准确性，降低管理成本和风险损失。标准化工程风险管理的关键是制定一套统一的风险管理标准和方法，包括风险分类、风险预防、风险监测、风险处置等方面的内容。这些标准和方法可以提供给各个工程项目进行参考和应用，使得不同项目之间的风险管理具有可比性和可追溯性。

数字化、标准化的工程风险管理方式可以提高风险管理的效率和准确性，降低管理成本和风险损失，为工程项目的顺利进行提供有力支持，该方式需要贯穿于工程风险的预防、工程风险的监测和工程风险的处置的全部流程中。

9.4.1 风险预防

工程风险的预防在保障项目顺利进行以及增强项目可持续性等方面有重要意义，企业可以通过以下手段实现。

第一，建立健全工程管理制度，完善工程风险防控体系。该制度体系主要包括安全工程管理制度、合同管理制度、工程人员制度守则、安全管理制度等，各项制度应该明确人员职责、工程标准、工程措施和监督等内容。值得注意的是，企业在制定管理制度时，要注意精细化准则，做到针对性、全面性，而非为了应对审查只是单纯地做一些粗放型的条例。例如，针对合同管理制度，企业在保证工程合同的各项条款合理合法的基础上，应利用问询法、测试表法、现场观察法、历史分析法以及环境分析法等，考察合约双方和项目的实际情况，全方位识别合同风险，从而针对具体的风险点作出详细的合同管理制度，达到预防合同风险、保证合同顺利实施、维护双方利益的目的。

第二，注重工程管理人员的素质考核。首先，人员应聘时，企业应当有一套完整的风险管理素养评价表，面试官应对应聘人员的风险素养有全面、客观、科学的评价，以确保该人员可以胜任工程管理的工作。其次，工程开始前，企业应对管理人员进行系统的培训，提升管理人员对企业制度的认识以及工程风险管理的专业性。最后，工程进行中以及结束后，企业应开展公平公正的绩效考核，做好工程风险管理情况的监控和复盘。具体来讲，企业在严格审查管理人员持证上岗的基础上，检察人员可不定期调查管理人员的工作情况，对工程管理人员的风险管理知识与技能做到科学地评估和提升，同时，对风险点规避成功的人员进行褒奖，对风险管理失误的人员进行相应的警戒，以此督促相关人员持续提升风险管理素质，降低工程风险发生的概率。工程管理人员应主动、积极地提升学习能力，不断强化自身风险防范意识和风险管理素质，综合考量工程项目不确定事件的诱因以及发生的概率，在此基础上尽量做到精准的风险防控。

第三，企业应建立好防范工程风险的资金池或进行项目投保，为风险预防和应对项目风险做好充足的物质保障，保险是非常好的风险转嫁的手段，可以视情况采用。

第四，为了应对工程管理中的风险，企业应制定风险应急和挽救方案，从而力求在风险发生后，减轻企业损失。该方案主要包括人员配置、应急和补救措施等。一般情况下，在风险来临之前，管理人员无法做到准确定位风险点和损失最严重的部位，因此，这就需要管理人员在制定应急和挽救方案的过程中，随着实际业务的发展，及时、持续地补足方案，形成方案库。

第五，企业还可以加强与供应商和合作伙伴的沟通和合作，共同应对工程风险。通过与供应商建立长期合作关系，企业可以更好地掌握供应链上的风险，并及时采取措施进行应对。同时，企业也可以与合作伙伴共享风险管理的经验和资源，共同应对工程项目中的风险挑战。

9.4.2 风险监测

首先，企业应建立风险预警和监测机制。企业在工程的全流程、各个节点中，应建立详细、完整的工程数据库和工程信息系统，并随着工程进度及时在系统中披露相关的数据和信息，管理人员应做到全面审核和监察工程进度、预测工程风险。比如，工程材料采购方面，管理人员可以通过全面的市场调查，制订合理的采购计划，同时在材料入库前加强质量检查，同时针对采购人员进行职业培训等，并将相关信息及时导入数据库，供相关人员监测。

此外，企业还可以与专业的风险管理机构或顾问合作，共同制定风险管理方案，并定期进行风险评估和监测。这样可以通过专业的视角和经验，为企业提供更加全面和准确的风险分析和建议，帮助企业更好地应对工程风险。一些国有性质的企业，若自身工程风险管理能力有限，则可以通过委托第三方，采用全过程咨询的方式进行工程风险监测；一些私营企业则可以借鉴国有企业相对完善的内控体系，加强内部控制建设，同时重视人才培养，完善监测系统。

另外，企业需要定期评估风险的发展和变化情况，更新风险监测和应对计划。风险是动态的，随着项目的进行和环境的变化，风险的性质和程度可能会发生变化。因此，需要定期对风险进行评估，及时采取措施应对新出现的风险。

考虑到工程风险复杂性、多样性和普遍性的特点，工程风险的监测一定要做到责任到部门、责任到人。例如针对合同风险，很多企业合约签署人员由于疏忽大意，或基本的法律、合同知识不牢固，导致在签署合同的时候，在没有发现合同中的漏洞或者一些针对本公司不利的隐藏条款的状况下就草草签约，这就会造成重大的风险隐患。面对这一常见的工程风险，企业必须建立完善的合同管理体系、提升管理人员的合同管理意识，更值得注意的是合约签署的监察应落实到位且责任到人。

具体来讲，企业工程风险的监测可以采取以下步骤。

第一，确定监测指标。根据项目的特点和风险管理计划，确定需要监测的关键指标。这些指标可以包括项目进度、成本控制、质量指标等，以及与项目风险相关的指标，如供应链稳定性、市场变化等。

第二，收集和分析数据。收集与监测指标相关的数据，可以通过项目管理软件、财务系统、供应链管理系统等获取数据。此外，还可以通过市场调研、竞争对手分析等手段获取外部环境的数据。然后，对收集到的数据进行分析，识别潜在的风险信号和趋势。可以使用统计分析、数据挖掘等方法，发现数据中的规律和异常情况。通过与预期目标进行对比，判断是否存在风险或风险的程度。

第三，报告和沟通。将分析结果整理成报告，向相关人员进行沟通和交流。报告应包括风险的识别、评估和建议措施，以及可能的影响和应对策略。通过与相关人员的沟通，可以共同制定风险应对计划，并及时调整项目的策略和措施。

通过以上步骤的实施，企业可以及时了解项目的风险状况，及时采取措施应对风险，确保项目的顺利进行。

9.4.3 风险处置

工程风险的处置是指在识别和评估风险后，采取相应的措施来降低风险的发生概率和影响程度，更好地达成工程预期的目标。工程风险的处置方法有很多，主要包括以下五种。

9.4.3.1 风险消除

风险消除也被称为风险回避、风险规避，是一种主动的放弃性措施。严格意义上的风险消除指的是为了避免风险发生，企业选择放弃工程，由此将工程风险发生的概率降至为零的方法。例如，如果某个环节存在高风险，可以选择不进行该环节，或者将其推迟到没有风险的阶段进行。这种方法可以最大程度地降低风险的发生概率，但是可能导致企业丧失未来现金流入的机会。

9.4.3.2 风险降低

风险降低是一种主动积极的风险处置方法，指工程人员在评估风险发生概率、风险损失的基础上，依据实际情况，选择修改工程方案的方法。风险降低包括降低风险发生的概率和降低风险造成的损失程度两个方面。例如，工程材料采购人员预留项目保证金，从而控制材料问题给工程带来的损失。这种风险处置方法有利于推进工程的顺利进行，但是对管理人员处置风险的能力要求高。例如，在项目启动的前期、中期、后期，管理人员需要采取科学的手段对项目进行全面的风险识别和评估，制定风险管理计划，进行全流程的风险监测等。同时，对管理人员的技术水平要求更高，管理人员需要借助先进的技术和工具，如工程监测设备、工程管理软件等，进行风险监测和管理。这些技术和工具可以自动收集和分析数据，提供可视化的报告和指标，帮助管理人员更好地了解和应对工程风险。

9.4.3.3 风险分散

工程风险的分散包括很多方法，主要有以下几种。第一，项目分散。项目风险分散指的是企业通过增加承受风险的项目，从而减轻风险对单独项目的影响程度，达到工程总体的稳定。第二，多元化投资。企业可以将资金分散投资于不同的工程项目，避免过度集中在某一项目上。这样可以降低整体风险，一旦某个项目出现问题，其他项目仍能够提供一定的回报。第三，地域分散。将工程项目分布在不同地区，避免过度依赖某一地区的市场或资源。这样可以降低地区性风险，一旦某一地区发生不可预测的情况，其他地区的项目仍能够继续进行。第四，合作伙伴分散。与不同的合作伙伴进行合作，避免过度依赖某一家供应商或承包商。这样可以降低合作伙伴风险，一旦某一合作伙伴出现问题，其他合作伙伴仍能够提供支持。第五，技术分散。在工程项目中采用多种不同的技术和方法，避免过度依赖某一种技术。这样可以降低技术风险，一旦某一技术出现问题，其他技术仍能够提供解决方案。

9.4.3.4 风险转移

风险转移指的是企业将可能产生损失的风险转嫁给其他单位。常见的风险转移方法包括保险转移、控制型非保险转移与财务型非保险转移三种。保险转移指的是通过投保，若工程发生风险事故，可以得到保险公司相应的补偿，一般情况下，自然风险可以通过保险进行转移和控制。[35]控制型非保险转移是通过合同方式将公司的法律责任进行转移，主要是明确合同各方的权利和义务，规定违约代价，达到风险分担的目的。财务型非保险转移指的是企业通过合同将资金进行转移，在风险事故发生时可以得到外来资金的补偿。

9.4.3.5 风险自留

风险自留指的是企业面临工程风险时，采取自己承担风险的处置方法，一般针对风险发生概率高、风险损失程度低、在企业预期范围内的风险。包括主动自留和被动自留。主动自留风险的企业多半是具备强大资金支持和风险管控能力强的企业。

在工程风险管理中，管理者应该根据工程实际情况以及企业自身的风险承受能力、识别能力和应对能力等，从环境、经济、技术及管理等角度提出应对策略，选择适当的处置方法，应对工程风险事故的发生，从而达到企业效益最大化的目的。同时，风险处置应与风险识别和评估过程相互衔接，形成一个闭环的风险管理过程，以确保项目的顺利进行和成功完成。

9.5 本章小结

本章针对工程风险管理为特定研究对象，以工程风险的概念、识别、计量与管理作为主体框架，阐述了工程风险管理的主要内容，从根本上厘清了工程风险管理的应有之义。

本章的重要的知识点概括如下：

（1）工程风险的概念。本章从工程风险的基本概念出发，规范了工程风险的定义、类型、成因和性质。强调了工程风险的定义，即不确定性因素对工程项目实现目标的潜在影响。这种不确定性可以来自各种因素，如技术、经济、环境、法律等，因此需要对其进行综合分析。考虑了工程风险的类型，不同类型的风险可能具有不同的特征和影响程度，需要在管理过程中予以区分和综合考虑。

（2）工程风险的识别和计量。本章详细阐述了工程风险的识别原理，以及计量的理论，构建了分析工程风险的基本框架。风险识别是工程风险管理的重要基础，需要通过多种手段来确定潜在的风险因素，并进行分类和评估。风险计量是工程风险管理的关键步骤，通过数学和统计方法，可以对风险进行量化和评估，以便更好地理解风险的性质和影响。

（3）工程风险的管理思路。本章以风险预防、风险监测和风险处置为路径，阐述了工程风险管理的重要性和可行方法，为实现高效益、高效率的工程目标提供基本保证。风险预防是工程风险管理的重要环节，科学的预防手段可以减少风险的发生概率。风险监测是持续监控和评估风险的过程。通过设立有效的监测指标和警示机制，可以及时发现和应对潜在的风险，以便及时采取相应的措施。风险处置是在风险发生后采取的处理措施，主要包括风险消除、风险降低、风险分散、风险转移和风险自留五种处置方式。

综上所述，工程风险管理的主要内容包括了工程风险的概念、识别和计量方法，以及风险的管理思路。通过综合运用这些知识点，可以有效降低工程风险，提高项目成功的概率。

思考与练习

（1）请简述对工程风险定义的理解。

（2）关于工程风险的定义不同的同学有不同的想法。小张认为工程风险指的是收益的不确定性；小孙认为工程风险指的是风险事件发生的不确定性；小王认为工程风险指的是风险发生与损失对应的不确定性；小李认为工程风险是损失的不确定性。你认为他们四个谁的想法正确？为什么？

（3）简述工程风险的基本性质。

（4）画图说明工程风险因果图的结构。

（5）请简述工程风险管理的重要性。

（6）简述工程风险识别的依据。

（7）工程风险的识别方法有哪些？

（8）简述工程风险识别的步骤。

（9）工程风险的计量方法有哪些，如果你是建筑行业管理人员，你会选择哪一种方法，为什么？

（10）简述工程风险管理制度下的相关主体。

（11）简述工程风险的一般处置方法。

（12）工程风险的评估报告应包含哪些内容？

（13）工程保险有什么特点？

（14）工程风险的管理从内容性上讲要实现哪些目标？

（15）简述工程风险管理的基本过程。

（16）请举例说明回避工程风险的方式。

（17）如何进行工程风险的预防和监测？

（18）请对转移工程风险的方式进行论述，并举例说明。

（19）面对突发性的工程风险，例如安全风险，请列举三个常见的应急管理措施。

（20）假如你应聘煤炭行业某工程项目的主管，请出具一份针对该领域的工程风险识别和应对方案。

10 社会风险管理

乌尔里希·贝克（Ulrich Beck）在1986年出版了《风险社会》一书，首次使用“风险社会”这一概念来描述自20世纪80年代以来的社会风险状态。在此阶段，人类社会开始由工业时代向信息时代迈进，技术的变革推动了生产力跨越式发展，但也使社会从风险的偶发状态转入了常发状态，甚至使风险的破坏力达到了前所未有的程度。其中，典型的社会风险包括中东战争、切尔诺贝利核泄漏事件、美国“9·11”事件、2008年全球金融危机和新冠疫情等。我国在改革开放过程中，一方面取得了许多举世瞩目的成就，另一方面，许多领域都面临着日益激增的风险。正如党的二十大报告指出的那样，“我国发展进入战略机遇和风险挑战并存、不确定难预料因素增多的时期，各种‘黑天鹅’‘灰犀牛’事件随时可能发生”，这些风险挑战必然囊括了社会领域的风险。因此，如何认识和应对20世纪80年代以来的社会风险，成了当前社会各界所关注的一个重大时代课题。为此我们将从社会风险的概念、识别、计量以及管理这四个方面出发深入了解社会风险。

10.1 社会风险的概念

首先，我们要明确社会风险产生的时代背景。目前我国社会正处在重要的转型时期，正在实现从农业社会到工业社会、从乡村社会到城市社会、从传统社会到现代社会的转型发展中。我国日益紧密地与全球经济、社会、发展联系在一起，我国的发展与世界的发展相互影响。

技术进步的影响日益深入社会生活的方方面面，尤其是互联网的发展使我国社会进入互联网社会，网络虚拟社会与现实社会日益重合。这种变化对我国社会风险的影响极为深刻，使得我国社会风险越加复杂，社会风险管理更为困难。那么，到底什么是社会风险呢？社会风险都包括什么呢？接下来我们将详细回答上述问题。

10.1.1 社会风险的定义与规范描述

国外于20世纪50年代就开始了对项目社会风险的评估，到20世纪末就建立了主要以“人”为关键要素的社会风险评估体系。而我国则在20世纪80年代才开展相关研究，研究主要集中于工程经济以及环境领域。直到21世纪初，国家开始对社会稳定、社会风险问题越发重视，我国学者对于社会风险领域的研究才逐步加快。

社会稳定是比较稳固安宁的状态，而社会风险是社会中矛盾爆发，破坏秩序的一种可能性，两者处于相互对立的状态。要界定社会风险的含义，首先要理解“社会”的概念，社会是指人与环境之间产生的关系的总和。社会的内涵可分为广义和狭义两种，广义的社会风险是指由生态、经济、政治各个领域中不确定因素对社会整体良性运行和协调发展所造成的风险以及带来社会性影响的灾害。狭义的社会风险是指社会领域的风险，与生态领域的风险、经济领域的风险、政治领域的风险相区分的一种风险，一般是由于社会矛盾、文化冲突和社会竞争而导致的危及社会稳定和社会秩序的风险。[36] 考虑到社会风险的影响范围较广，目前所研究的“社会风险”大多是广义的。举个例子，我们对于大型体育赛事的社会风险进行研究时，因为大型赛事投入大、涉及范围广，在经济、社会、政治和环境等领域都会产生一定的影响，因此应该以广义的“社会”来研究大型赛事的社会风险问题。

现在来考虑如何把社会风险的描述性定义转化为形式化定义。事实上社会风险通常没有一个具体的公式来定义，因为社会风险的本质是复杂而多变的，涉及社会、经济、环境、政治等多个方面。然而，可以用以下的一般性公式来描述社会风险的概念：

$$\text{社会风险} = \text{潜在的不利事件或情况} \times \text{社会影响程度} \tag{10-1}$$

式中，潜在的不利事件或情况指的是可能发生的有害或负面的事件，如自然灾害、社会冲突、金融危机等。社会影响程度表示这些不利事件或情况对社会正常运行的影响大小。

我们需要注意的是，社会风险的具体评估和度量通常是复杂的，并涉及多个定量和定性的指标、数据和方法。公式只是一个简化的表达方式，用来概括社会风险的基本概念，对于实际社会风险分析和评估，我们需要综合考虑多个因素，并采用适当的方法和工具进行深入研究。

10.1.2 社会风险的类型及成因

10.1.2.1 社会风险的类型

社会风险是关于生命安全、价值规范、社会结构、社会关系和社会秩序等受到威胁或破坏的可能性。根据社会风险的定义，可从以下不同的角度对其加以科学分类：(1) 社会风险的分布领域；(2) 社会风险的来源；(3) 社会转型的形态；(4) 社会性损失的程度。这些角度将社会风险化繁为简，对社会风险认识更加条理化，以便了解不同社会风险发生、发展、爆发的规律。以下为不同角度下的社会风险的类型具体划分方法，如图 10-1 所示。

图 10-1 社会风险分类角度

（1）按风险分布的领域划分。主要包括政治风险、经济风险、军事风险、生态风险等。

1）政治风险：政治风险是一个政权或政党所要面临的重要问题，是一个国家内部乃至国际上由政治因素带来危害的可能性的统称。当今时代，现代政治制度的先进性远远超越过去，但先进的政治制度却没有带来社会的稳定性。

2）经济风险：经济风险指经济前景的不确定性。当今经济全球化的浪潮已经席卷世界各个角落，市场经济得以在世界各国内立足，并有效促进了社会福利的增加。然而，市场经济制度的确立和完善在世界范围内是不平衡的，这与其他相关的重要趋势（例如贸易一体化，资本自由化）的不完全一致，使得国际经济局势产生了风险，也给许多发展中国家带来了严重的经济风险。发展中国家相对于发达国家，产业体系、市场经济制度都不完善，自身协调和优化发展的能力偏弱，对外依赖严重，抵御经济风险的能力较低，有许多国家面临严重的经济风险，时常有经济崩溃的可能性。

3）军事风险：军事风险是指发生军事冲突给社会带来危害的可能性。军事冲突给社会稳定带来风险已经是我们有目共睹的事，无不导致社会经济衰退、群众流离失所。军事风险的根源在于各大利益集团之间的利益分配不均，只要这一根源性问题得不到解决，军事风险永远都会存在于人类社会。

4）生态风险：生态风险是指生态系统发生退化、劣化等各种不利变化的可能性。社会建立在自然界之上，可以说自然界稳定、安宁与否直接关系着社会能否持续发展。当今社会，生态风险主要来自工业化导致的人类对自然的过度开发，且这一风险有日渐扩大的趋势。虽然各国对此采取了许多措施尝试进行补救，但对于生态风险的防控依然处于起步阶段。

（2）按照风险来源划分。主要包括外部风险（自然具有的风险）和人为风险（制度、政策、技术引发的风险）。外部风险指的是来自外部的、来自传统或自然固定性的风险，例如，洪水、地震、火山喷发等。人为风险则是由于人的活动对社会带来的风险，是人类对社会生活的条件和对自然进行干预的结果，例如，战争暴乱等。

（3）按照社会转型形态划分。可将社会风险划分为传统社会风险、现代社会风险和社会转型风险。传统社会风险，其内涵和外延基本等同于上述的外部社会风险，主要包括各种自然灾害；现代社会风险，则是指在现代化的过程中所遭受的社会风险类型，中国社会的转型实质也是实现现代化的过程；社会转型风险是国外现代化进程中所没有的，也没有前车之鉴，具有很浓厚的中国社会的“本土”特色。比如时下备受政府和学界关注的城镇化进程中可能产生的社会风险就是其中一例。

（4）按照社会性损失程度划分。社会风险中的“险”意在于其可能会造成社会性的损失，如果是不存在造成社会性损失的可能，那么就不能称为社会风险。鉴于社会性损失有大有小，有强有弱，可从三个纬度进行初步定性分析，即可能受损的群体规模、可能受损的社会子系统规模、发生的可能性，将社会风险区分为低损失度社会风险、中损失度社会风险、高损失度社会风险。[37]

10.1.2.2 社会风险的成因

社会风险的成因通常是复杂多样的，而这些因素往往是相互关联和相互影响的。理解社会风险的成因有助于我们制定相应的政策和措施，以降低风险并促进社会的可持续发展。社会风险的成因主要包括如下几个方面。

（1）经济因素。经济不稳定、贫富差距扩大、就业困难等经济问题是社会风险的主要成因之一。经济的低迷或衰退可能导致失业增加、社会福利减少，加剧社会不满情绪，引发社会动荡和不稳定。举个例子，2008 年由美国次贷危机引发的全球金融危机，造成了股市崩盘、失业率激增以及国家债务激增等一系列社会问题，对于金融业、汽车业甚至是核心产业形成了一定冲击。

（2）社会不公平。社会不平等、歧视、腐败等现象都是社会风险的重要成因。当少数人拥有过多的资源和权力，而大多数人面临贫困和排斥时，社会冲突和不满情绪增加，社会的稳定就会受到威胁。比如说，如果一个国家教育资源严重不平等分布，就会导致农村和贫困地区的孩子们难以获取优质的教育资源。这不仅会加剧社会的贫富差距，也会导致就业机会的不公平和社会阶层固化的现象。随着时间的推移，这种教育不平等引发了社会的不满和不公平感。

（3）政治问题。政治腐败、政治不稳定等都可能引发社会风险。当政府无法有效管理社会问题、提供公正的法治环境时，社会的不满情绪会逐渐积累，并有可能导致社会动荡。例如，在欧美等国家进行重要选举时，出现了选民投票被操控、选票被篡改、选民登记被操纵等严重的舞弊行为，就会引发社会广泛的不满和抗议，使他们对政府和政治制度的信任受到严重破坏，对经济和社会秩序造成严重影响。

（4）自然灾害。自然灾害（如地震、洪水、飓风等）也是社会风险的成因之一。这些灾害可能造成大规模的环境破坏、人员伤亡和经济损失，同时在应对灾害和恢复重建过程中，容易存在资源分配不均、救援不及时等问题，影响社会的正常运行。比如 2011 年日本大地震引发的核泄漏事故，不仅严重危害了当地居民的生命健康，而且日本政府的处置办法也受到了当地居民以及国际各界的强烈谴责，造成了严重的社会危机。

（5）科技进步。科技进步对于社会风险的影响是双重的，一方面，增加了对于灾害风险、公共卫生、信息安全等方面的监测防控能力，另一方面，科技进步带来的技术变革和创新也可能引发社会风险。例如，人工智能的发展可能导致大规模的裁员，就会增加社会的不稳定性。

（6）社会变革。社会结构和价值观念的变化也可能引发社会风险。当社会面临重大的转型和变革时，可能会出现社会冲突和分裂，对社会稳定构成威胁。例如，如老龄化社会带来的养老问题和医疗负担。

10.1.3 社会风险的性质

社会风险是风险的一种类型，与其他风险类似，社会风险主要具有集合性、危害性、多元性、可控性，如图 10-2 所示。

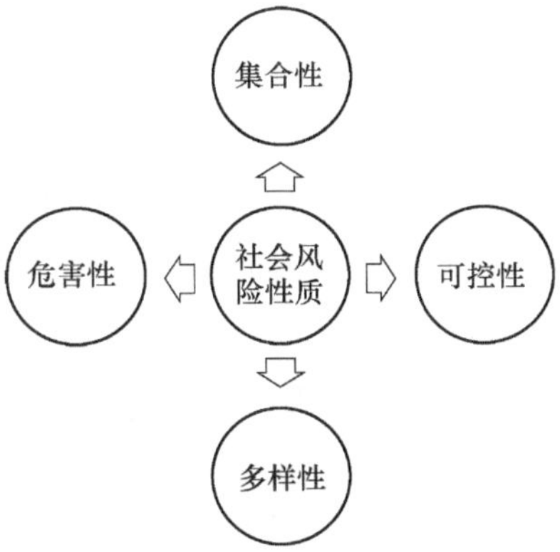

图 10-2 社会风险的性质

（1）集合性。是社会风险的主要特征，体现在社会风险的许多方面。首先，社会风险是各种风险的集合，包括自然风险、人为风险、国内风险和国外风险等。其次，社会风险的发生方式具有一定的集合性，其发生地点固定性和变动性并存，发生时间周期性与突发性并存。最后，社会风险的影响也具有集体性。社会风险的短期效应和长期效应并存，直接导致一种社会风险的发生又会诱发其他风险。

（2）危害性。是各种风险的共同特征，但在社会风险中表现得尤为明显。由于社会风险何时何地爆发往往难以预测，社会风险较难控制，且危害程度也很高。特别在当今时代的许多发展中国家，这种危害将更加严重。例如，在社会发展过程中，一些国家的贫富差距越来越大，腐败问题日益严重，严重影响了政府在群众心目中的形象，进而引发一系列的冲突和矛盾，造成社会危机。

（3）多元性。社会风险是多元的，具有多种不同的表现形式。社会风险代表着多种社会矛盾和社会状况，而不是某些问题的单一反映。社会风险是一种植根于各种社会状况而存在的社会现象。社会现象是多元化的，因此社会风险也是多元化的。

（4）可控性。社会风险控制虽然困难，但并不意味着完全不可控。社会风险具有一定的可预测性。因此，可以建立一系列有效的社会风险预警、发现和控制机制。

10.2 社会风险的识别

社会风险识别是主体洞悉和发现发展过程中所面临的各种社会风险，并且对这些社会风险进行识别与辨认，对它们进行系统性地归类和分析，以此发现其本质。下面我们通过风险识别原理、识别方法以及实例分析三个方面来认识社会风险的识别。

10.2.1 识别原理

社会风险识别主要包括感知风险和分析风险。感知风险就是要准确地找出我们面临的各类社会风险，这不仅是社会风险识别的第一环节，也是社会风险管理的第一环节。只有很好地完成这一步，才能准确地完成风险管理的后续工作。而分析风险是分析导致风险发生的各类因素，准确地找出发生社会风险的原因，这是进行社会风险识别的关键步骤。

（1）建立多元数据收集。社会风险识别依赖于收集和整合多元化的数据和信息。这些数据可以包括统计数据、研究报告、调查结果、媒体报道、市场情报等，涵盖经济、环境、社会、政治等多个领域。通过广泛的数据收集，可以获得全面而多角度的信息，有助于发现各种社会风险的迹象和线索。

（2）建立风险指标和指标体系。社会风险识别常常借助风险指标和指标体系来衡量和评估潜在的风险。这些指标可以是定量的，如经济指标、环境指标、社会指标等，也可以是定性的，如舆情指标、政治稳定指标等。通过制定适当的指标和指标体系，可以在数据中寻找特定的模式和趋势，进而识别可能存在的风险。

（3）趋势分析和模型预测。社会风险识别也借助趋势分析和模型预测的方法。通过对历史数据和趋势的分析，可以揭示一些潜在的风险趋势和规律，从而预测未来可能出现的风险。这种方法常用于经济领域的金融风险识别，通过对市场走势、行业发展、政策变化等的分析和建模，可以识别潜在的金融风险。

（4）吸收利益相关者参与和听取专家意见。社会风险识别还需要考虑利益相关者的参与和专家意见。利益相关者的参与可以提供从不同角度和利益关注点来审视潜在的风险，帮助发现可能被忽视的风险。专家意见可以提供专业的见解和判断，对风险进行评估和预测。

总的来说，社会风险识别的原理在于综合利用多元数据、风险指标、趋势分析、模型预测以及利益相关者参与和专家意见，我们需要全面而准确地识别社会风险，才能进行科学的风险管理与决策。

10.2.2 识别方法

社会风险的识别与其他的风险识别方法有许多共通之处，主要包括情景分析法、德尔菲法、核对表法、流程图法和头脑风暴法等。在前面章节已经对部分方法进行了详细阐述，我们不再赘述，在本节主要介绍各种方法的优缺点。

（1）情景分析法。通过设定不同的情景和假设，模拟和分析多个可能的发展路径和变化趋势，以预测社会风险可能出现的情况。它基于不同的变量和因素，对社会风险的可能性、影响程度和可能结果进行评估。该方法考虑了多种可能的情景和变化趋势，可以帮助识别社会风险的不同可能性和潜在影响，提供全面的视角，但情景分析需要大量的数据和信息支持，有时可能存在数据不完备、数据质量低或不准确的问题，可能影响分析的准确性和可靠性。

（2）德尔菲法。也可称为专家调查法。在德尔菲法中，参与调查的专家在完全匿名的情况下给出他们的意见。该方法在专家访谈后，对收集到的各种意见进行整理分析，然后将意见提供者的信息发送给专家，反馈访谈结果，再次征求专家意见。在此过程的多轮之后，通常会获得风险识别结果的集合。这种方法可以消除权威的影响，但缺点是在实践中难以实现一次结果。

（3）核对表法。根据以往的历史经验，以表格的形式列出所研究对象的环境、设计主体等相关信息，并根据表格中列出的项目识别研究对象的风险因素。该方法具有方便、快捷的优点，并能对核对表进行判断得到结果。但缺点是鉴定结果的准确性很大程度上取决于核对表本身的缜密性和完整性，而核对表又是建立在历史经验的基础上的，难免存在局限性。

（4）流程图法。首先绘制项目流程图，明确项目的步骤和环节，然后分析每个环节可能存在的风险因素和每个过程中可能发生的风险事件，最后形成识别结果。该方法的优点是关注各个环节，识别结果更加全面。缺点是这种方法可能会忽略外部影响。

（5）头脑风暴法。以“宏观智能结构”为基础，研究小组的组建需要邀请一定数量的专家，然后凭借才思敏捷的专家们于无所拘束的环境中不受常理限制、积极思考、畅所欲言，并将其座谈内容记录下来。头脑风暴法能够系统全面把握项目各方面潜在的风险，不会像德尔菲法对风险的识别周期过长、像情景分析法数据收集困难、像核对表法识别的因素有限和像流程图法工作量繁多。

10.2.3 识别实例分析

识别社会风险是社会风险管理的首要环节，从风险的成因、过程、相关者以及所涉及的各个方面进行全面识别，才能正确地对风险作出分析和评估，并作出响应。上一小节我们总结了社会风险的识别方法，接下来我们以重大投资项目建设为例进行详细介绍。首先其面临的社会风险主要包括以下几个方面。

第一，经济风险，指的是受影响民众对工程项目造成的经济损失或补偿不合理等方面的诉求或抗议；

第二，生态环境风险，指的是项目实施运营可能造成影响区域内水土流失及人均绿地变化等方面引发的民众抗议或群体性事件；

第三，社会心理风险，指的是工程移民“背井离乡”后割断原有社会关系的心理影响等引发的社会冲突事件；

第四，制度风险，指的是项目社会风险问责制度不健全或事后处罚力度不够，使相关管理人员不够重视潜在社会风险的发生等。

项目建设的各阶段均有产生社会风险的可能，所以社会风险识别也应贯穿项目的整个寿命周期，科学有效识别项目建设过程中的社会风险，能够及时避免社会风险对项目的正常运行造成危害。以光伏发电项目的社会风险识别为例，具体步骤如图 10-3 所示。

第一，确认不确定性是否客观存在。

第二，建立风险因素初步清单，光伏电站项目风险初步清单的建立依据往往是通过以往的光伏电站项目的资料、现场记录及实地考察来分析归纳，同时也要参照文献资料、行业规范、学术研究等相关资料，尽可能地收集到较为全面的风险因素。

第三，确立各种风险发生时间并预测其结果，制定风险预测图。在光伏发电项目风险清单列表中的风险因素，需要根据项目的特点和实际情况，计算每一因素发生的概率和单独分析风险对项目危害程度。

第四，将确定的风险因素进行分类排序。风险管理人员可根据分类结果，按照严重性，由强到弱依次采取防范解决手段。

第五，建立风险目录摘要。通过构建光伏发电项目详细的风险清单，让风险管理者对光伏电站投资项目风险有系统全面的了解，更有利于采取风险应对策略，降低损失。

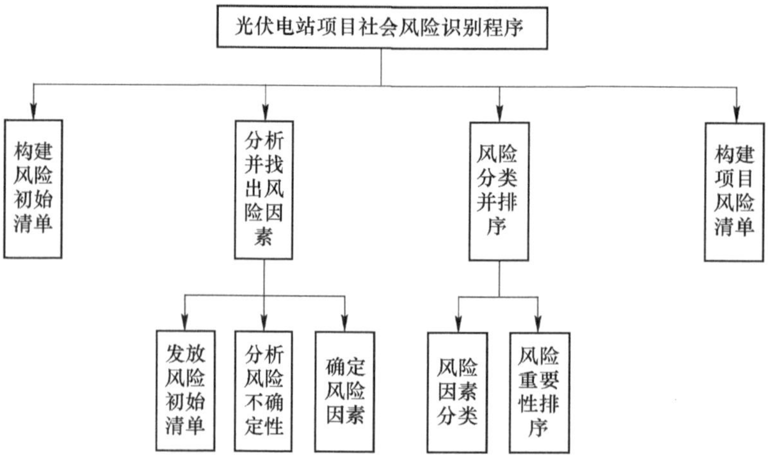

图 10-3 光伏电站项目社会风险识别程序

10.3 社会风险的计量

对于社会风险的计量方法主要有基于专家知识的方法、基于情景分析的方法、基于动力学演化的方法和基于数据挖掘的方法等。[37] 其中，常用的社会风险可采用进行风险分析的方法有专家调查法、清单评估法、影像图法、概率统计法、层次分析法和模糊综合评价法等。我们将其分为初级计量方法和中高级计量方法两大类分别加以介绍，考虑到在前面章节已经对部分方法进行了详细阐述，本节主要介绍各种方法的优缺点。

10.3.1 初级计量方法

（1）专家调查法。也称专家打分法，是指相关领域权威专家根据自身的经验、学识以及个人直觉对社会风险发生的概率以及其可能产生的后果进行估计和打分，而后将多位权威专家意见形成的数据进行综合计算，进而得到风险计量结果。其优点是专家调查法利用专家的知识和经验，能够提供对社会风险的深入洞察和专业判断，相对于其他方法，专家调查法可以快速实施，节省时间和资源。其缺点是专家调查法受到专家主观意见的影响，评估结果可能存在主观偏差，缺乏客观性。

（2）清单评估法。也称为检查表评价法，该方法根据一定的标准、原则对研究对象进行评分。在使用该方法的时候，往往重要的项目得分较高，而次要的项目得分较低，而后根据各项的状况进行打分。在进行打分后，可以根据得分来评估一个事项或者项目所涉及的社会风险的风险程度和风险等级。

（3）影响图法。是指由风险结点集合和反映风险关系的有向弧集合构成的无环有向图，它是在决策树基础之上发展起来的图形描述工具，这种方法优点是概率估计、备选方案、决策者偏好等资料完整，图形直观、概念明确，计算规模随着社会风险因素个数呈线性增长。它的缺点是需要获取大量的概率和效用值，对于复杂问题建模困难。

（4）概率统计法。又称数理统计法，是指研究自然界中随机现象出现规律的一种数学方法。社会风险的发生虽然具有随机性，但也有着特定的规律，即在一定的发生频次范围内，其出现概率是一个客观存在的定值。概率统计法理论基础完善，分析过程简单，无须进行大量复杂的运算，但其缺点是历史数据的积累收集及估算较为困难。

10.3.2 中高级计量方法

（1）层次分析法。层次分析法也称为 AHP 分析法（The analytic hierarchy process）。该方法是由美国管理学知名学者赛迪在 20 世纪 70 年代初提出的。AHP 分析法将定性分析和定量分析的手段和方法相结合，力求精确定位社会风险的不同内在组成要素，并且将各要素之间的内在联系和关联程度进行层次分解、界定。而该方法在进行层级分解界定的工作时，主要着眼于要素各自不同的特点予以分级，且按照自上而下的方式区分。AHP 分析法的优点是通过这种方式能将复杂的社会风险进行梳理，使得系统可以被清晰地认知，有利于从更全面，更高的角度来认知、研究目标对象。其缺点是评估结果依赖于可获得的数据和信息，可能存在不确定性和信息缺失的问题，同时评估结果对于权重的敏感性较高，小的变化可能导致结果的显著变化，需要谨慎处理权重的确定。

（2）模糊综合评价法。是一种用于模糊因素的综合评价方法，其特点在于能够应用模糊关系合成不易定量化描述的指标，从多个因素对评估事务隶属等级状况进行综合性评价。模糊综合评价法能够较为全面反映各评估主体的意见，综合被评估主体目前所处的优劣程度。首先将评估体系看成是由多种因素组成的模糊集合（称为因素集 C）；其次，再通过设定这些因素所能选取的评估等级，组成评估的模糊集合（称为评判集 V），分别求出各个单一因素在每个评估等级的归属程度（称为模糊矩阵 R）；最后根据各个因素在评估体系中的权重大小，通过模糊矩阵的合成求出评估结果值。这一方法将难以量化的社会风险指标运用模糊集进行描述从而实现定量化，同时基于多个权威专家的评价建议确定不同指标的隶属度，而后构建出模糊评价矩阵，进行相应计算得出量化评价结果。但模糊综合评价法对于数据的需求较高，需要获得准确、可靠的数据，同时在评估过程中需要进行数据的模糊化处理。

10.3.3 计量实例分析

结合社会风险具有集合性、多元性等特点，同时考虑到社会风险较难量化的问题，往往在社会风险计量过程中会将模糊综合评价法与层次分析法、专家打分法相结合。以此能够充分适应社会风险特点，将复杂多样的社会风险进行量化，方便研究者进行分析定性和定量结合的研究，并最终作出合理决策。

（1）层次评价法赋权。

我们将利用层次分析法进行金融市场社会风险指标权重的操作分为以下步骤：

1）建立递阶层次结构。我们通过对各种风险因素的分析，将因素之间的相互关系按照不同的性质进行自上而下分类，即金融市场目标层（金融市场社会风险评估 C）、风险因素层（经济风险 C_1、政治风险 C_2、公共安全风险 C_3、自然环境风险 C_4、文化冲突风险 C_5）和风险子因素层（经济规模水平 C_{11}、经济发展状况 C_{12}、……、宗教文化 C_{52}、行为规范 C_{53}）。

2）构造判断矩阵。同层次的因素之间我们可以进行两两比较，判断出某个因素在该层因素中相对重要性程度，形成比较判断矩阵。我们可以假设要比较 n 个指标 $X = \{X_1, X_2, \cdots, X_n\}$ 对某个指标 Z 的影响大小，每次选取两个因子 X_i 和 X_j，以 a_{ij} 表示 X_i 和 X_j 对指标 Z 的影响大小比，全部比较结果用矩阵 $A = (a_{ij})_{n \cdot n}$ 表示，指标与指标之间的相对重要性一般用数字 1~9 及其倒数作为标度，若 X_i 与 X_j 对 Z 的影响之比为 a_{ij}，则 X_j 与 X_i 对 Z 的影响之比为 $\frac{1}{a_{ij}}$，具体含义见表 10-1。

表 10-1 判断矩阵赋值标准

标 度	定 义
1	i 因素与 j 因素同样重要
3	i 因素比 j 因素略重要
5	i 因素比 j 因素较重要
7	i 因素比 j 因素非常重要
9	i 因素比 j 因素绝对重要
2，4，6，8	以上两判断之间的中间状态对应的标度值
倒数	若 i 因素与 j 因素比较，得到判断值为 $a_{ij} = \frac{1}{a_{ji}}$

3）一致性检验。对于每一个判断矩阵，我们要计算其最大特征根及其对应的特征向量，并利用一致性指标、随机一致性指标和一致性比例做一致性检验。若检验通过，特征向量（归一化）即为权向量；若不通过，则应考虑重新构造判断矩阵。特征向量的近似值通常采用求和法或求根法求得。一致性检验的步骤如下：

①计算一致性检验指标。

$$CI = \frac{\lambda_{\max} - n}{n - 1} \tag{10-2}$$

式中，λ_{max} 为判断矩阵的最大特征根。

②查找相应的平均随机一致性指标 RI。

例如表 10-2 给出了 1~9 阶判断矩阵计算 1000 次得到的平均随机一致性指标。

表 10-2 *RI* 值分布

N	1	2	3	4	5	6	7	8	9
RI	0	0	0.52	0.89	1.12	1.24	1.36	1.41	1.45

③计算一致性比例 CR。

$$CR = \frac{CI}{RI} \tag{10-3}$$

当 $CR<0.1$ 时，我们可以认为判断矩阵的一致性是可以接受的；当 $CR>0.1$ 时，应对判断矩阵作适当修正。

（2）模糊综合评价。

在实际操作中，金融市场社会风险评估的模糊综合评价操作主要有以下几个步骤：

1）确定金融市场社会风险的评价因素，建立评估指标体系。我们可以用 $C=(c_1, c_2, \cdots, c_n)$ 代表评价指标，其中 $c_i=(i=1, 2, \cdots, n)$，代表第 i 个具体指标。通常，金融市场社会风险评估考虑以下 5 个具体指标，即经济风险 C_1、政治风险 C_2、公共安全风险 C_3、自然环境风险 C_4 和文化冲突风险 C_5；

2）建立评判等级。根据评估指标体系，我们可以对社会风险各个指标实际情况打分，形成评判等级结果组成的集合，用公式表示评价等级为 $V=(v_1, v_2, \cdots, v_n)$，其中 $v_i=(i=1, 2, \cdots, n)$，代表第 i 个指标的等级。评价集表示各个指标所处的风险等级，如 V=(低风险、较低风险、中风险、较高风险、高风险)=(1，2，3，4，5)；

3）建立指标权重分配集。通过层次分析法确定评估指标的权重后，我们设评估指标的权重分配集为 $W=(w_1, w_2, \cdots, w_n)$，$\sum w_n = 1$，$w_i$ 表示每个风险指标的权重系数；

4）单个评估指标的模糊评价。对每个评估指标进行量化，确定评估指标在评判等级的隶属度，我们可以得到单个评估指标的风险等级评价集 $r_1=(r_{i1}, r_{i2}, \cdots, r_{i3})$。进行评价的方法为德尔菲法，也就是根据专家的知识和经验给各个评估指标的风险等级进行评价。例如，10 名专家对经济风险（C_1）的风险评价为 1 人认为低风险，3 人认为较低风险，2 人认为中风险，2 人认为较高风险，2 人认为高风险，则经济风险的模糊评价集为 $R_1=(1, 3, 2, 2, 2)$，同理可以求出其他评估指标的模糊评价集，从而得到全部指标的模糊评价矩阵 R，表示为：

$$R = \begin{bmatrix} r_{11} & r_{12} & \cdots & r_{1m} \\ r_{21} & r_{22} & \cdots & r_{2m} \\ \vdots & \vdots & \vdots & \vdots \\ r_{n1} & r_{n2} & \cdots & r_{nm} \end{bmatrix} \tag{10-4}$$

式中，矩阵 R 中第 i 行第 j 列元素 r_{ij}，表示评估指标 c_i 在风险等级评价集 v_j 的隶属度。

5）综合评估指标的模糊评价。采用“加权平均”的方法，我们最后对综合评估指标结果进行评价。将评估指标的权重集 W 与风险等级评价集 R 进行合成，得到模糊综合评价结果集 S，$S=W\cdot R=[w_1, w_2, \cdots, w_n]*\begin{bmatrix} r_{11} & r_{12} & \cdots & r_{1m} \\ r_{21} & r_{22} & \cdots & r_{2m} \\ \vdots & \vdots & \vdots & \vdots \\ r_{n1} & r_{n2} & \cdots & r_{nm} \end{bmatrix}=(s_1, s_2, \cdots, s_n)$，其中 s_i 表示被评估指标从整体上看对 v_j 风险等级模糊子集的隶属程度。

通过模糊综合评价法与层次分析法、专家打分法相结合的方法，综合考虑定性与定量指标，能够涵盖社会风险的主要指标，能够更加全面地量化社会风险，为后续开展社会风险管理提供重点方向。

10.4 社会风险的管理

10.4.1 风险预防

社会风险预防、预警的内涵可以被描述为社会风险预防是“在科学监测和准确评估社会风险的基础上，在早期对社会风险的发展态势发出预警信号，来保障社会秩序的稳定运行和协调发展。”

社会风险会给原本稳定的社会环境带来无序和混乱。为了缓解甚至避免这种情况的发生，承担预警预防责任的主体必须对可能危害社会的各种因素有前瞻性的认知，并在此基础上作出正确的判断，向社会发出预警信号。从社会风险防范的过程来看，社会风险的防范预警的过程为：社会风险识别—社会风险监测—社会风险评估—社会风险预警。可以看出，这个过程是一个连续的系统，是一个动态的过程，能通过探索和建立完善的社会风险防范制度，分析研究社会风险的相关要素，降低损失的可能性。预防社会风险是一个复杂而广泛的领域，涉及许多方面，包括政府、组织和个人层面。以下是一些常见的预防社会风险的方法和措施：

首先，从政策层面，我们要制定和执行适当的法律法规，以保护公众利益和社会秩序。一是政策制定和监管，政府可以制定并执行相关法律法规，加强对市场和机构的监管，以防范社会风险。例如，制定环境保护法规、消费者保护法规等，确保金融活动符合可持续发展和社会公益的原则。二是风险评估和监测，政府可以进行风险评估和监测，及时识别和预警潜在的社会风险，并采取相应的应对措施。例如，建立风险监测系统、发布相关报告和指导，为金融机构和公众提供风险信息和建议。

从政策层面预防社会风险的优点是政府的介入可以通过法律强制力和监管机构的监督来确保金融市场和机构的合规性，促进公平、透明和稳定的市场环境；其缺点是过度或不适当的监管可能增加金融机构的负担和成本，限制市场创新和发展，并可能导致决策缓慢和繁文缛节。

其次，从组织层面，我们要建立健全的内部控制和风险管理机制，确保组织内部的合规性和稳定性。一是内部控制和风险管理，组织可以建立健全的内部控制和风险管理体系，以预防和减少社会风险的影响。这包括制定风险政策和程序、明确风险职责和流程、建立风险评估和监测机制等。组织应加强对风险因素的识别、评估和管理，以确保业务和投资的可持续性和稳定性。二是社会责任和可持续发展，组织可以积极履行社会责任，采取可持续发展的经营模式和实践，以预防社会风险。这包括推动环境保护、社区参与等方面的措施，以维护社会的利益和可持续发展的目标。

从组织层面预防社会风险的优点是组织可以通过建立健全的风险管理体系来预防和减少社会风险，降低损失风险，提高经营效率和稳定性；其缺点是建立和维护有效的风险管理体系需要投入大量的资源和成本，有时，组织可能无法完全预测和应对新兴的社会风险，尤其是那些具有复杂性和不确定性的风险。

最后，从个人层面，我们需要提高风险素养，理性决策和投资，遵守合规要求，定期进行风险评估。一是金融素养和风险教育：个人可以提高风险素养，了解相关产品和市场的风险特征，以做出理性的决策和投资。金融机构和政府可以提供金融教育和风险教育的机会，提高个人对社会风险的认识和能力。二是合规和透明度，个人在金融活动中应遵守法规和合规要求，保持透明度和诚信。这包括遵守金融合同、了解产品条款和风险披露、参与信息披露等，以减少不必要的风险和纠纷。从个人层面预防社会风险的优点，个人通过提高风险素养和自我管理能力，能够更好地理解和应对社会风险，降低个人财务损失的风险；其缺点是个人可能缺乏专业知识和信息，无法准确评估和应对复杂的社会风险。个人行为也可能受到市场情绪和非理性决策的影响，导致投资失误和损失。

总的来讲，预防社会风险需要政府、组织和个人之间的合作与努力。通过建立合理的制度、加强风险管理、提高公众意识和教育水平，可以预防和减少社会风险的发生，保障社会的稳定和安全。

10.4.2 风险监测

风险监测是整个社会风险评估过程的重要组成部分。该环节为各类社会风险的评估提供社会风险的最新情况，动态获取社会风险的变化。风险监测是推动风险评估体系不断发展的不可或缺的环节。社会风险监测的目的可以概括为：

首先，监测社会风险识别变化和社会风险分析的对象；

其次，对过去分级的社会风险进行监测，动态评估社会风险等级状况；

最后，风险监测可以评估过去对社会风险的应对方案是否如预期的那样有效，以及是否可以通过调整来改善这些方案。风险监测可以使用现代计算机技术进行建模，以监测各个风险点。同时，重点对外部环境、舆论舆情、利好因素、派生性风险和公众心理状况等领域频繁发生的风险进行监测。监测社会风险需要综合运用多种方法和工具，以下是一些常见的社会风险监测方法。

（1）数据分析和指标监测。我们可以收集与社会风险相关的数据，包括统计数据、调查数据、监测报告等，运用数据分析技术和工具，对数据进行整理、清洗和分析，识别和评估潜在的社会风险，进行社会风险分析和监测。其优点是可以快速获取大量的金融数据，并通过分析和监测指标识别出潜在的风险信号，能够提供定量的风险评估和预警，有助于制定相应的决策和应对措施。缺点是仅依赖于数据和指标可能忽视一些非结构性和非常规的风险因素，数据的质量和准确性也会对监测结果产生影响。

（2）市场情报和调研。我们可以通过市场情报搜集和调研，了解消费者需求、竞争环境、市场趋势等，以及社会和舆论的动向，发现相关的社会风险。其优点是可以及时掌握市场变化和社会声音，了解消费者和利益相关者的态度和期望有助于预测和识别与金融相关的社会风险。缺点是依赖于市场情报的质量和及时性，可能存在信息不完全或不准确的问题。调研成本较高，可能需要投入大量资源和时间。

（3）社交媒体监测。利用社交媒体分析工具，监测和分析公众在社交媒体平台上的言论和讨论。追踪特定关键词或话题的讨论趋势，了解公众对社会风险的态度和情绪。其优点是社交媒体是公众表达意见和观点的重要渠道，能够快速掌握公众的反应和关注点。可以及时发现潜在的社会风险，有助于制定针对性的应对策略。缺点是社交媒体上的信息可能存在噪声和不准确性，需要进行筛选和分析。还需要关注舆情的主观性和片面性，以避免被个别声音左右决策。

（4）利益相关者参与和沟通。我们可以通过与利益相关者的沟通和参与，了解他们对金融管理决策和行动的意见和反馈，发现可能涉及的社会风险。其优点是利益相关者具有不同的视角和利益关注点，能够提供有价值的信息和建议，他们的参与可以促进决策的合法性和可持续性，减少社会风险的潜在影响。缺点是利益相关者的参与和沟通需要投入较大的资源和时间，不同利益相关者之间可能存在利益冲突和意见分歧，需要进行协调和平衡。

综合来看，不同的社会风险监测方法各有优缺点，我们需要综合运用以上多种手段和方法，并结合多种方法进行综合监测，以提高对社会风险的识别和评估能力，以获得全面而准确的风险信息。与此同时，监测结果应及时向相关部门和决策者报告，以便采取适当的预防和管理措施。

社会风险监测需要以上多种手段和方法的综合运用，以获得全面而准确的风险信息。监测结果应及时向相关部门和决策者报告，以便采取适当的预防和管理措施。

10.4.3 风险处置

社会风险的处置就是在社会风险突出的时候采取有针对性的措施。建立有效的社会风险应对策略，可以帮助面临风险的主体控制社会风险，将社会风险发生的概率和损失降到最低，从而在此基础上，在维护社会稳定的前提下，保证预定目标和事务的顺利实现或实施。社会风险蕴藏于各行各业中，我们主要聚焦于金融机构面临的社会风险。针对金融机构亟待解决的社会风险管理重要问题，我们从以下三个方面出发构建社会风险处置体系，如图 10-4 所示。

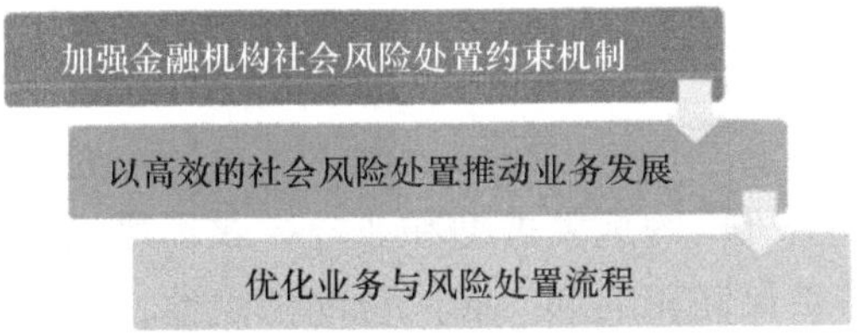

图 10-4 社会风险处置体系

（1）完善金融机构社会风险处置的相关监管政策和约束机制。

相对于不断攀升的金融业务规模和不断落地的创新产品，我国金融机构在构建社会风险处置体系方面仍显动力不足，重视程度不够。社会风险处置体系的建立和实施，需要金融机构付出较大的处置成本，要做好制度政策制定、业务流程变更、组织机构调整等基础性工作。带来的相应收益属于防范和降低潜在的风险损失，不能像金融业务那样直观地获得经济利益，就可能遭遇客户不配合、业务部分流失的情况。因此，单靠金融机构的自发自觉，要从根本上推动建立社会风险处置制度还是不够的。

因此，一方面，我们应制定社会风险处置相关监管政策，规定相关强制性要求，将社会风险处置真正纳入金融机构现有的风险管理体系，使其与传统的信用风险、操作风险、内控合规等获得同等对待和重视，成为金融机构的责任与义务，促进社会风险处置机制的建立。另一方面，应推行社会风险处置相关激励约束机制，充分利用当前银行评价等机制，将社会风险处置体系建设情况和实施效果与金融优惠政策、金融机构高管人员履职评价、机构准入、业务发展等挂钩。

（2）以高效的社会风险处置转变风险管理思路。

目前我国大部分金融机构的社会风险处置主要集中在项目的合规性，如果对投融资项目的风险处置提出合法合规之外的要求，金融机构和客户会认为增加了业务成本，可能造成业务流失，出现“劣币驱逐良币”的现象。对此，金融机构要确保社会风险处置体系的有效落地，首先需要转变社会风险处置等于妨碍业务的意识。社会风险评估一方面不同于合法合规，后者是从法律和行政许可的角度评估项目是否符合相关标准，而银行的风险处置不仅是审查合法合规的相关文件，更重要的是要从银行经营的角度评估相关风险和收益是否能够匹配，对项目进行实质性的审查。另一方面，金融是一个为实体经济服务的行业，需要金融机构对客户的需求有一个及时的了解。目前，随着我国立法的逐步完善和执法力度的不断加强，企业难免会遇到生产经营中的社会问题。

对此，金融机构应提高在社会风险处置方面的能力，通过有效、全面的风险识别和处置，辅助客户从社会风险的处置制度、实施机构、重点设施及生产运营环节的控制措施等多个方面，制定和落实具有较强可操作性的政策计划，协助客户了解和降低风险，通过风险处置为客户创造价值，推动业务发展。

（3）设立独立社会风险处置部门或岗位，优化业务与风险处置流程。

要进一步提升社会风险处置的地位，我们就必须在现有组织架构和业务流程中，从上至下嵌入社会风险处置的相关职责。

一是在董事会和高级管理层设立相关委员会，负责对处置社会风险的策略、发展方向、政策审批等方面进行决策。在执行层面，设立社会风险处置部门或独立的、具有相当权力的岗位。由于我国金融机构的规模类型和业务模式不尽相同，没有必要都设立专门的社会风险处置部门，但需要保证相关部门和岗位的独立性，尤其是与业务部门在人事、财务等方面的独立性，同时也要对具体业务具有否决的权力。

二是在流程设计上，为降低成本，促进执行，建议在现有流程中纳入社会风险的评估和处置，并结合现有业务。特别是要将社会风险处置的相关职责前置至业务部门，或在业务开展前期由社会风险处置部门人员参与尽职调查，确保有关信息收集有效、风险评估初步意见有效，便于后续评估处置社会风险。

三是强化人员能力培训，优化操作工具进行风险处置。要增强基层业务人员处置人员的尽职调查能力和风险评估水平，变定性识别为定量评估项目的社会风险，增强相关效益和成本的量化分析能力，在风险收益、投融资定价等方面体现社会风险。同时，要增强社会风险处置相关政策工具的可操作性，将复杂的社会风险转化为简便、易于理解的工具内容，提高金融机构内部人员对社会风险的敏感性。金融机构的相关人员要懂得借助有资质的第三方，能够在金融机构内部把外部专家的语言转换成易于理解的、对风险分析判断有帮助的语言。

目前来看，金融业务发展迎来重大机遇，政府和金融机构要携手加强社会风险处置体系的建设和完善，从制度体系层面促进金融体系健康长久发展，在金融国际规则方面争取更多发言权，为金融市场发展贡献更大力量。

10.5 本章小结

本章针对社会风险管理为特定研究对象，以社会风险的概念、识别、计量与管理作为主体框架，阐述了社会风险管理的主要内容。

本章的重要的知识点概括如下。

（1）社会风险的概念。本章从社会风险的基本概念出发，规范了社会风险的定义、类型、成因和性质。

（2）社会风险的识别和计量，本章详细阐述了社会风险的识别原理，以及计量的理论，构建了分析社会风险的基本框架。

（3）社会风险的管理思路。本章以风险预防、风险监测和风险处置为路径，阐述了社会风险管理的重要性和可行方法，为科学规避社会风险提供有效管理手段。

思考与练习

（1）简述社会风险的内涵。

（2）结合我国实际，谈一谈社会稳定风险有哪些表现，其根本来源是什么？
（3）简述社会风险的性质。
（4）列举至少两种类型的社会风险，并简要介绍。
（5）列举社会风险的主要成因，并简要介绍。
（6）结合社会风险的性质，阐述 2020 年新冠疫情引发的社会风险有哪些特点？
（7）谈一谈社会风险的性质是如何在我国政治、经济和社会方面体现的？
（8）简述社会风险识别的关键步骤。
（9）社会风险的识别原理与其他类型的风险相比，有哪些特点？
（10）简述社会风险的识别方法，并选取其中一种方法，简要写一个自己构思的识别案例。
（12）简述社会风险的中高级计量方法。
（13）选择一种你最了解的社会风险计量方法，试论述这一方法为何适用于社会风险的计量。
（14）简述我国社会风险管理的时代背景与挑战。
（15）简述社会风险管理预防的过程。
（16）简述社会风险监测的过程。
（17）简述社会风险处置的过程。
（18）你认为目前社会风险管理的方法是否适应当前我国社会形势？如果适应，请说明你的理由；如不适应，请谈谈你的想法。
（19）现在有一炼油厂拟建立在你们家乡，请根据本章所学内容，谈谈如何针对这一决策开展社会风险的识别、计量与管理。
（20）结合实际，谈谈应该如何推动我国社会风险管理的进步。

11 自然风险管理

前面我们已经了解了市场风险、信用风险、操作风险、流动性风险、法律风险、工程风险以及社会风险，本章我们把目光聚焦到自然风险。

11.1 自然风险的概念

探究自然灾害对人类经济社会的影响，管理自然风险具有重要的意义。鉴于此，本节首先给出自然风险的定义与规范描述，其次对自然风险的类型及成因进行介绍，最后分析自然风险的性质，生成对自然风险概念的全面扫描。

11.1.1 自然风险的定义与规范描述

显然，自然风险的风险因素应落实在自然现象或者自然事件上。因此，将自然风险定义为由自然现象或自然事件带来的，导致自然界、人类社会等受到影响的不确定性。我们可以给出自然风险的形式化定义，具体的如式（11-1）所示。

$$R = EXP \cdot VUL \cdot HAZ \tag{11-1}$$

式中 R ——自然风险；

EXP ——暴露度（exposure），指人口、财产和环境等受到自然灾害威胁的程度；

VUL ——易损度（vulnerability），指受灾对象对灾害影响的敏感程度；

HAZ ——危害性（hazard），指自然灾害本身造成的破坏力或伤害程度。

从人类社会几千年的历史来看，自然的不规则变化往往会给人类社会带来重大的损失。据相关历史文章记载，从公元前 190 年到公元 1911 年间，我国一共发生了 190 次严重的自然灾害，其中瘟疫、洪灾、旱灾、地震给社会带来的损失最为严重。自然风险对人类社会的影响可以是灾难性的，它可能导致人员伤亡、财产损失、环境破坏和经济崩溃等一系列问题。以下是自然风险对人类社会的主要影响：

（1）人员伤亡：自然灾害常常导致大量人员伤亡，其中包括直接死亡以及轻重不一的受伤等。在这些惨痛的事件中，人们的生命安全和财产安全都可能受到巨大的威胁。

（2）财产损失：自然灾害如地震、飓风、暴雨、洪水、山体滑坡等不可抗拒的力量常常会使建筑物的结构受损或倒塌，电力、交通、水利等基础设施遭到破坏，一旦发生自然风险事件，原材料可能大量减产，这将给企业带来巨额经济损失，甚至引发财务危机。

（3）环境破坏：自然灾害所带来的恶劣天气与灾害性现象对生态环境造成毁坏。例如，森林火灾不仅能摧毁大片树林，还有可能导致土地荒芜和生物物种灭绝；洪水也会冲毁河堤和堤坝，致使河水浑浊污染环境。此外，地震与海啸产生的潮汐和地表裂缝，也有可能进一步导致火山爆发、土地塌陷等生态灾害的发生。

（4）经济崩溃：自然灾害过后，许多企业可能受到影响，倒闭、停产和资金链断裂等负面情况会接踵而至。这种情况将导致就业机会减少，失业率攀升，从而影响社会保障、国民经济和财政收入的稳定性。此外，自然灾害造成的交通中断、物流问题等，也会对生产、交通和消费带来一系列的负面影响，可能会导致物价飞涨和城市生活成本的大幅上涨。如果灾后重建的效率低下或者短期内出现恶劣天气，可能会导致灾后生产减缓，不仅使灾区蒙受经济上的重创，还有可能引发全国的经济崩溃。

（5）心理影响：自然灾害不仅会给生命和财产带来巨大的伤害和破坏，还会在精神层面上给人们带来创伤性的影响。被灾难笼罩的人们可能会经历一系列心理压力和创伤，如生命安全的威胁、亲人分离、住所损毁等，进而患上焦虑、抑郁等心理疾病。尤其是长期处于恶劣环境中、缺乏正常生活和工作条件的受灾者，更容易出现心理和精神方面的问题。此外，灾后重建和生活重建的困难，还有可能引发幸存者的恐惧、无力感和自卑，甚至失去对生活的信心。

综上所述，自然风险对人类社会的影响非常大，因此，自然风险是人类社会面临的重要风险之一。

11.1.2 自然风险的类型及成因

自然风险的类型及成因的界定十分重要，它是自然风险识别、量化以及管理的重要基础。根据自然风险的起因不同，自然风险可分为以下五种类型。

（1）气象灾害：包括暴雨、洪水、风暴、龙卷风、冰雹、干旱等。例如，当地区降雨量超过地面和河流承受范围时，就会形成洪灾。洪水可能导致房屋倒塌、道路被毁、桥梁受损、电力中断等，同时也会对农作物、畜禽养殖业造成严重影响。气象灾害是由于大气中的物理现象，如风、降水、温度和湿度的异常变化引起的。例如，暴雨和洪水通常是由于气象条件（强对流天气系统，如台风或雷暴系统）引起的大规模降水，以及地表不能快速吸收这些降水而引起的。风暴和龙卷风则是由大气压力的强烈变化和风速的急剧增加引起的。干旱通常是由于长期的降水量低于正常值引起的。

气象灾害具有极大的危害性。它们可以造成大面积的毁灭性影响，破坏房屋、农田和基础设施，甚至造成人员伤亡。同时，由于全球气候变化的影响，这些灾害的发生频率变得越来越高，提高了管理和应对这些灾害的难度。然而好消息是，随着科技的发展，我们对气象灾害的预测能力已经显著提高。通过使用卫星观测、雷达监测和气候模型，我们现在能够预测出台风的形成、运动路径和强度，从而提前进行预防和减灾准备。尽管对于局部性的气象灾害，如龙卷风和冰雹的准确预测仍然具有挑战性，但是我们已经取得了显著的进步。因此，考虑到气象灾害的危害性、频率和预测的难度，我们需要加强对气候变化的关注和应对，扩大对气象学研究的投入，同时加强公众的防灾减灾教育，以提高大众对气象灾害的认知和处理能力。

（2）地质灾害：包括地震、火山爆发、山体滑坡、泥石流、地面塌陷等。例如，地震可能导致房屋倒塌、道路毁坏、桥梁垮塌、水电站受损，进而造成人员伤亡和经济损失等严重后果。此外，地震还可能引发次生灾害，如火山喷发、海啸、山体滑坡等。可见，地质灾害是自然风险的一个重要类型。

（3）海洋灾害：包括海啸、海浪、飓风、海洋污染等。例如，海啸是由于海底地震、火山喷发、滑坡等引起海水剧烈波动所带来的自然灾害。海啸可能导致沿海地区严重洪水、海岸线退缩、建筑物和基础设施损坏、船只失事等后果，造成人员伤亡和经济损失。可见，海洋灾害是自然风险的一个重要类型。

（4）生物灾害：包括传染病、疫情、虫害、鼠害等。生物灾害主要源自生物体（如微生物、昆虫、鸟类、哺乳动物等）的异常活动或者人类活动。例如，疫情和传染病的蔓延，通常是由于病原体（如病毒、细菌、寄生虫等）的扩散和人类活动的影响（例如密集居住、不卫生的饮食习惯等）。例如，新型冠状病毒感染（COVID-19）疫情曾在全球范围内暴发，造成了大量人员感染和死亡，同时也对很多国家的经济和社会产生严重影响。可见，生物灾害是自然风险的一个重要类型。

（5）宇宙空间灾害：包括陨石撞击、太阳耀斑等。例如，太阳耀斑可能对地球上的电信号、卫星和航天器等设备造成损坏。此外，还可能对电网和通信网络产生影响，导致大规模停电和通信中断。可见，宇宙空间灾害是自然风险的一个重要类型。

以上是自然风险的五种类型，下面来看一看自然风险的成因：

（1）自发性。自然风险往往与自然灾害有关。自然灾害是由自然界能量汇聚、释放而来的极端天气和地质现象，因此其根本成因是自然界的自发运动。例如，地震、洪水、暴雨、飓风、台风、龙卷风、山火、干旱等都是常见的自然灾害。自然灾害具有以下几个方面的危险性。

1）生命安全危险：自然灾害可能会造成人员伤亡、死亡等生命安全问题。例如，地震、洪水、台风等灾害可能会导致房屋倒塌、道路中断、交通瘫痪等情况，给人们的生命带来威胁。

2）财产损失危险：自然灾害还可能对财产造成严重损失。例如，洪水可能淹没建筑物、汽车和其他财产；山火可能烧毁房屋、森林和农田；飓风可能摧毁房屋和商业设施等。这些损失可能会对受灾地区的经济造成重大影响。

3）社会稳定危险：自然灾害可能破坏社会基础设施，如供水系统、电力网络和交通运输系统等，从而导致社会秩序的混乱。例如，停电可能导致社会失去通信和运输能力，从而影响救援和恢复工作的进行。

4）环境破坏危险：自然灾害可能对环境造成严重损害，如土地侵蚀、水污染、空气污染等。这些影响可能长期存在，并对当地居民的生活造成负面影响。

因此这些自然灾害具有强大的破坏力，可以对人类社会造成重大损失，增加了给人类社会带来损失的可能性。因此，自然灾害本身就是一种危险性。

（2）承受体的脆弱性。承受体指的是那些容易受到自然灾害影响的物体或生命体，例如建筑物、道路、桥梁、树木、动物、人类等。这些承受体可能存在以下几个方面的脆弱性。

1）建筑物和基础设施脆弱性：建筑物和基础设施可能因为年久失修、设计不合理或者地理位置等原因而存在脆弱性，从而在自然灾害发生时容易受到破坏。例如，地震发生时，建筑物如果没有经过适当的抗震加固，就容易倒塌。

2）财产保险覆盖率低：财产保险是防范自然灾害风险的重要方式之一，但在某些国家或地区，由于经济水平落后或缺乏保险文化等原因，财产保险的普及率很低，导致大多数人遭受自然灾害时无法得到充分的赔偿。

3）经济能力脆弱性：自然灾害发生后，需要投入大量资金进行救援和重建工作。然而，一些贫困国家或地区由于经济能力脆弱，无法承受这种损失，从而导致更大的社会问题和贫困。

4）社会基础设施脆弱性：自然灾害可能破坏社会基础设施，如供水系统、电力网络和交通运输系统等，从而导致社会秩序的混乱。例如，洪水可能导致道路中断、铁路关闭、停电等情况，从而影响救援和恢复工作的进行。

5）知识和意识脆弱性：在一些国家或地区，人们缺乏防范自然灾害的知识和意识，不知道如何预防和应对自然灾害，容易遭受灾害的危害。此外，一些民众可能忽视自然灾害风险，没有充分的准备措施，也容易受到灾害的影响。

自然风险会对承受体带来破坏，因此承受体的脆弱性使得自然风险得以产生。承受体的脆弱性取决于多个因素，包括其结构设计、材料强度、位置、周围环境等。例如，当楼房不够坚固时，就有可能因为较小的地震而倒塌，从而给人类社会带来损失。同样地，当树木生长在缺乏水源和养分的环境中，它们的健康状况会变得更加脆弱，容易受自然灾害影响。

（3）不确定性。自然风险的发生具有不确定性，这意味着人们无法准确预测自然风险的时间、地点和强度。自然灾害的发生通常受到多种复杂因素的影响，包括天气变化、地质构造、人类活动等。由于这些因素的相互作用非常复杂，所以自然风险的发生往往是不可预知的。例如，虽然可以通过气象预报了解暴雨和飓风的发生概率，但人们无法预测它们的确切时间、位置和强度。这种不确定性增加了预测自然风险对人类社会造成的影响和损失的难度。

11.1.3　自然风险的性质

自然风险的性质是指自然风险所具有的固有特征和属性。认识自然风险的性质有助于我们更好地评估和识别自然风险，以此才能制定更全面和有效的风险防控措施。自然风险与其他风险相比，有如下性质。

（1）自然风险的形成是不可控的。自然风险的形成是由自然因素引起的，这些因素可能包括地震、火山喷发、洪水、飓风、暴雨、干旱等。这些自然因素本身是不可控的，无法被人类所控制或影响。

虽然人们可以通过科学技术来预测某些自然事件的发生，例如地震和飓风，但这并不能完全消除风险，只能提供更好的预警和应对机制。而且，一些自然灾害可能会发生在任何时候，甚至没有明显的前兆或征兆，因此很难作出有效的预测和准确的风险评估。

因此，自然风险的形成是不可控的，人们只能通过采取适当的风险管理措施来减轻其影响，例如建造抗震、防洪、防风等设施，制定应急预案，加强监测和预警等措施。

（2）部分自然风险的形成会有一定的周期性（如台风）。部分自然风险的形成具有周期性是由于一些自然因素存在着特定的循环或变化规律。

1）气候变化：气候变化是由太阳辐射、地球自转、大气循环等因素引起的，这些因素存在着一定的周期性变化，例如太阳黑子活动的 11 年周期和厄尔尼诺现象的 2~7 年周期等。

2）地震和火山喷发：地震和火山喷发的周期性主要是由板块运动和岩浆活动等因素引起的，例如日本地震带和太平洋火山带都存在着一定的周期性。

3）洪水和干旱：洪水和干旱的周期性主要是由气候变化和河流水位变化等因素引起的，例如黄河的洪水和干旱就存在着一定的周期性。

这些自然因素的周期性变化导致了部分自然风险的周期性形成，因此人们可以根据历史数据和科学研究来预测和评估这些自然风险的发生概率和影响程度，以采取相应的风险管理措施。

（3）风险导致的后果具有所谓的“共沾性”。换句话讲，自然风险一旦产生，就会波及多个对象。这一性质的主要产生原因在于自然风险通常是由自然力量引起的，如地震、洪水、台风等。这些自然力量人类无法控制，也无法改变它们的轨迹和影响范围，同时，自然风险往往涉及广大区域或群众，例如地震可能会影响到整个城市甚至国家；洪水可能会淹没周围的村庄和城镇；台风可能会摧毁沿海地区的建筑物和港口设施。最后，自然风险还存在着连锁效应，即一个自然风险事件可能引发其他自然风险事件，如地震可能引发山体滑坡、泥石流等，洪水可能引发土地荒漠化和水源污染等。

（4）自然风险具有普遍性，也就是说，自然风险是普遍存在的。自然风险普遍存在，主要是由于以下几个原因。

1）自然环境多变：地球是一个充满变化和不确定性的星球，自然环境会随着时间、地点和气候等因素发生变化。这些变化会导致各种自然灾害的发生，如洪水、干旱、地震、火山喷发等。

2）人类活动与自然环境相互作用：人类活动与自然环境之间存在着相互作用和影响。例如，人类的开发活动会破坏自然环境的平衡，加速自然资源的消耗和破坏，从而增加了自然灾害的发生频率和程度。

3）人口密集区域多：随着人口的增长和城市化的加速，越来越多的人居住在容易受到自然灾害影响的地区，如沿海地区、地震带、火山带等，因此，自然风险也更加普遍。

4）气候变化：全球气候变暖导致天气异常频繁，暴雨、暴风、台风等极端天气现象增多，这些天气现象容易引发自然灾害，使得自然风险更加普遍。

（5）自然风险具有必然性，只要人类社会存在，自然风险就必然存在。自然风险是人类社会无法避免的。它的存在是由于自然环境的多变性和人类活动与自然环境相互作用等原因所致，而这些因素本身就是人类社会存在的必然结果。因此，只要人类社会存在，自然风险就必然存在。从历史上来看，各种自然灾害频繁发生，如地震、洪水、旱灾、台风等，造成了极大的人员伤亡和财产损失。这些自然灾害是人类社会在自然环境中生存的一个重要方面，但同时也给人类带来了很大的威胁和挑战。尽管人类已经取得了很大的进步，掌握了更多的自然科学知识和技术手段，但仍然无法完全消除自然风险。因此，需要深刻理解“自然风险具有必然性”的含义，并采取相应的预防和减轻措施，最大限度地保护人民的生命财产安全。

（6）自然风险具有可变性。自然风险不是一成不变的，会因为环境条件的改变而变化。虽然自然风险是人类社会无法避免的一种现象，但是它并不是静止不动的，而是处于不断变化和发展的状态。

自然环境的多变性是导致自然风险可变性的主要原因。例如，气候变化、地质变化、生态系统失衡等因素都可能导致自然风险的变化。例如，在气候变暖的情况下，洪水和暴雨的发生频率可能会增加；在海平面上升的情况下，沿海地区的风险也会增加；在生态系统失衡的情况下，林火和土壤侵蚀等风险也可能会增加。

因此，了解自然风险的可变性非常重要。只有对自然风险的变化趋势有所了解，才能及时采取相应的预防和减轻措施，保护人民的生命财产安全。同时，还需要通过加强科学研究和技术创新，提高自然风险预测和管理的能力，以更好地应对自然风险的变化。

11.2 自然风险的识别

自然风险与人类活动息息相关，由于该风险具有突发性、不可控性和广泛性，对人类社会和生态环境都造成了极大的影响。当人们掌握了对其识别的方法，就能更好地了解自然环境，及时发现潜在的自然灾害和环境风险，并积极采取有效的防控措施减轻风险可能造成的影响。

11.2.1 识别原理

自然风险的识别原理是指通过对潜在的自然灾害和环境风险因素进行数学建模评估，以此准确识别出可能对人类造成威胁的自然风险，并确定该风险的影响程度。这一过程包括收集、整合、分析相关数据和信息，以及评估自然风险的概率和严重程度。在自然风险的识别中需要考虑多维因素的影响，同时还需结合既往发生的灾害事件和实地勘查等方式进行综合评估。通过分析相关因素，识别导致地区发生自然风险的因素，并进一步预测和评估自然风险可能的影响情况，以便采取相应的应对措施。

（1）应用概率和统计思想识别自然风险。主要核心思想是通过收集历史数据并进行统计分析，可以确定自然风险事件的频率、强度以及空间分布等特征。其具体步骤是：首先，确定概率分布。我们可以根据地区的气候、土壤和水流的历史数据和经验，确定自然参数的概率分布。例如，根据历史降雨数据和河流水位数据，估计洪水发生的概率分布；

其次，确定风险指标，需要根据历史经验，设计出量化风险多维指标，对自然风险进行可靠的量化分析；再次，构建统计模型并验证优化。基于概率分布和风险指标，建立稳健的统计模型。例如，运用贝叶斯统计方法建立洪水概率预测模型，来估计未来可能发生洪水的概率，进而使用历史数据来验证模型的准确性和可靠性，并通过优化模型参数，提高模型预测的准确性和有效性；最后，风险分析和决策。基于建立的风险模型和概率分布，进行自然风险分析和风险决策。例如，通过比较不同风险决策方案对应的风险指标，来选择最佳方案。

总之，从概率和统计角度分析自然风险的识别原理，在于通过建立概率分布和统计模型，根据历史数据和经验估计未来可能发生风险的概率，并通过风险分析和决策来制定相应的措施，最大限度地减少风险的发生和带来的损失。

（2）应用空间分析思想识别自然风险。主要核心思想是利用地理信息系统（GIS）和空间统计方法，将风险事件发生地点与地理要素进行关联分析，揭示出自然风险事件在特定区域的聚集趋势和空间相关性，从而识别出自然风险影响的区域。其具体步骤是：首先，空间数据获取。通过获取空间数据，可以了解不同地区的地形地貌、自然环境情况；其次，空间分析和处理。使用专业的软件工具对洪水分布、地震烈度、气候变化等自然风险进行分析，进而生成数据集；再次，空间建模。我们基于得到的空间数据，建立相关的空间模型，如洪水淹没模型、地质灾害模型等，以此确定风险区域；最后，空间可视化呈现。将得到的空间数据和模型，通过数据可视化技术，使得自然风险更加直观，从而更好地制定相应的防护措施。

总之，从空间分析角度分析自然风险的识别原理，在于通过获取、分析和处理空间数据，建立空间模型，然后进行空间可视化呈现。这样可以更准确、全面地了解自然风险的情况，从而制定出更好的防灾措施。

（3）应用数值模拟和预测识别自然风险。主要核心思想是用于模拟和预测自然风险事件的发生过程。例如，通过建立气象模型来模拟台风路径和强度变化，为风险识别提供重要的依据。其具体步骤是：首先，数据获取与建模。我们依据收集相关的气象、地震、海洋等自然数据，通过数学和物理模型进行分析建模，构建出自然风险模型；其次，数值模拟。利用模型和已有数据进行数值模拟，模拟出不同自然风险在不同时间和空间下的演化过程。再次，预测分析。基于数值模拟结果，进行预测分析，确定灾害类型、影响范围和持续时间等，预测结果能够为灾害预警和应急响应建议提供参考；最后，数据可视化展示。将分析得到的信息以可视化的方式呈现出，如地图、报告、图表等，为防灾减灾措施提供可视化依据。

总之，从数值模拟和预测角度分析自然风险的识别原理，在于通过收集、分析和建模自然数据，利用数学和物理模型进行数值模拟，进行预测分析并将分析结果以可视化的方式呈现给用户。

综上所述，数学思维在自然风险的识别原理中扮演着重要角色，通过概率统计、空间分析以及数值模拟和预测等方法，我们能够更好地理解自然风险事件的特征和规律，从而有效地进行风险识别和预测。

11.2.2 识别方法

自然风险识别是指对可能造成灾害的自然因素进行识别、分析和评估的过程。自然风险的识别应以科学、理性和专业的理念为指导，具体识别方法包括地质地形分析、气象气候分析、生态环境分析以及相关技术手段支持等方法，如图 11-1 所示。这些方法各具特色，优势互补，共同形成系统性的自然风险识别方法体系。

11.2.2.1 地质地形分析法

地质地形分析法主要是通过对区域内地质构造、地貌特征以及水文地质等条件进行分析，使得对该地区存在的自然灾害类型及发生机理有了更清晰的认识。以地震为例，某地区地层结构比较复杂，存在多条断层带。在地震灾害预警和风险评估过程中，可以结合该地区地质地形信息进行分析。首先，整合历史事件的数据和分析信息，确定该地区潜在的地震危险性。其次，结合高精度的地形图和卫星遥感数据，识别出地震活动影响较大的断层带、断块和岩体，以及地形上高低起伏的地形背景。最后，综合分析地层、构造、地貌和地震历史等因素，制定有效的规避措施和应急预案，以减轻灾害对社会、经济和环境的影响。接下来介绍具体步骤。

首先，需要对地质构造进行分析。具体来讲就是对地壳运动和变形产生如山脉等地形特征进行分析，梳理出该地区存在的可能自然灾害类型。

其次，需要对地貌特征进行分析。具体来讲就是对地球表面上的各种地形形态和地表覆盖物的组成进行分析，以了解该地区存在的自然灾害类型。

再次，需要对水文地质条件进行分析。具体来讲是指地下水和地表水在分布、流动和储存情况，进而判断该地区的自然灾害类型。

最后，数据分析和评估。

通过对地质三个维度的分析，初步得出该地区存在的自然灾害类型及发生机理，同时，需要对结果进行综合评估，确定自然灾害的发生概率以及实际的影响范围，为灾害防范工作提供理论支持。

地质地形分析法的优点是可以针对性地分析特定地区的自然条件和特点，从而精确评估其自然灾害潜在风险和程度。同时，该方法不需要大量的数据和材料，成本相对较低。该方法的缺点是分析结果受制于数据质量和精度，而且需要专业的知识和技能作为支撑。

11.2.2.2 气象气候分析法

气象气候分析法主要是通过对地区气象气候的长期变化趋势、季节变化规律以及突发性气象的历史数据进行分析，得出该地区可能会发生的自然灾害类型以及发生概率。以台风为例，气候的异常以及台风路径的微小偏差可能会给沿海地区带来很大的影响。气象气候分析法可以应用于台风路径预测和对沿海区域的风险评估。例如，某地区历史上曾发生严重的暴雨灾害。通过分析气象数据、气候现象和地形地貌等因素，识别出该地区呈现出季风气候，夏季雨量多，降雨强度大等特征。同时，该地区地势低洼，排水不畅，易发生内涝和洪涝等气象相关的风险。结合历史气象数据和预测模型，可以预测该地区在未来发生暴雨灾害的可能性和危险区域。下面将具体展开该方法的实施步骤。

首先，需要对气象条件进行分析。具体来讲就是对大气环境中的各种气象要素，例如温度、湿度等进行综合分析。

其次，需要对气候条件进行分析。具体来讲就是对长期气象要素的统计结果，例如年平均温度、年平均降水量等进行分析，得出该地区可能发生的自然灾害类型，如暴雨、干旱以及台风等。

最后，数据分析和评估。

通过对以上两个维度的分析，初步确定该地区可能存在的自然灾害类型及发生机理，并对结果进行综合评估，确定自然灾害的发生概率以及实际的影响范围，为灾害防范工作提供理论支持。

气象气候分析法的优点是能够快速、准确地评估某一地区的气象和气候风险，有利于及早采取规避措施，减轻灾害带来的影响。该方法具有较好的可扩展性和适用性，可应用于各种自然灾害识别和应对方案制定的过程。但该方法的缺点是气象和气候因素的多样性和不确定性，分析结果难以完全准确，需要结合其他因素一起考虑。

11.2.2.3 生态环境分析法

生态环境分析法主要是通过对地区生态系统的现状、生物多样性以及土地利用方式等进行分析，得出该地区可能会发生的自然灾害类型以及发生概率。以工业区为例，生态环境分析法可以评估工业区的环境质量，来判断工业区对周边环境的影响和潜在风险。例如，在某工业区进行生态环境分析时，可以考虑以下因素：该区域大气污染、水源污染、土地荒漠化、噪声污染等。这些生态环境问题可能对周围居民、农业和生态系统造成不良影响。为此，需要对该工业区的大气、水体、土地、噪声等多方面进行生态环境质量评估，以提高评估结果的精度和可靠性。下面将具体展开该方法的实施步骤。

首先，需要对生态系统进行分析。具体来讲就是对生物和非生物因素相互作用形成的生态系统进行分析。

其次，需要对地区植被情况进行分析。植被是生态系统的重要组成，对于预防水土流失、防止洪涝以及调节气候有着重要的作用。通过对植被的覆盖率和种类分析可以了解该地区存在的自然灾害类型。

再次，需要对土地利用情况进行分析。人类的农业、工业、城市建设等活动，离不开土地利用。通过对该地区土地利用情况进行分析，可以了解该地区的自然灾害类型，如土地沙漠化、城市内涝等。

最后，数据分析和评估。

这些自然风险识别的方法都离不开现代技术手段的辅助，如卫星遥感、地球物理勘探、遥感影像处理等。

生态环境分析法的优点是能够考虑到不同因素之间的相互作用和复杂性，有利于全面评估生态环境现状和问题，制定系统性、整体性的环境保护措施。同时，该方法还能够帮助建立环境管理和监测流程，提高环境评估的实践价值和应用效果。该方法的缺点需要收集大量数据和专业知识。

以上方法需要综合运用，才能有效地对自然风险进行识别和评估，为防范自然灾害提供科学依据，如图 11-1 所示。

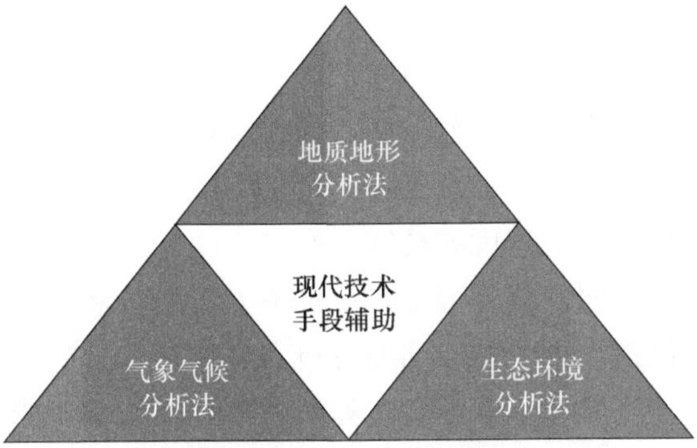

图 11-1 自然风险识别方法

11.2.3 识别实例分析

自然风险识别的实际例子有很多，为了更清晰地理解自然风险的识别原理与步骤，可以举出常见的自然灾害类型，通过对其进行分析，来进一步理解自然风险识别的紧迫性和重要性。

11.2.3.1 洪涝灾害风险

首先，通过对地区的气象数据进行分析，了解该地区的气候特点、降雨量、降雨强度等信息；

其次，通过对地区的水文数据进行分析，了解该地区河流水位、流速、径流量等信息，以此确定该地区存在的暴雨频率及其发生概率；

最后，建立暴雨—洪水模型建立。可以根据前两步的分析结果，建立模型来预测在不同的降雨情况下，该地区可能发生的洪涝灾害类型、规模和时间等信息，此时需要采取相应的预防措施，如加强排水系统建设、加固河道堤防等，为灾害防范工作提供科学依据。

11.2.3.2 地震灾害风险

首先，通过对地区的地质构造进行分析，了解该地区的断裂带、地形地貌、岩性结构等信息；

其次，通过对历史地震记录进行分析，了解该地区过去发生过的地震情况，如震级、震源深度、震中位置等信息，评估该地区未来可能发生的地震类型、规模和时间等信息；再次，通过对该地区地震预警技术的分析，了解该地区是否具备先进的地震预警系统，评估该地区的地震应急措施是否完善；

最后，通过对以上三个方面的分析，初步确定该地区的地震风险，同时对分析结果进行综合评估，确定地震发生的概率和影响范围，为灾害防范工作提供科学依据。

11.3 自然风险的计量

自然风险的计量是一个复杂而多维的过程，涉及对各种自然灾害和潜在风险的评估和量化。本节介绍一些常见的自然风险计量方法。

首先，可以对以往的历史数据进行分析，通过分析过去的自然灾害事件和其造成的损失数据，评估未来可能发生的风险。历史数据包括网站的统计数据、记录和文献资料等。常用的统计指标包括频率、严重程度和持续时间。

其次，通过概率分析，利用概率理论和统计模型，对自然灾害事件发生的概率进行分析和预测。常用的方法包括频率分析、回归分析和时间序列分析等。

再次，脆弱性评估：脆弱性是指社会、经济和环境系统面对自然灾害的抵抗能力。通过评估系统的脆弱性，可以了解系统在面对不同自然灾害时的风险程度。脆弱性评估通常涉及对基础设施、人口分布、经济活动等因素的分析。然后要进行灾害的影响评估：对自然灾害事件可能对人类、环境和经济造成的影响进行评估。这包括人员伤亡、财产损失、生态环境破坏等方面的估计。

最后是综合风险评估：将以上多个方面的评估结果综合起来，对整体的自然风险进行评估和计量。综合风险评估可以帮助决策者更好地理解和比较不同自然风险之间的重要性和优先级。

11.3.1 初级计量方法

初级计量方法主要是对自然灾害的发生频率和受灾规模进行基本的统计和描述分析。这些方法通常使用历史记录、统计数据，具体包括灾害事件的数量、发生地点、时间、影响范围等。本书介绍两种常用的初级计量方法，接下来进行详细介绍。

历史数据分析方法和致害因子危险性评估。下面进行逐一介绍：

历史数据分析方法常常有以下两种：一是基于频率的计算：根据历史事件的发生频率和持续时间，计算出单位时间内事件发生的概率。其中，*Possibility* 是事件发生概率，*Frequency* 是事件发生次数，Time 是总观测时间：

$$Possibility = Frequency/Time \tag{11-1}$$

二是基于事件统计的计算：根据历史事件的发生数量和总观测时间，计算出单位时间内事件发生的平均概率。其中，Number of events 是总事件数：

$$Possibility = Frequency/Number\ of\ events \tag{11-2}$$

统计的方法一般通过分析灾害事件的极端值，如最大值或最小值，来估计极端事件的概率。也可以根据已知数据的概率分布特征，如正态分布、指数分布等，来估计事件发生的概率。

致害因子危险性评估法主要应用于农业气象灾害风险研究等领域，核心思想是对导致损失的自然灾害风险因素进行分析。在我国乃至世界范围，已经有很多学者利用这一方法建立了针对农业等领域的自然风险评估模型。以下是一些常见的自然灾害致害因子及其危险性评估的通用计量公式如下：

$$危险性 = \sum (致害因子 \times 权重) \tag{11-3}$$

常见的危险性评估主要用于以下几类。

（1）地震：地震的危险性评估通常考虑以下几个因素，震级、震源距离、地震频率和震源类型等。常用的评估方法包括地震概率分析、地震烈度分析和地震风险评估模型等。

（2）洪水：洪水的危险性评估通常考虑以下几个因素，历史洪水事件、流域特征、降雨模拟和水文模型等。常用的评估方法包括洪水概率分析、洪水频率分析和洪水风险评估模型等。

（3）风暴和台风：风暴和台风的危险性评估通常考虑以下几个因素，风速、气压、风暴潮、暴雨等。常用的评估方法包括风暴和台风概率分析、风暴潮模拟和风险评估模型等。

（4）干旱：干旱的危险性评估通常考虑以下几个因素，降雨模式、蒸发蒸腾、土壤含水量等。常用的评估方法包括干旱指数分析、蒸发蒸腾模型和干旱风险评估模型等。

（5）地质灾害：地质灾害包括滑坡、泥石流、岩溶塌陷等。危险性评估通常考虑地质条件、地形地貌、降雨和人类活动等因素。常用的评估方法包括地质灾害概率分析、地质灾害易发性评估模型和风险评估模型等。

在以上两种方法中，历史数据分析方法简单易用，但对于罕见事件的概率估计可能不准确。模型模拟方法可以更好地考虑极端事件的概率，但需要更多的数据和专业知识支持。相比之下，致害因子危险性评估法应用更为广泛。

11.3.2 中高级计量方法

中高级计量方法可以进一步深入分析自然灾害的影响，并尝试确定影响因素和关联关系。与初级方法相比，这些方法通过更多的数据收集和分析，包括灾害事件的物理特征、环境条件和人类活动等因素。这些方法涉及更复杂的模型和技术，可以提供更准确和全面的自然灾害分析。这些方法使用更多的数据源和先进的分析工具，其中包括数学模型、统计模型、模拟和预测技术等。接下来介绍几种常见的中高级计量方法。

11.3.2.1 承受体脆弱性评估

承受体脆弱性评估是指在给定存在自然风险地区风险承受体的情况下，面临的致灾因子危险性上可能遭受到的损害程度。核心内容包括确定遭受自然风险的区域、评析遭受自然风险区域的区位特征、分析风险区防控灾害的办法等。一般而言，风险承受体的脆弱性越强，其承担风险的能力就越弱，自然风险也就越严重。之所以称之为中高级计量方法，是因为评估受灾体系的脆弱性需要综合考虑多个指标和因素。其中包括：

（1）社会脆弱性评估旨在衡量社会系统在面对自然灾害或其他风险时的抵抗力和适应能力。评估社会脆弱性涉及多个方面的指标和因素，包括社会组织、社会资本、社会保护和社会意识等。以下介绍一些常见的指标和可能用到的计量公式。

1）社会组织密度指标见式（11-4）：

$$社会组织密度 = 社会组织数量 / 总人口数 \tag{11-4}$$

2）社会网络指标见式（11-5）：

$$社会网络 = 社会关系密度 / 总社会关系数 \tag{11-5}$$

3）社会参与度指标见式（11-6）：

$$社会参与度 = 参与社会组织的人数 / 总人口数 \tag{11-6}$$

（2）经济脆弱性评估。考虑经济结构、产业组成、财富分布、基础设施情况和金融体系等因素。常用的评估方法包括经济指标分析、经济损失模型和生计脆弱性评估等。财产损失承受能力指标见式（11-7）：

$$财产损失承受能力 = 受灾区域的经济储备 / 预计财产损失 \tag{11-7}$$

（3）环境脆弱性评估考虑了自然资源、生态系统、土地利用、环境污染和生物多样性等因素。常用的评估方法包括环境指标分析、生态系统脆弱性评估和土地脆弱性分析等。生态系统健康指标见式（11-8）：

$$生态系统健康 = 受干扰生态系统面积 / 总生态系统面积 \tag{11-8}$$

（4）基础设施脆弱性评估考虑了道路、桥梁、电力系统、水供应和通信网络等关键基础设施的可靠性和韧性。

11.3.2.2 灾情期望损失评估

这一方法主要利用一系列“灾害指标”对自然风险在某一地区发生的可能性，以及其可能造成的后果进行概率分析，或者利用概率及超概率方法分析灾情不同损失程度的概率风险。它是一种定量分析方法，同样涉及多个方面的损失，包括人员伤亡、财产损失、经济影响和环境破坏等。下面介绍一下用于灾情期望损失评估的常见步骤。首先，进行数据收集和整理：一是收集相关的数据，包括灾害事件的历史记录、人口统计数据、财产价值、经济指标和环境数据等；二是整理数据，确保其准确性和一致性。然后，建立损失模型，根据灾害类型和特征，建立适当的损失模型。损失模型是一种数学或统计模型，用于估计不同因素对灾害损失的影响，可以基于历史数据、统计方法或概率分析等方法进行构建。模型建立之后对不同类型的损失进行估计。例如，对人员伤亡损失，可以考虑人口暴露度、灾害类型和强度等因素；对财产损失，可以考虑财产价值、建筑结构、保险覆盖等因素。之后要进行经济影响评估，根据经济指标和影响因素，评估灾害对经济的影响。在模型建立时，常用模型有投入—产出模型、宏观经济模型或经济损失模型等。此外还可以进行不确定性分析：包括灾害发生的概率分布、模型参数的不确定性和数据的可靠性等。最后，对结果进行解释和应用，将评估结果进行解释和应用，为决策制定和灾害管理提供参考。这可以包括制定风险管理策略、灾害防范措施和灾后恢复规划等。

11.3.3　计量实例分析

接下来举一些实例，像前面提到的投入—产出模型可以用于评估自然灾害损失，当然，也可以评估人为灾害损失。早在 1974 年，美国科罗拉多州立大学的教授就用其评估地震灾害损失。我国的一些学者也经常基于该模型，评估自然灾害损失。比如采用投入—产出模型来估算汶川地震造成的间接经济损失，其基本原理是将输入—输出分析用于通过使用直接消耗系数来计算与部分相关的损失。该模型之所以流行的主要原因在于它简单，并且能反映出区域经济内部相互依存的关系（一个部门的变化引起其他部门的变化），在刻画灾害短期间接经济影响时具有显著优势。但它也有缺陷，比如它未考虑经济系统的自适应能力，而灾害带来的实际影响很可能是非线性经济过程的结果。因此，虽然传统的投入产出分析的效率较高，但精确度较差。基于此，许多学者提出了一系列新的灾害损失评估方法，比如可计算一般均衡模型也可以运用于灾害间接经济损失评估。因为它考虑到了各种市场的需求和供给的动态变化，在模拟灾害背景下经济变量的传导方面相较于投入产出分析更具灵活性。以下是其基本步骤：

首先，根据投入产出表的需求方向建立投入产出数学模型：

$$X = \sum_{j=1}^{n} x_{ij} + y + q \tag{11-9}$$

式中，X 为第 i 产品部门的总产出；$\sum_{j=1}^{n}$ 为第 i 产品部门中间投入的合计（i，$j = 1$，2，…，n）；y 为第 i 部门在本期产品中提供的最终使用的价值量；q 为第 i 部门本期提供的其他最终产品。

由于地震对经济系统的影响所产生的产业关联损失，可以通过对系统的外生变量所产生的冲击来模拟。如果这些外生冲击产生的直接影响，来自于自然灾害的直接经济损失，那么投入产出系统可以与自然灾害影响下的经济系统等效。这一模拟系统产生的间接影响为自然灾害的间接经济损失。将地震灾害的直接经济损失与间接经济损失均归属于总产出层次，假定地震灾害并不影响经济系统中的产业结构关系，假设部门 i 由地震灾害引起的直接经济损失为 DL_i，则该部门最终产品的直接损失 Y_j^i 为：

$$Y_j^i = \frac{Y_j^0}{Y_i^0} \cdot Y_i^i \tag{11-10}$$

式中，Y_j^i 为第 j 部门未受地震影响时的最终产品；Y_i^0 为第 i 部门未受地震影响时的最终产品。

部门 i 的最终产品的损失为：

$$Y_i^* = \max(Y_i^1,\ Y_i^2,\ \cdots,\ Y_i^n)$$

所有部门总的产业关联经济损失 STL 为对各个部门产业关联间接经济损失求和：

$$STL = \sum_{i=1}^{n} (TL_i - DL_i) \tag{11-11}$$

式中，TL_i 为产业部门 i 总的经济损失；DL_i 为由地震灾害引起的直接经济损失。

11.4 自然风险的管理

11.4.1 风险预防

自然风险破坏力强，对人类社会的损失不可估量，且其产生和爆发具有较强的不确定性，预防自然风险是保护人类和财产安全的重要措施。所以对自然风险进行风险预防就尤为重要，对于自然风险的预防，主要有以下手段：

（1）建立自然风险预警机制。我们需要进行综合的灾害风险评估，了解所处地区的潜在自然风险，包括地震、洪水、飓风等，根据评估结果，采取相应的防护措施。还要建立有效的预警系统，及时向公众发布自然灾害的警报和紧急情况通知，使人们有足够时间采取适当的行动。建立自然风险预警机制的优点是能够提前发现潜在的自然风险，及时采取措施减轻其影响，可以通过科学监测和数据分析，提供准确的预警信息，提高对风险的认知和警惕性。它的缺点是预警系统的建立和维护需要投入大量的技术和经济资源，同时，预警信息可能存在误差，导致误报或漏报的情况发生。

（2）制定针对突发自然风险的应急预案。自然风险应急预案体系主要由以下几个部分组成：针对自然风险的总体应急预案、针对部分特殊自然风险的专项应急预案和针对特定部门的部门应急预案。这些计划之间的关系是相互合作、相辅相成的。制定预案的目的是提前规划风险爆发后的应对措施，使社会各界做好风险防范工作，尽可能减少或避免损失。制定应急预案的优点是能够规定在突发自然风险发生时的应对措施和行动计划，提高灾害应对的效率和准确性，可以明确责任分工和应急资源的调配方式，提升应对能力和响应速度；其缺点是应急预案的制定需要全面考虑各种灾害的情况，涉及多个部门和组织的协同合作，协调难度较大，同时，应急预案无法完全预测和覆盖所有可能的风险情况，存在局限性。

（3）利用金融手段一定程度上预防自然风险带来的危害。自然风险往往给社会带来经济损失。因此，也可以考虑利用金融手段在一定程度上减少甚至避免自然灾害造成的经济损失，因为金融市场上有许多金融工具可以有效地分散和转移自然风险，特别是大规模自然灾害风险到资本市场。它可以大大减少灾害多发地区发生自然灾害的风险。利用各种金融工具对自然灾害风险进行管理已逐渐成为世界各国应对自然灾害的新策略之一。通过金融手段预防自然风险的优点是可以将一部分风险转移给金融机构，减轻个体或企业的财务风险，有助于促进经济发展和灾后恢复，并鼓励采取风险防范措施；其缺点是金融手段可能存在一定的成本和限制条件，需要购买保险、获得融资等，对经济实力和信用状况有一定要求，同时，某些特殊类型的自然风险可能无法得到充分的金融保障。

（4）加强对于自然风险的宣传教育、合作交流。开展自然风险教育和培训，提高公众对自然灾害的认识和应对能力，包括应急预案、疏散逃生等方面的知识。加强国际合作，共同应对跨境自然灾害。国家之间可以分享经验、资源和技术，共同开展自然风险管理和减灾工作。加强自然风险的宣传教育和合作交流的优点是通过宣传教育可以提高公众对自然风险的认知和理解，增强风险防范意识，促使公众采取相应的预防行动，合作交流可以促进不同地区和国家间的经验分享和技术合作，提升整体的风险管理能力；其缺点是宣传教育需要持续的投入和努力，且可能面临信息传达的难度和效果的不确定性，而合作交流可能受限于政策、资源和文化差异等因素，协调和合作存在一定的挑战。

通过综合运用这些方法，可以有效地预防自然风险并降低潜在的损失。然而，需要注意的是，自然灾害是难以完全预测和控制的，因此在应对自然灾害时，灾后处置工作也是至关重要的。

11.4.2 风险监测

自然风险监测主要就是要建立一套有效的自然风险预警机制，并针对自然风险的各个环节采取有针对性的措施，是及早发现和预警潜在灾害的关键步骤。自然风险监测主要有以下重要内容：

（1）建立预测模型。利用历史数据、观测数据、气象数据和其他相关信息，通过数学和统计方法建立的模型，用于预测和评估自然灾害的概率、强度和时空分布，科学有效量化自然风险发生的概率以及其可能造成的损失，包括气象监测、地震监测、洪水监测、森林火灾监测等，这是进行自然风险监测的重要环节。

（2）建立完善的风险信息采集系统。是用于收集、整合和分析与自然风险相关的数据和信息的系统。这些系统利用现代技术和工具，提供实时和准确的自然风险信息，以支持决策者和相关机构在自然灾害防范和应对方面的决策和行动。由于自然风险涉及的因素众多，十分复杂，对其进行监测需要非常详细全面的信息。这就要求相关部门要建立完善的风险信息采集系统。风险信息采集系统应该包括数据收集、数据整合、数据分析和实时监测等。

（3）建立完善的信息传播机制。指将自然灾害相关的信息传递给公众、决策者和相关机构的过程。由于自然风险往往爆发快，影响范围广，这就需要通过政府官方、社交媒体和学术圈等相关渠道建立完善的信息传播机制，有效的自然风险信息传播可以提高公众的风险意识，帮助决策者作出及时的决策和采取适当的行动，使得风险过程中能够及时通知相关人员，以尽可能减少损失。

建立多学科平台的风险监测体系。自然风险监测难度大，必须要结合多学科的先进技术进行监测，才有可能达到更好的效果。多学科平台的风险监测体系是一种综合利用多个学科领域的知识和技术，建立起的全面、多维度的自然风险监测体系。该体系可以提高我们对自然灾害的监测和预测能力，并为相关决策者和应急响应机构提供准确、及时的信息和支持。

梳理了自然风险监测步骤后，我们还需明确自然风险的监测方法。自然风险监测方法是用于识别、测量和追踪自然风险事件的技术和手段。针对不同的自然风险事件有不同的监测方法，下面列举了常见的自然风险监测方法及其优缺点：

（1）气象监测，指通过收集和分析大气参数（如温度、湿度、风速、降水量等）的变化，预测和监测气象灾害（如暴雨、台风、龙卷风等）。其优点是能提供及时的气象数据，有助于准确预警和应对气象灾害；具备长时间序列数据，有助于分析气候变化趋势。缺点是受监测站点分布限制，无法实时监测全球各地的气象变化，成本较高，需要专业设备和人力资源。

（2）地质监测，指通过测量地壳运动、地震活动、地下水位等指标，监测地质灾害（如地震、滑坡、泥石流等）的发生和演化。其优点是提供地质结构和地震活动等信息，有助于评估和预警地质灾害风险，具备较高的准确性和可靠性。其缺点是监测设备分布和技术限制，无法实时监测所有潜在的地质灾害风险区域，设备安装和维护成本高。

（3）水文监测，指通过监测水位、流量、降雨量等水文要素，预测和监测水文灾害（如洪水、干旱、水质污染等）的发生和影响。其优点是提供实时的水文信息，有助于水资源管理和灾害应对，具备较高的准确性。缺点是监测站点分布限制，无法覆盖所有的水文灾害风险区域，设备安装和维护成本高。

（4）卫星遥感监测，指利用卫星或飞机搭载的传感器获取地球表面的遥感数据，用于监测自然灾害（如气象灾害、地质灾害、环境变化等）。其优点是能够获取广域范围的数据，实时监测全球各地的自然灾害情况，提供大量的空间信息，有助于灾害预测和环境监测。缺点是受天气条件和云层遮挡影响，数据获取可能不连续，分辨率有限，无法提供高精度的地表信息。

这些监测方法结合先进的技术和设备，能够提供关键的数据和信息，帮助有关各方和公众作出预测和决策，以减轻自然灾害带来的影响。

11.4.3 风险处置

自然风险的处置是指在自然灾害事件发生后，采取相应的行动来减轻灾害造成的损失和恢复受影响的地区。广义上说，风险处置措施可以分为风险控制和风险融资两大类。风险控制是指减少偶然损失的频率和程度的技术；风险融资是指能够为风险损失提供资金补偿的技术。风险控制又可以分为风险规避和损失控制两种措施，风险融资可以进一步分为风险转移和风险自留两种措施[41]，常见的自然风险处置措施见表 11-1，包括风险规避、损失控制、风险自留和风险转移四个方面。

表 11-1 自然风险处置措施

类 别	措 施	工 具
风险控制	风险规避	移民、土地利用和城市规划
	损失控制	建筑改造、应急预案
风险融资	风险自留	灾害基金、自保险、个人储蓄
	风险转移	合作协议、风险共担协议

（1）风险规避。避免在高风险区域建设或居住，例如在地震、洪水或滑坡等易受灾地

区避免建造房屋。采取土地规划和城市规划措施，将风险区域划定为公共绿地、自然保护区或农田，减少人口和财产的暴露风险。制定相关法规和政策，限制在高风险区域的建设和发展，确保合理的土地利用和城市规划。

（2）损失控制。采取建筑物抗灾设计和加固措施，提高建筑物的抗震、防风、防水等能力。加强基础设施的抗灾能力，包括堤坝、水闸、防洪墙、排水系统等的建设和维护。建立灾害预警系统和应急响应机制，提前预警并迅速采取措施减少损失。制定应急预案和灾后恢复计划，确保及时、有序的救援和恢复工作。

（3）风险自留。购买适当的保险，将部分风险转移给保险公司，以减少灾害造成的经济损失。建立应急储备基金，用于灾害发生后的紧急救助和恢复工作。加强个人和组织的风险管理能力，通过储蓄和资金筹备来自留一部分风险。

（4）风险转移。与其他组织或机构进行合作，共同承担风险，例如与保险公司签订合作协议或风险共担协议。制定合同和协议，将风险转移给合作伙伴，以减少自身承担的风险。制定政府政策和合作机制，促进风险共担和风险转移，将部分风险责任分配给相关利益相关者。

综合考虑以上四个方面的处置办法，可以形成一套全面的自然风险管理策略，帮助减少风险带来的损失和影响。下面以地震风险为例，说明如何加以处置。

首先是风险规避，地震风险规避的关键是在建设过程中采取预防措施。在地震高风险区域，我们需要制定建筑规范，要求建筑物具备耐震能力，使用抗震结构设计和材料，制定建筑区划和土地规划，限制在地震活动频繁区域的新建建筑物数量和类型；其次是损失控制，当地震发生时，采取以下措施来控制损失和减少伤亡：建设抗震设施，如加固桥梁、隧道和公共建筑，以提高其抗震能力，制定应急预案，包括疏散路线和安全区域的指示，以确保人们能够及时撤离危险地区，建立地震监测系统，以便尽早发现地震并向居民发出警报；然后是风险自留，在地震风险处置中，我们可以建立紧急储备和应急物资库存，以满足灾后救援和恢复工作的需求，提供灾害保险，以减少个人和企业在地震发生时的财务损失；最后是风险转移，可采取以下措施：个人和企业购买地震保险，以在地震事件中得到财务赔偿，政府与国际机构合作，建立风险共担机制，以分担灾后重建和恢复的财务压力。

11.5 本章小结

本章首先对自然风险的定义进行了分析，其次对自然风险的类型及成因进行了说明，而后分析了自然风险的性质。

本章最重要的重点部分为自然风险的计量，我们将其分为两个部分，为了更好的量化自然风险，我们需要先界定自然风险的类型及成因，因为自然风险的类型与成因是自然风险识别、量化以及管理的重要基础。本章介绍了自然风险有三种成因，分别为：（1）自发性；（2）承受体的脆弱性；（3）不确定性。

根据自然风险成因不同可将自然风险分为五种类型：(1) 气象灾害。(2) 地质灾害。(3) 海洋灾害。(4) 生物灾害。(5) 宇宙空间灾害。界定好自然风险的类型后进一步可将自然风险的计量方法运用得更加熟练。识别方法分为三种：(1) 地质地形分析法。(2) 气象气候分析法。(3) 生态环境分析法。

最后，本章从自然风险的风险预防、风险监测以及风险处置三个方面层层递进介绍了如何对自然风险在未发生前、发生中以及发生以后进行管理。

思考与练习

(1) 简述自然风险的内涵。
(2) 列举至少两种类型的社会风险，并简要介绍。
(3) 结合我国实际，谈一谈自然风险有哪些表现，其根本来源是什么？
(4) 自然风险的性质有哪些？
(5) 列举自然风险的主要成因，并简要介绍。
(6) 结合自然风险的性质，阐述由“5·12”汶川大地震引发的自然风险有哪些特点？
(7) 简述自然风险有哪些识别方法。
(8) 自然风险的识别原理与其他类型的风险相比，有哪些特点？
(9) 简述自然风险的识别方法，并选取其中一种方法，简要写一个自己构思的识别案例。
(10) 简述自然风险的初级计量方法。
(11) 选取你最了解或者最感兴趣的中高级自然风险计量方法，论述其在计量自然风险过程中的优劣，并说明原因。
(12) 简述我国自然风险管理的时代背景与挑战。
(13) 简述自然风险预防的过程。
(14) 简述自然风险监测的过程。
(15) 简述自然风险处置的过程。
(16) 说明对自然风险进行监测的意义。
(17) 谈谈我国目前针对自然风险进行风险处置的主要手段。
(18) 你认为目前自然风险管理的方法是否适应当前我国社会形势？如果适应，请说明你的理由；如不适应，请谈谈你的想法。
(19) 现在有超强台风将登陆你们的家乡，请根据本章所学内容，如何针对这一决策开展自然风险的识别、计量与管理？
(20) 结合实际，谈谈应该如何推动我国自然风险管理的进步。

参考文献

[1] 卓志．风险管理理论研究［M］．北京：中国金融出版社，2006.

[2] Duffie D, Pan J. An overview of value at risk［J］. Journal of derivatives, 1997, 4（3）：7-49.

[3] Gately D. A ten-year retrospective：OPEC and the world oil market［J］. Journal of Economic Literature, 1984, 22（3）：1100-1114.

[4] Dooley M, Folkerts-Landau D, Garber P. An essay on the revived Bretton Woods system［R］. National Bureau of Economic Research, Inc, 2003.

[5] Brigo D, Mercurio F. Interest rate models：Theory and practice［M］. Berlin：Springer, 2001.

[6] Drumond I. Bank capital requirements, business cycle fluctuations and the Basel accords：A synthesis［J］. Journal of Economic Surveys, 2009, 23（5）：798-830.

[7] Linsmeier T J, Pearson N D. Value at risk［J］. Financial Analysts Journal, 2000, 56（2）：47-67.

[8] 中国银行间市场交易商协会教材编写组．金融市场风险管理：理论与实务［M］．北京：北京大学出版社，2018.

[9] 多德．市场风险测度［M］．北京：中国财政经济出版社，2011.

[10] 中国银行业协会银行业专业人员职业资格考试办公室．风险管理［M］．北京：中国金融出版社，2021.

[11] Alexander J. McNeil, Rüdiger Frey, Paul Embrechts. 量化风险管理［M］．北京：电子工业出版社，2020.

[12] 许谨良．风险管理［M］．北京：中国金融出版社，2022.

[13] 李蕾，郭憨，齐欣，等．风险管理［M］．北京：清华大学出版社，2015.

[14] 陈德胜，文根第，刘伟，等．商业银行全面风险管理［M］．北京：清华大学出版社，2009.

[15] 迪迪埃·科森，于格·皮罗特．高级信用风险分析：评估、定价和管理信用风险的金融方法和数学模型［M］．北京：机械工业出版社，2005.

[16] 周月刚．信用风险管理：从理论到实务［M］．北京：北京大学出版社，2017.

[17] 冯光明，余峰．客户关系管理理论与实务［M］．北京：清华大学出版社，2019.

[18] 刘明彦．商业银行操作风险管理［M］．北京：中国经济出版社，2008.

[19] 厉吉斌．商业银行操作风险管理［M］．上海：上海财经大学出版社，2008.

[20] 汪建峰．商业银行操作风险管理实务［M］．北京：中国工商出版社，2005.

[21] 车德宇．商业银行操作风险管理理论与实务［M］．北京：中国经济出版社，2008.

[22] 阎庆民．操作风险管理“中国化”探索中国商业银行操作风险研究［M］．北京：中国经济出版社，2012.

[23] 高晓燕．金融风险管理［M］．2版．北京：清华大学出版社，2019.

[24] 田新时．金融风险管理［M］．北京：清华大学出版社，2014.

[25] 葛奇，霍团结，黄小军．美国商业银行流动性风险和外汇风险管理［M］．北京：中国经济出版社，2001.

[26] 刘海龙，仲黎明．证券市场流动性风险管理［M］．上海：上海交通大学出版社，2006.

[27] 王花毅，姜佳，苑卫卫．金融风险管理与经济可持续发展研究［M］．长春：吉林人民出版社，2019.

[28] 高志宏，党存红．企业法律风险管理导论［M］．南京：东南大学出版社，2014.
[29] 董克仁，郑泗秋．现代企业法律风险防控［M］．宁夏：宁夏人民出版社，2010.
[30] 王英，聂彦萍，田莉．中小企业常见法律问题与风险管理［M］．宁夏：宁夏人民出版社，2010.
[31] 王有志．现代工程项目风险管理理论与实践［M］．北京：中国水利水电出版社，2009.
[32] 孙建平．建设工程质量安全风险管理［M］．上海：同济大学出版社，2016.
[33] 余建星．工程项目风险管理［M］．天津：天津大学出版社，2006.
[34] 王广月，毛守让，陈伏军，等．工程合同风险管理与索赔［M］．北京：中国水利水电出版社，2009.
[35] 陈津生．建设工程保险实务与风险管理［M］．北京：中国建材工业出版社，2008.
[36] 郑旭涛，谭爽．社会风险与冲突治理［M］．北京：应急管理出版社，2023.
[37] 胡啸峰，申世飞．社会安全风险分析方法概论［M］．北京：清华大学出版社，2021.
[38] 唐钧．社会稳定风险评估与管理［M］．北京：北京大学出版社，2019.
[39] 黄崇福．自然灾害风险分析与管理［M］．北京：科学出版社，2012.
[40] 温家洪，石勇，杜士强，等．自然灾害风险分析与管理导论［M］．北京：科学出版社，2018.
[41] 唐彦东．灾害经济学［M］．北京：清华大学出版社，2011.
[42] 王周伟．风险管理［M］．2 版．北京：机械工业出版社，2017.
[43] 科罗赫，等．风险管理［M］．北京：中国财政经济出版社，2005.
[44] 斯塔茨．风险管理与衍生产品［M］．北京：机械工业出版社，2005.
[45] 吴忠群．资产定价：行为公理主义分析［M］．北京：社会科学文献出版社，2011.